本书由福建省社会科学基金项目"危机情境下旅游企业韧性领导力的演化机理、作用机制与提升路径研究"（项目批准号：FJ2023B044）资助。

旅游企业韧性领导力：
测度、演化与作用机制研究

● 张江驰　谢朝武　著 —————————

中国旅游出版社

内容摘要

当前，世界正处于百年未有之大变局，危机和负面威胁事件的常态化，致使企业所处的经营环境和社会环境较以往任何时候都要变幻莫测。鉴于旅游企业对风险的敏感性及自身的脆弱性，危机和负面威胁事件影响和重构了旅游企业的管理行动，并迫使旅游企业重新审视能够推动其在多元逆境中获得持续性发展和成长的所有管理手段。其中，领导力是指领导者指引和影响他人，为实现组织目标而持续努力的行动过程，在多元逆境中带领下属和员工与危机共舞、应对环境不确定带来的挑战，并促进企业的可持续发展成为所有旅游企业领导者的重要任务。而韧性领导力是一种强调多元适应性和动态恢复性的新型领导力和领导风格，它在旅游企业遭受危机或负面威胁的情境下依然能够带领员工和团队成功抵御冲击、战胜逆境挑战、恢复稳定平衡并从中获得成长，甚至成为旅游企业获取持续性发展的战略优势和应对多元逆境的核心能力。在当前时代背景下，有必要对旅游企业韧性领导力的测量模型、演化机制和作用机制展开理论建构和实证探索，这对于旅游企业建立起韧性领导力响应的危机管理体系、提高危机应对成效并获取韧性成长具有重要的理论和实践价值。

本研究按照"问题提出—文献回顾—量表开发—理论建构—机制探析—组态分析—总结展望"的研究思路展开章节设计和专题研究。在文献回顾中，本研究对相关概念（如领导力、员工韧性）的起源、发展、内涵、属性、测量、影响因素和作用机制展开系统的文献梳理，归纳可能存在的研究机会。在量表开发中，本研究遵循"维度识别—量表提出与精简—量表修正与验证"的过程，综合采用定性和定量相结合的研究方法，通过对领导者和员工的深度访谈和多阶段问卷调查开发韧性领导力量表，以实现对本研究关键变量的评估和测度。在理论建构中，本研究基于危机生命周期理论和刺激—有机体—响应理论模型，采用深度访谈、焦点小组和典型危机个案分析等方法揭示危机情境下旅游企业韧性领导力的驱动、演化和作用机制，为后续概念模型的提出和实证研究的推进奠定基础。在机制探析中，本研究以社会交换理论、社会学习理论、领导替代理论和自我决定理论等为理论基础，在危机情境下实证检验旅游企业韧性领导力对企业韧性的影响机制。在组态分析中，本研究采用模糊集定性比较分析，探索了旅游企业韧性领导力驱动企业韧性成长的路径机制和组态构型。在此基础上，本研究提出了旅游企业韧性领导力的提升策略和培育路径，发展出面向韧性成长视角的旅游企业危机领导体系、危机管理体系和人力资源管理策略。本研究的主要结论如下。

第一，旅游企业韧性领导力是一个包含七个维度的复杂概念和测量模型。具体来说，旅游企业韧性领导力主要是由变革规划、即兴应变、适应性指导、权变控制、应急关怀、调节恢复和共同成长等维度构成的七因素模型，它们分别反映了危机情境下领导者，为帮助组织及其成员成功抵御风险、克服威胁、恢复平衡，并实现成长而采取的多元化策略结构。不仅如此，由上述七个维度构成的测量结构和测量量表呈现出良好的信度和效度，并能够有效预测危机情境下员工的离职意愿。该量表能够系统评估和测量旅游企业领导者，在危机或负向威胁情境下的韧性响应集合和应对策略体系，并为后续的定量研究和因果关系验证提供工具基础。

第二，危机情境下旅游企业韧性领导力呈现出明显的生命周期特征和动态演化机制。具体来说，变革规划、即兴应变、适应性指导和权变控制、应急关怀、调节恢复、共同成长，分别对应了韧性领导者在事故前、征兆期、紧急期、中间期、延续期、解决期等危机阶段的核心管理实践，因此韧性领导力随着危机事件的发展而呈现出内在演化、循环往复的生命周期特征。从演化机制来看，由危机事件塑造的危机责任情境和危机冲击情境是促动韧性领导力的情境条件，并经由危机影响评估的前置状态展现出韧性领导力。同时，韧性领导力经由责任感、信念感和使命感三种赋能路径促动员工、团队和组织的韧性响应。由环境风险和环境机会构成的外部动态性环境，干预了韧性领导力的驱动演化和效应结果，而内部组织学习氛围强化了韧性领导力的效应结果。据此，本研究建构了"危机情境产生—危机影响评估—韧性领导力演化—领导者赋能—企业韧性成长—组织和环境干预"的旅游企业韧性领导力动态演化机制。

第三，旅游企业韧性领导力正向影响企业韧性，该驱动路径受到多种因素的干预影响、中介传导和调节作用。具体来说，危机情境下韧性领导力正向影响员工韧性、团队韧性和组织韧性，且责任感、信念感和使命感是危机情境下，支撑韧性领导力发挥影响作用的重要中介变量和动机变量。同时，危机风险感知在韧性领导力有效性发挥过程中，具有前导驱动作用，即危机风险感知正向影响韧性领导力和企业韧性，且韧性领导力中介了危机风险感知对企业韧性的影响关系。不仅如此，环境动态性和组织学习氛围是韧性领导力发挥有效性的重要边界条件和权变因素。其中，环境动态性在韧性领导力的前导驱动和后果影响过程中均存在显著的调节作用，组织学习氛围调节并干预了韧性领导力的作用结果。此外，环境动态性和组织学习氛围在韧性领导力的影响过程中，存在三项交互的联合效应，即在低组织学习氛围和高环境动态性的联合情境下，韧性领导力的整体效能最明显，但在高组织学习氛围和高环境动态性的联合情境下，韧性领导力对企业韧性的影响效应较低。据此，本研究展示了危机情境下旅游企业韧性领导力影响企业韧性的过程机制、协同因素和边界条件。

第四，危机情境下旅游企业韧性领导力驱动企业韧性成长是多重复杂因素并发的组态结果。具体来说，行动应对策略、行动支撑策略和情境激活策略，构成了危机情境下促成旅游企业韧性成长的核心策略路径，且员工、团队和组织等不同层级企业韧性的发生路径，表现出较高的一致性和相似性。其中，员工韧性成长策略路径可以归纳为行动应对策略和情境激活策略两类，分别强调了韧性领导力和员工工作动机作为主要因果条件存在，或者风险感知和组织环境因素作为主要因果条件存在促使员工获得韧性成长。在此基础上，团队和组织层面的韧性成长还涉及在中低风险情境下，强调韧性领导力和员工工作动机支撑作用的行动支撑策略。因此，本研究揭示了危机情境下旅游企业员工韧性、团队韧性和组织韧性影响因素间的"联合效应"，以及因素间的"互动关系"，并据此呈现了旅游企业获取高韧性成长的组态效应。

本研究主要的理论贡献在于：第一，本研究从领导力视角揭示了危机情境下旅游企业的韧性响应结构，并据此建构了韧性领导力的维度结构和测量量表，丰富了韧性领导力的研究范畴和理论体系，并为旅游企业韧性研究提供了新的理论视角和研究方向。第二，本研究建构了旅游企业韧性领导力的生命周期模型，并在此基础上揭示了危机情境下旅游企业韧性领导力的驱动、演化和效应结果，为分析韧性领导力的动态演化机制提供了理论依据和实证案例。第三，本研究从个体、团队和组织三个视角揭示了危机情境下旅游企业韧性的形成机制和形成路径，既深化了对危机事件积极效应的认知，也丰富了旅游企业韧性的理论体系和研究内容，并对旅游企业韧性的形成机制有了更为本质的认知。第四，本研究验证了旅游企业韧性领导力驱动企业韧性的影响机制，澄清了危机情境下韧性领导力有效性发挥的过程机制、边界条件和权变效应，拓展了旅游企业韧性和韧性领导力的实证研究。从管理启示来看，本研究提出了旅游企业韧性领导力的培育路径和提升策略，可为旅游企业建立领导力响应视角的危机管理体系提供策略指导，对于旅游企业在危机情境下从动态演化过程视角抵御风险威胁、适应环境挑战、化危为机并实现韧性成长具有重要实践价值。同时，旅游企业还可以发展出面向韧性成长的人力资源管理实践和危机管理体系，以此促进员工、团队和组织在危机和多元逆境中保持动态适应力和高水平绩效结果。

关键词：韧性领导力；危机；动态演化；企业韧性；旅游企业

目 录 CONTENTS

第一章 绪 论

本章节的主要内容是阐述本研究开展的现实依据和理论背景，并据此提出研究目的、研究意义和拟解决的关键问题，随后介绍本研究各章节的内容结构、所采用的研究方法及可能存在的研究创新点，最后明确本研究展开的逻辑思路和技术路线。

第一节 研究背景与问题提出

一、研究背景

（一）现实背景

在风险社会背景下，企业经营面临更加不确定的内外部环境，在逆境中谋求生存、适应、发展和卓越，成为所有企业和领导者都无法逾越的现实挑战。随着科学技术快速发展、生产方式转型变革以及新兴理念层出不穷，企业经营管理面临着百年未有之大变局。变革性、动态性和非线性变化成为这个时代的重要标志，风险、危机和各种不利因素充斥着企业所处的经营环境。不管是由容易忽略、长而积聚的大概率"灰犀牛"事件引致的各种日常不利情境，还是由难以预测、短而剧烈的小概率"黑天鹅"事件引致的重大危机情境，都无疑会增加员工的工作不安全感和离职现象，阻碍团队内部的人际协作和任务绩效，从而威胁到企业的生存发展。时代发展产生的"推力"和风险情境塑造的"阻力"不断积聚、难以达成长期平衡，这使得企业在经营管理中经常处于危与机并存的紧张状态。在危机和多元逆境中带领下属和团队帮助企业恢复平衡状态，适应环境变化并实现发展已经成为所有领导者难以避免的严峻考验。因此，塑造动态适应导向和韧性成长导向的领导风格，是企业在不确定环境下维持适应、转危为安、借机成势甚至实现繁荣发展的重要前提。

旅游业对安全问题高度敏感，由产业内部和自然、社会、政治、经济等外部因素引致的危机情境容易对旅游企业的正常运作和生存发展造成重大威胁。近年来，国际性安全事故和危机事件的常态化爆发严重影响到了旅游产业的正常运作，它冲击了全球旅游市场的繁荣稳定并威胁到了旅游企业的生存发展。例如，2015—2017 年欧洲系列恐怖事件、2015 年泰国四面佛爆炸事件、2016 年韩国中东呼吸综合征、2017 年美国拉斯维加斯枪击事件、2018 年泰国沉船事件、2019 年全球新冠感染疫情、2022 年俄乌冲突、2022 年韩国梨泰院踩踏事故、2023 年泰国噶腰子舆情和泰国曼谷购物中心枪击事件等，所造成的危机情境都对事发地乃至全球范围内的旅游市场和旅游企业的正常发展造成影响。从国内安全形势来看，根据中国旅责险统保平台出险数据，2017 年至 2019 年间全国团队旅游者出险案例数均超过了 1 万起。此外，重大旅游危机事件，如 2014 年上海外滩踩踏事件、2015 年东方之星沉船事件、2016 年丽江游客被打事件、2017 年九寨沟地震、2021 年甘肃白银马拉松事故、2023 年恩施网红浮桥事故等，都对事发地旅游市场和涉事旅游企业的生存发展造成重大威胁。可见，旅游业是最容易遭受危机和灾难冲击的脆弱性产业，提升旅游企业的危机抵抗能力，塑造动态适应导向的韧性领导风格，是实现其繁荣发展的重要任务和关键需求。

旅游企业是一种综合性服务企业，韧性领导者和韧性员工是旅游企业成功应对多元逆境的基本前提，也是旅游企业抵御威胁、维持适应、获取竞争优势，并从逆境中实现发展和繁荣的重要战略工具。目前，旅游和酒店业员工逐渐被认为是高风险和高危职业群体，员工在工作中不仅面临职业病隐患、顾客冲突、同事不当行为和安全管理缺失等内部不利情境，也存在恐怖袭击、自然灾害、疫情感染和社会犯罪冲突等外部环境压力。同时，旅游企业基层员工和中层领导者，在工作中不仅涉及高强度的身体劳动和智力劳动，还需要努力去感受并展示出恰当的情感状态（情绪劳动）以提高服务绩效。这容易导致员工的"社会污名"，引发高职业病、低忠诚度和高离职率。其中，韧性能够帮助员工在日常工作中抵御风险、战胜逆境、迅速恢复平衡甚至实现成长与发展。同时，高韧性的旅游和酒店企业员工和领导者，在危机情境中往往能够保持强健性、坚韧性、恢复性和动态适应性，甚至帮助旅游企业减缓冲击、抵御压力并获得适应性发展。因此，相较于其他企业，培养、塑造和增强领导者和员工的韧性水平，更应当是旅游企业人力资源管理的关键任务，甚至成为旅游企业在危机或逆境中获得战略优势和可持续发展的基本前提。

（二）理论背景

领导力是企业管理和组织行为领域长期关注的研究话题，领导权变理论指出应当持续不断地根据情境因素对新涌现的领导风格和领导力展开理论建构，以增强领导理论的适用性、包容性和时代性。其中，领导力是指在一定情境条件下领导者指引和影响追随者及员工实现组织愿景和发展目标的行动过程，每一种领导理论和领导实践的产生，都是尝试回应组织和社会环境中的某一独特现象。因此，领导者不存在唯一正确的领导方式，而是应当根据企业不同的发展阶段、面临的不同情境，运用合适的领导方式以适应环境变化，保证企业和员工的生存发展。随着科学技术的发展和生产方式的转变，领导理论经历了领导特质理论、领导行为理论、领导权变理论和新领导理论的发展历程，其中变革型领导力、交易型领导力、魅力型领导力、家长式领导力、包容型领导力、平台型领导力、战略型领导力、授权型领导力和服务型领导力等不同类型的领导力和领导风格，都是对企业某种独特领导实践的有价值回应。当前，企业所面临的经营环境和外部情境比以往任何时候都更加变幻莫测，从领导力视角探索企业如何应对高度不确定性的外部环境，并在危机和多元逆境中实现适应、发展和繁荣，具有基础性的理论价值，相关研究已经引起关注，但亟须学界的重视和推动。

旅游企业韧性在旅游学界中广受关注，从领导力视角揭示危机情境下旅游企业的韧性响应结构、分析韧性领导力概念内涵已经成为有价值的理论方向。长期以来，学界对于旅游安全和危机管理进行了体系化的理论探索和实证检验，基于灾害恢复和韧性响应视角的文献成果也日益丰富。这些成果对于我们科学认知旅游安全事件的产业影响、了解旅游企业员工的韧性响应、分析旅游者的安全决策、促进旅游企业恢复发展具有重要作用。当然，危机情境下旅游企业的生存、恢复和发展既可以从旅游安全事件影响、旅游地危机管理、旅游者行为响应、旅游企业员工和组织韧性响应等视角予以审视，也可以从领导力响应视角展开理论探索和实证检验。其中，韧性领导力是以组织动态适应环境和企业韧性成长为特征的新型领导模式，探索多元逆境中旅游企业韧性领导力的基本内涵、动态演化和影响效应具有重要的理论价值，可为旅游企业抵御风险、恢复平衡并实现发展提供可资借鉴的策略指导和理论依据。同时，鉴于旅游企业的脆弱性特质，由风险性社会环境和变革性产业环境所构成双重压力，重构了旅游企业的管理行动和领导实践，韧性领导力逐渐发展成为旅游企业韧性研究的重要方向。因此，旅游企业韧性领导力应当成为重点关注的研究议题，有待于在更多理论视角和案例情境下进行理论探索和实证检验。

旅游企业韧性涵盖了个体、团队和组织等多个层面和不同主体，探索企业内部不同层面韧性要素间的形成机制和作用机制，逐渐引起学者的关注和讨论。总体来说，学者主要从员工韧性、团队韧性和组织韧性三个层面对企业韧性展开理论探讨，并对其内涵结构、影响因素和作用结果展开了丰富的实证检验。尽管学者也对企业内部不同层面韧性间的影响关系展开一些思辨性的讨论，但往往聚焦于"个体—集体"二元视角阐述员工韧性与集体韧性的影响关系，三者的影响关系尚不明晰。例如，诸彦含等强调个体、团队和组织层面的韧性并存于企业当中，三者间存在相互促进、彼此补给的影响关系，但未来研究还有待于从资源整合视角明晰三者关系间的作用机制。张公一等指出，企业中的韧性涉及个人、团队和组织三个层面，未来研究需要通过实证检验三者间是如何拓展、渗透和相互影响的。此外，旅游研究领域学者也主要从员工韧性和组织韧性两个层面探索旅游企业对危机和多元逆境的动态适应。但实际上，企业韧性涉及了员工韧性、团队韧性、组织韧性和领导者韧性等多个要素，韧性领导力更是促进"韧性"要素在企业内部扩散、渗透和跨层交互的关键力量。旅游企业领导者心理韧性也被证实是促进组织韧性的重要因素，且员工韧性在该影响关系中发挥中介作用。因此，在旅游企业情境中探索韧性领导力、员工韧性、团队韧性和组织韧性的影响关系，既是对前人研究中尚未明晰议题的重要回应，也是丰富旅游企业韧性研究框架和理论体系的必然要求。

二、研究问题

在百年未有之大变局的时代背景下，探索旅游企业领导者如何抵御外部风险威胁、维持企业竞争优势，并实现逆势成长逐渐成为日益关注的热点话题。本研究旨在建构旅游企业韧性领导力的概念内涵、维度结构和测量量表，并实证揭示危机情境下旅游企业韧性领导力的动态演化机制。在此基础上，围绕"危机事件→韧性领导力→企业韧性成长"的逻辑路径，从个体、团队和组织三个层面总结韧性领导力和企业韧性的关系结构，并实证检验旅游企业韧性领导力驱动企业韧性的影响机制和组态效应。

本研究主要围绕以下 5 个研究问题展开理论探索和实证检验。第一，如何科学认知 VUCA 环境中（易变性、不确定性、复杂性和模糊性）旅游企业韧性领导力的内涵结构和属性要素，如何有效评估和测量韧性领导力。第二，危机情境下旅游企业韧性领导力是如何驱动的、在危机不同阶段是如何演化和发展的、会对旅游企业韧性产生何种影响。第三，危机情境下旅游企业韧性领导力是如何影响和驱动企业韧性，存在何种中介机制、协同因素和边界条件。第四，危机情境下旅游企业韧性领导力促成企业韧性成长是否存在多重复杂因果关系和组合影响路径。第五，旅游企业如何设计韧性领导力的培育和提升策略，如何在危机和多元逆境中发展出企业动态适应导向和韧性成长导向的领导策略和管理体系。

第二节　研究目的

本研究将以旅游企业为研究对象，重点关注领导者在危机情境下的韧性领导策略。基于广泛的文献综述和理论演绎，本研究将采用深度访谈、案例分析、问卷调查和模糊集定性比较分析等多种方法，从而实现对旅游企业韧性领导力的维度测量、动态评估和机制检验。本研究的主要目的如下。

第一，现象归纳，全面探索旅游企业韧性领导力的概念内涵和测量体系。基于定性研究和定量研究相结合的混合研究设计，本研究首先基于对旅游企业中高层领导者和基层员工深度访谈，提炼出韧性领导力的概念内涵和维度结构。结合文献回顾和访谈结果，本研究进一步拟定韧性领导力的初始测量题项，并基于多阶段的问卷调查对该量表进行可靠性分析、探索性因子分析和验证性因子分析，检验韧性领导力量表的内部一致性、聚合效度、区分效度、法则效度、复核效度和预测效度。

第二，挖掘内涵，系统揭示危机情境下旅游企业韧性领导力的动态演化机制。基于旅游企业中高层领导者的深度访谈、焦点小组访谈以及典型危机个案分析，依托扎根理论的研究范式，探索多元危机情境下韧性领导力的驱动前因及其先期表现状态，并结合危机生命周期理论，演绎韧性领导力的内在演化特征和生命周期模型。在此基础上，进一步归纳出韧性领导力影响企业韧性的过程机制及协同因素，并探索员工心理状态、组织氛围和环境因素在影响路径中的角色作用。

第三，实证检验，深入解析危机情境下旅游企业韧性领导力对企业韧性影响机制。以危机情境下旅游企业韧性领导力的动态演化机制为基础，依托相关理论和问卷调查，按照"危机事件→韧性领导力→企业韧性成长"的逻辑路径，实证检验韧性领导力驱动企业韧性的影响机制。具体来说，采用结构方程模型和多元统计回归分析，检验韧性领导力影响企业韧性的前导效应、中介机制和边界条件，并进一步探索危机情境下旅游企业获取韧性成长的组态构型和组合路径。

第四，立足实践，建构变革性和不确定性背景下，促进旅游企业韧性成长的管理路径和领导策略。借鉴国内外危机情境下领导者应对管理的研究进展和实践经验，结合旅游企业韧性领导力的概念特征、维度结构、动态演化机制和影响作用机制，以及危机情境下旅游企业获取韧性成长的组态路径方案，提出旅游企业韧性领导力的培育路径。建构旅游企业领导者的韧性管理体系，从而强化旅游企业对多元逆境或重大危机事件的应对，促进旅游企业韧性能力和韧性状态的系统建构。

第三节 研究意义

本研究旨在建构旅游企业韧性领导力的概念体系、测量量表和动态演化机制，并揭示危机情境下韧性领导力影响企业韧性的过程机制、协同因素、边界条件和组合路径，为旅游企业在危机或多元逆境下的危机管理和韧性成长提供理论依据和路径方案。

一、理论意义

第一，从领导力视角分析旅游企业的韧性响应体系，并据此建构旅游企业韧性领导力的概念体系和测度体系，为旅游企业韧性研究提供新的理论视角和研究方向。当前，旅游企业韧性的理论研究逐渐获得关注，但相关研究少、不够系统，较少有研究从领导力视角去分析和解构旅游企业对危机事件的管理和响应。不仅如此，尚未有研究在危机情境下揭示旅游企业领导力的维度结构并据此展开量表开发。本研究将从领导力视角探索旅游企业在危机或多元逆境下的韧性响应实践，并基于多阶段的访谈和问卷调查开发韧性领导力的测量量表。因此，本研究将为旅游企业建立面向韧性领导力响应的危机管理体系提供理论依据，为韧性领导力的测量提供来自旅游业的实证案例和量表工具，并推进韧性领导力的定量研究和实证探索。

第二，揭示危机情境下旅游企业韧性领导力的驱动、演化和效应结果，据此归纳出韧性领导力的动态演化机制，这有助于丰富和深化韧性领导力和旅游企业韧性的理论研究。目前，领导力是企业管理和组织行为领域备受关注的理论议题，但韧性领导力的实证研究却相对有限，较少有研究揭示危机情境下韧性领导力的驱动、演化和作用机制。此外，旅游企业韧性和领导力的研究也得到旅游学界的重点关注，但尚未有研究系统探索旅游企业韧性领导力的动态演化机制。基于深度访谈、焦点小组和典型危机个案分析，本研究将率先从危机生命周期理论的视角，归纳危机情境下旅游企业韧性领导力的动态演化机制，揭示韧性领导力的生命周期特征和影响效应。因此，本研究能够丰富和拓展韧性领导力的研究内容、理论视角和案例情境，并对今后韧性领导力和旅游企业韧性研究具有重要启示意义。

第三，探明危机情境下旅游企业韧性领导力对企业韧性的影响机制和组态效应，为旅游和酒店等服务型企业建立面向组织、团队和员工韧性响应视角的危机应对体系提供理论依据。领导力与企业绩效密切关联，领导力和领导风格的有效性在常态情境和危机情境中均已经得到验证，但鲜有研究实证探索韧性领导力的影响结果和作用机制。同时，韧性领导力、员工韧性、团队韧性和组织韧性均是反映旅游企业韧性状态和韧性水平的重要指标，建构并检验上述变量间的影响关系，对于韧性领导力有效性的干预调控、促进旅游和酒店等服务性企业抵御危机侵害、快速从危机中恢复并获取可持续发展具有重要理论意义。因此，本研究将揭示危机情境下旅游企业韧性领导力影响企业韧性的协同因素、中介过程、边界条件和组态效应，这不仅有助于拓展韧性领导力的有效性范围，也能为危机情境下旅游企业韧性的塑造和提升提供理论依据和实证证据。

二、实践意义

本研究将综合运用危机生命周期理论、危机管理理论和领导力理论对旅游企业韧性领导力的测量、演化和作用机制展开系统分析，识别危机情境下促成旅游企业韧性成长的组态路径，以系统建构危机或逆境中旅游企业的韧性领导策略和危机管理体系，并引导旅游企业在多元逆境中保持良好适应状态、助推旅游企业从危机中实现成长。

第一，探索旅游企业韧性领导力的内涵结构和影响因素，为旅游企业建构韧性领导力的提升策略和培育路径提供依据，对于旅游企业塑造韧性管理团队并在经营环境中保持动态适应性具有重要价值。具体来说，旅游企业可重点选拔具有韧性能力素质的领导者，并从规划力、应变力、指导力、控制力、关怀力、恢复力和成长力等方面，设置韧性领导力的提升策略和培育体系。旅游企业还可审视和评估危机或逆境对韧性领导力的激活作用，并结合风险情境和环境条件实施干预策略，促进领导者从韧性素质向韧性领导力转变。

第二，厘清旅游企业韧性领导力的属性要素和维度特征，为旅游企业建立面向领导力响应视角的危机管理体系提供策略指导，对于旅游企业抵御风险侵害、恢复平衡状态、维持竞争优势并实现发展和繁荣具有重要意义。具体来说，旅游企业可依据韧性领导力的维度结构发展出相应的管理实践和领导策略，并从变革规划、即兴应变、适应性指导、权变控制、应急关怀、调节恢复和共同成长等层面，去塑造领导者对危机或逆境的响应策略和管理体系，继而增强旅游企业对多元逆境的抵抗能力和适应能力。

第三，揭示危机情境下旅游企业韧性领导力的动态演化机制，为旅游企业从过程性、周期性和系统性的视角建立危机管理体系提供策略指导，并可为旅游企业预防和应对危机事件提供一套可资借鉴、有章可循的领导策略和管理模式。具体来说，旅游企业可依据危机事件类型和危机事件发展的生命周期，制定领导者在不同危机阶段的核心应对任务和重点管理职责，并据此形成制度化的危机管理指南和应急操作手册，继而在危机事件发生伊始就可实施针对性的应对方案，推进危机事件的快速平复。

第四，科学认知旅游企业韧性领导力驱动企业韧性的影响机制和组态效应，为旅游企业发展出面向企业韧性成长的人力资源管理实践和危机管理实践提供策略指导，对于旅游企业员工、团队和组织在多元逆境中保持积极工作状态和高水平绩效结果具有重要促进作用。具体来说，韧性领导力影响员工、团队和组织韧性的过程机制和组态构型可以作为评估企业危机响应成效的重要判断标准，为企业人力资源管理实践中调整岗位职责和优化团队分工提供应用基础，为企业调整危机管理策略和修订危机管理计划提供决策支撑，促进旅游企业形成常态化的危机管理体系。

第四节　研究内容与研究方法

一、研究内容

本研究对旅游企业韧性领导力的概念体系、维度结构和测量量表进行系统建构和实证检验，在危机情境下探究旅游企业韧性领导力的动态演化机制，并揭示韧性领导力驱动企业韧性的影响机制和组态效应，从而为旅游企业建立面向组织、团队和员工韧性成长的领导策略、危机管理体系和人力资源管理方案提供策略指导。本研究包括7个章节，各章节的主要研究内容如下。

第一章：绪论。本章节的内容主要是对本研究的选题依据和研究方法展开介绍和说明。具体来说，本章节阐述选题的研究背景、研究目的、研究意义和研究内容，描述本研究所采用的研究方法、研究思路与逻辑架构，并归纳本研究可能存在的创新点。

第二章：文献综述。本章节的内容主要是围绕"领导力""企业韧性""旅游企业韧性"这三个主题进行文献述评。具体来说，本章节对领导力的研究起源、理论发展、概念内涵、类型属性、测量结构、影响因素和作用机制进行文献梳理，综述员工韧性、团队韧性和组织韧性的概念内涵、测量体系、影响因素和作用结果，并在此基础上辨析韧性领导力的概念内涵、形成的理论基础及其与相关领导力概念的差异性。本章节还从旅游企业危机、旅游企业员工韧性和旅游企业组织韧性等方面对旅游企业韧性研究进行文献梳理，总结既有研究存在的不足以及本研究拟探索的研究方向。

第三章：旅游企业韧性领导力的维度与量表开发。本章节的内容主要是识别和建构旅游企业韧性领导力的内涵结构和测量工具。具体来说，本章节严格遵循"概念识别—维度建构—量表提纯与精简—量表修正与验证"的量表开发过程，综合采用定性研究和定量研究相结合的研究方法，通过对旅游企业领导者和员工的访谈分析厘清韧性领导力的概念内涵和维度结构。本章节还通过多阶段的问卷调查开发出具有较好信度和效度结构的韧性领导力测量量表，以实现对本研究关键变量的评估，为后续实证研究的开展提供理论分析框架和测量工具基础。

第四章：危机情境下旅游企业韧性领导力的动态演化机制。本章节的内容主要是实证探索危机情境下旅游企业韧性领导力的驱动、内在演化和效应结果，并据此阐明旅游企业韧性领导力的危机生命周期特征和动态演化机制。具体来说，本章节采用深度访谈、焦点小组和典型危机个案等方法揭示危机情境下旅游企业韧性领导力的驱动过程，基于危机生命周期理论归纳和评估韧性领导力的内在演化规律和生命周期特征，并重点识别韧性领导力对员工、团队和组织韧性的作用机制，为后续概念模型的提出和组态路径的发展奠定理论基础。

第五章：危机情境下旅游企业韧性领导力对企业韧性的影响机制。本章节的内容主要是揭示危机情境下旅游企业韧性领导力驱动企业韧性的过程机制、协同因素和边界条件。具体来说，本章节以社会交换理论、社会学习理论、领导替代理论和自我决定理论等为基础，以危机风险感知作为协同影响因素，以员工责任感、信念感和使命感为中介变量，以组织学习氛围和环境动态性为调节变量，以包含员工、团队和组织三个层面的企业韧性为因变量，建构韧性领导力对企业韧性的影响机制模型，并面向酒店、旅游景区、旅行社、旅游集团、旅游交通等多种类型的旅游企业展开规模性问卷调查。

第六章：危机情境下旅游企业韧性领导力驱动企业韧性成长的路径机制。本章节的内容主要是探索韧性领导力等影响因素是如何单独或与其他因素的"交互作用"及"联合效应"促使旅游企业在危机情境下实现高水平的韧性响应状态和响应结果。具体来说，本章节在第五章变量测量和数据分析的基础上，以韧性领导力、危机风险感知、责任感、信念感、使命感、环境动态性和组织学习氛围作为影响因素，采用多变量相互作用的模糊集定性比较分析法探索危机情境下旅游企业在员工、团队和组织等不同层面实现高韧性成长的多条件组合路径和多重复杂并发因果关系，并据此梳理危机情境下促使旅游企业实现整体韧性成长的组态方案和调控路径。

第七章：研究结论与展望。本章节的内容主要是归纳和阐述本研究的主要结论。具体来说，本章节明确指出本研究对前人研究结果的理论贡献和知识溢出，建构出面向企业韧性响应和韧性成长的旅游企业韧性领导体系、危机管理体系和人力资源管理策略。本章节还从研究设计、研究内容和研究发现等方面表明本研究存在的不足和局限性，并据此指出未来关于旅游企业韧性和韧性领导力的有价值探索方向。

二、研究方法

本研究综合采用了定性和定量相结合的研究方法，以旅游企业为具体研究对象，通过文献述评、模型建构、假设检验、组态分析和归纳总结等步骤探索旅游企业韧性领导力的概念内涵、测量量表、动态演化机制和影响作用机制。其中，本研究主要采用了文献分析、访谈分析、案例分析、问卷调查、数理统计分析和模糊集定性比较分析等方法，具体使用了 SPSS 21.0、AMOS 20.0、Excel 和 fsQCA 3.2 等分析软件。

（一）文献分析法

本研究分别对韧性领导力、企业韧性和旅游企业韧性这三个主题展开文献梳理和研究述评，旨在明晰韧性领导力和企业韧性的概念内涵、类别属性和理论框架，系统总结韧性领导力和旅游企业韧性等领域的研究流变和动态趋势，以实现对相关领域研究现状与研究趋势的系统性认知，并据此提出现有研究存在的不足及本研究拟探索的研究方向。

（二）访谈分析法

本研究面向旅游企业中高层领导者和基层员工展开深度访谈和焦点小组访谈，利用扎根理论范式和主题分析法等对访谈文本展开编码分析，识别旅游企业韧性领导力的概念内涵和维度结构，并建构旅游企业韧性领导力的动态演化机制和旅游企业韧性的形成机制，从而为后续旅游企业韧性领导力作用机制和旅游企业获取韧性成长的定量检验和组态分析提供理论基础。

（三）案例分析法

基于典型危机事件，本研究在网上搜集关于危机情境下旅游企业领导者的应对、发言和专访等文本材料，并采用扎根理论的研究方法识别危机情境下旅游企业韧性领导力的驱动过程，归纳和评估韧性领导力的动态演化机制和生命周期特征，并厘清韧性领导力驱动企业韧性的过程机制和边界条件，以为后续的定量研究提供理论支撑。

（四）问卷调查法

本研究通过问卷调查法为危机情境下旅游企业韧性领导力对企业韧性的影响机制验证，以及旅游企业获取韧性成长的组态路径建构提供数据支持。其中，本研究以便利抽样和滚雪球抽样相结合的方式面向酒店、景区、旅行社、旅游集团、旅游交通等旅游企业展开规模性问卷调查。本研究主要依托问卷星网站制成电子问卷并在微信和 QQ 等社交媒体平台搜集数据。

（五）数理统计分析法

本研究利用 Excel 软件对所搜集的数据进行简单统计分析，采用 SPSS、AMOS 等统计软件实现对变量信效度、假设路径和模型拟合结果的分析。其中，利用 Excel 软件进行访谈数据、案例分析数据和问卷调查数据进行简单统计，采用 SPSS 软件分析进行描述性统计分析、信效度分析、相关性分析、回归分析以及复杂中介与调节作用检验，采用 AMOS 软件进行验证性因子分析。

（六）模糊集定性比较分析法

本研究采用模糊集定性比较分析法（fsQCA）识别危机情境下旅游企业获取韧性成长中韧性领导力等影响因素间的"联合效应"和"互动关系"，以此归纳旅游企业韧性成长的成因组合。其中，fsQCA 是一种基于集合理论的综合分析方法，其要求结果的发生是来自多个因素的组合影响，而非任何单一因素直接引致的。该方法的优势在于能够从系统的视角分析影响因素和结果变量间的多重并发关系，并认为结果的发生存在多种实现路径，能够有效弥补结构方程模型和线性回归分析在提供解决方案中存在的局限。

三、研究创新点

本研究旨在建构旅游企业韧性领导力的概念内涵和测量量表，探究危机情境下韧性领导力的驱动、演化和作用机制，并以此为基础实证检验韧性领导力对企业韧性的影响机制和组态效应。本研究可为旅游企业塑造和培育韧性领导力提供策略指导和理论依据。主要创新点如下。

第一，在研究视角上，本研究旨在从领导力视角揭示旅游企业对危机事件的韧性响应体系，为旅游企业韧性和旅游企业危机管理研究提供新的理论视角和研究方向。具体来说，韧性领导力表现为领导者为帮助组织、团队和下属成功抵御风险、战胜逆境、恢复平衡状态，甚至实现成长而发起影响下属行为和工作方式的行动过程。本研究试图从韧性领导力的视角去研究危机情境下，旅游企业的响应机制和应对体系，而前人研究主要从旅游危机影响、员工韧性和组织韧性的视角予以探索，这是跟已有成果的重要区别。

第二，在研究内容上，本研究旨在建构旅游企业韧性领导力的测量模型和动态演化机制，从而拓展韧性领导力和旅游企业韧性的研究领域和理论范畴。本研究采用定性与定量相结合的混合研究设计，面向旅游企业对韧性领导力进行量表开发，并基于危机生命周期理论评估韧性领导力的内在演化机制和生命周期特征，为危机情境下旅游企业韧性领导力的动态演化机制提供分析框架和理论依据。本研究所探索的韧性领导力是一种新型的领导力类别，能够推进韧性领导力的测度研究和理论体系，并揭示韧性领导力的驱动过程、内在演化特征及其效应结果。

第三，在研究目标上，本研究致力于对旅游企业韧性领导力与企业韧性的关系结构进行实证检验，也试图以此为依据，为危机情境下旅游企业设计韧性领导力培育路径、提出危机管理和人力资源管理方案并促进企业韧性成长提供策略指导。在风险社会以及 VUCA 环境背景下，由危机事件引致的不利情境及其治理是旅游企业不可避免的问题，如何抵御危机冲击，在逆境中寻求发展成为旅游企业成长的重要难题。在此背景下，探索旅游企业韧性领导力对企业韧性的影响机制这一科学问题，并识别旅游企业获取韧性成长的组态方案，对于引导旅游企业建立面向韧性成长的危机领导策略、危机管理体系和人力资源管理方案具有重要意义，对于旅游企业员工、团队和组织在多元逆境中保持积极工作状态和高水平绩效具有促进作用。

第五节 研究思路与逻辑架构

一、研究思路

本研究围绕旅游企业韧性领导力的测度、演化和作用机制展开理论探索和实证检验，具体研究思路如下。

第一，问题提出。当前，旅游企业所处的经营环境和社会环境较以往任何时候都要变幻莫测，韧性领导力是帮助旅游企业抵御风险、战胜逆境、恢复平衡状态和实现成长发展的战略工具。本研究聚焦于旅游企业韧性领导力测度、演化和作用机制这一核心议题，并展开相关研究。

第二，文献回顾，寻找理论创新机会。在界定基本概念和关键概念的基础上，梳理与领导力、企业韧性和旅游企业韧性相关的研究文献，并据此展开研究述评、识别研究缺口和理论创新机会，为后续韧性领导力的维度测量、动态评估和机制检验奠定文献基础和理论依据。

第三，量表开发，建构旅游企业韧性领导力的测量模型。面向旅游企业领导者和员工展开深度访谈，并通过主题分析和归纳演绎识别旅游企业韧性领导力的概念内涵和维度结构。在此基础上，提出旅游企业韧性领导力的初始量表，并通过多阶段的问卷调查和数据分析对量表进行提纯、精练和验证，提出具有良好信效度结构的韧性领导力量表。

第四，理论建构，揭示危机情境下旅游企业韧性领导力的动态演化机制。基于理论推演、访谈分析和案例解析等方法，探索危机情境下旅游企业韧性领导力的驱动过程和先期表现。结合危机生命周期理论深入剖析韧性领导力的动态演化过程和生命周期特征，并遵循扎根理论范式中的因果关系分析路径来探索危机情境下韧性领导力促动员工韧性、团队韧性和组织韧性的过程机制，以及组织氛围和环境因素的边界条件。

第五，机制探析，检验危机情境下旅游企业韧性领导力对企业韧性的影响机制。面向酒店、景区、旅行社、旅游集团、旅游交通等旅游企业开展规模性问卷调查，借助数理统计分析方法对第四章所建构的理论模型进行验证，实证检验危机情境下旅游企业韧性领导力影响企业韧性的过程机制、协同因素和边界条件，从而拓展韧性领导力作用结果和影响机制的实证研究。

第六，组态分析，探索危机情境下促成旅游企业韧性成长的组态方案。采用模糊集定性比较分析法，检验危机情境下韧性领导力是如何单独或与其他因素相互作用，以促进旅游企业的韧性成长，从而识别旅游企业员工、团队和组织实现高水平韧性成长的多条件组合路径和多重复杂因果关系。

第七，总结展望，提出本研究的主要结论、理论贡献、管理启示和未来研究展望。对本研究的主要结论进行总结、梳理和讨论，并在此基础上明确指出本研究的理论贡献，建构面向企业韧性成长的韧性领导策略、危机管理体系和人力资源管理方案，并在该部分指出本研究的局限性以及未来研究展望。

二、研究技术路线

本研究按照"问题提出—文献回顾—量表开发—理论建构—机制探析—组态分析—总结展望"的思路展开内容设计和专题研究。第一，阐明研究背景、研究目的和研究意义，并据此提出研究问题；第二，围绕领导力、企业韧性和旅游企业韧性展开文献梳理，并识别研究缺口和理论创新空间；第三，开发旅游企业韧性领导力量表，系统建构危机情境下韧性领导力的动态演化机制；第四，实证检验危机情境下旅游企业韧性领导力对企业韧性的影响机制和路径机制；第五，总结全文，归纳研究结论和理论贡献，并提出培育韧性领导力和促进企业韧性成长的路径和策略。研究技术路线如图1.1所示。

研究思路		研究内容		研究方法

提出问题	提出研究背景 明确研究目的 阐明研究意义	绪论	提出研究内容 明确研究方法 阐明研究框架	•定性研究 •规范研究
文献回顾	领导力文献 企业韧性文献	文献综述	旅游企业韧性文献 述评与缺口识别	•文献研究 •规范研究
量表开发	识别维度结构 生成初始题项 提纯初始题项	旅游企业韧性领导力的维度与量表开发	检验聚合效度 检验复核效度 检验预测效度	•定性分析 •统计回归
理论建构	解析韧性领导力的驱动前因 挖掘韧性领导力的作用机制	危机情境下旅游企业韧性领导力的动态演化机制	揭示韧性领导力的内在演化 评估企业韧性的形成机制	•访谈分析 •归纳演绎
机制探析	明确理论基础 提出研究假设 建构概念模型	危机情境下旅游企业韧性领导力对企业韧性的影响机制	验证模型效度 呈现数据结果 检验研究假设	•结构方程模型 •多元回归分析
组态分析	前因条件识别与组态框架建立 变量校准与样本隶属度	危机情境下旅游企业韧性领导力驱动企业韧性成长的路径机制	单变量必要条件分析 组态路径分析与调控方案建构	•模糊集定性比较分析
总结展望	研究结论 研究启示	研究结论总结与展望	研究局限 未来展望	•逻辑演绎 •归纳分析

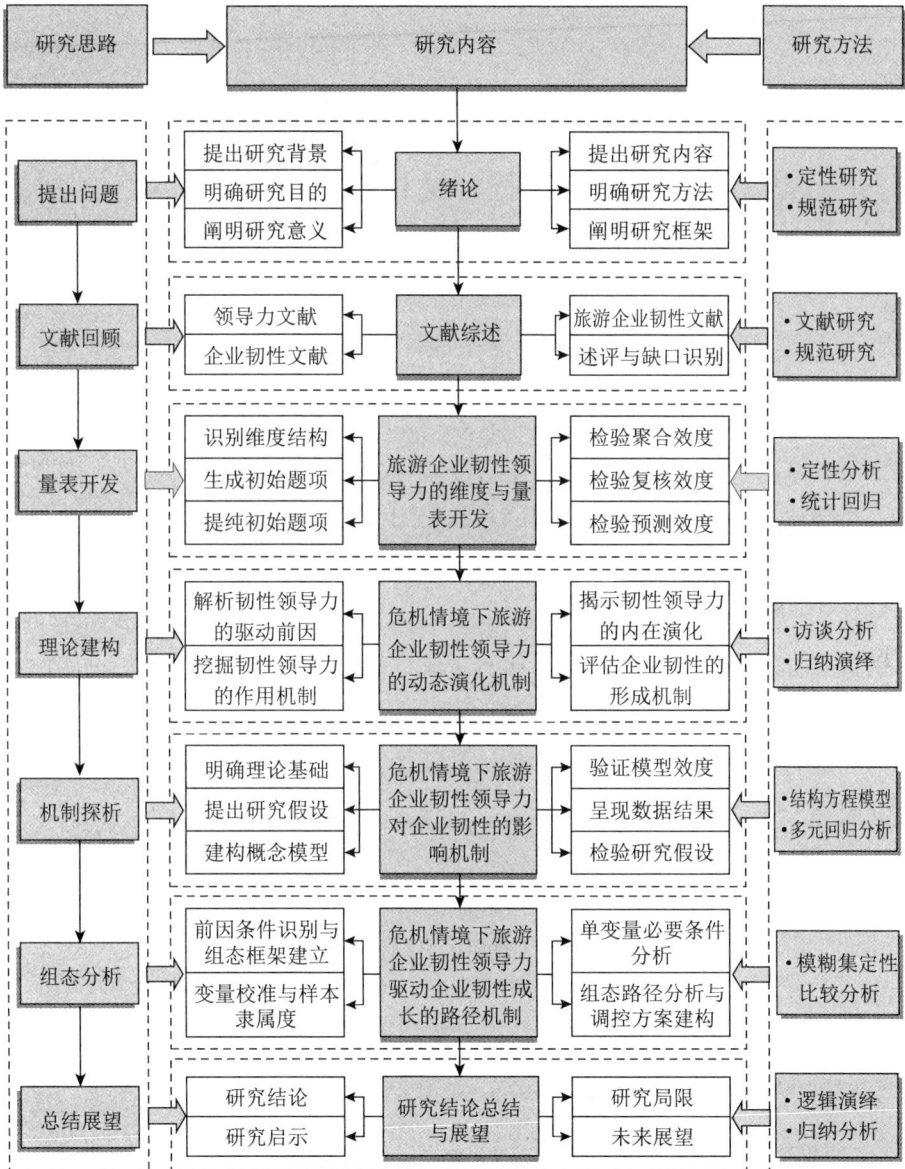

图 1.1 研究技术路线

第二章　文献综述

　　本章节的主要内容是针对"领导力""企业韧性""旅游企业韧性"三个主题展开文献梳理。具体来说，本章节对领导力的起源、理论发展、概念内涵、类型属性、测量结构、影响因素和作用机制进行文献梳理，从员工、团队和组织三个层面归纳韧性的内涵结构、测量体系、影响因素和作用结果，并阐述韧性领导力的概念内涵、形成的理论基础、影响后果及其与相关领导力的差异性。此外，本章节还从旅游企业危机、旅游企业员工韧性、旅游企业组织韧性等方面，对旅游企业韧性研究进行文献梳理。在此基础上，本章节总结既有研究中存在的不足和理论创新的机会，并提出本研究拟探索的研究方向。

第一节　领导力相关研究

一、领导力的起源

　　"领导"一词来源于英文单词"lead"，在现代汉语词典中是一种不带褒贬色彩的中性词汇，也是兼具动词词性和名词词性的双性词。其中，动词的领导是指领导行为，泛指带领和引导大家朝着一个方向前进的社会活动，而名词的领导则是指领导者，具体是指实施指引和带领工作的人，代表了一种社会角色和社会身份。领导者和领导活动自古有之，并伴随着现代组织的出现获得学界重点关注，它直接关系到个体和组织如何实现生存和发展。

从实践起源来看，人类的领导活动和领导实践最早可以追溯到茹毛饮血的原始社会和丛林世界，原始氏族、部落首领就是人类最初的领导者。人类是天生的社会性动物和群居动物，有人群活动、集体行动和协作配合，就必然会产生领导活动和领导工作。原始社会氏族和部落首领需要负责指挥、带领和引导部落成员协调分工、猎取食物、建立秩序、解决冲突和分享成果等领导工作，以获得生存、发展和繁衍的机会。从理论起源来看，对领导问题的专门学术探讨源于 20 世纪初美国的社会科学领域，迄今已有百年的研究历程。自 20 世纪后，现代社会环境的不确定性越来越高、企业管理活动越来越复杂、组织生产分工越来越细化、科学技术转化为生产力的周期越来越短，这就要求领导活动和领导实践必须从经验领导向科学领导转变，以提高领导活动的有效性，由此推动了领导问题发展成专门的科学研究领域。而中国领导理论研究的发展始于 20 世纪 80 年代的改革开放和社会主义现代化建设新时期。中国领导理论研究滞后于西方长达半个多世纪，其发展经历了概念的引进和梳理、完全的拿来主义到借鉴、再到创新性地提出本土化领导理论等不同阶段。总体上，领导力研究的兴起和发展是现代社会发展的必然结果，更在与现实社会背景不断地拟合中发展推进。

二、领导力的理论发展

领导理论研究根据其发展历程和研究内容可大体分为四个阶段：领导特质理论（20 世纪初至 40 年代）、领导行为理论（20 世纪 40 年代至 60 年代）、领导权变理论（20 世纪 60 年代至 80 年代）和新领导理论（20 世纪 80 年代以后）。各个理论的发展阶段和代表性观点总结如图 2.1 所示。

领导特质理论兴起于 20 世纪初，该理论指出领导者的特质与生俱来，只有天生具有领导特质的人才有可能成为领导者。相关研究侧重于识别领导者区别于普通人的天生特质，希望发现领导者在生理、社交、特征和智力等与非领导者存在的明显差异。例如，Barnard 提出的领导特质模型指出领导者应当具备活力与忍耐力、当机立断、循循善诱、责任心和智力等基本特质。领导特质理论为理解领导有效性提供了朴素的世界观和方法论，但由于过分强调领导特质的先天性和必然性，否定后天环境的塑造作用，因此饱受争议和批评。尽管后续的领导特质研究指出领导者特质可在个体所具有先天素质的基础上加以培养和塑造，但还是难以突破早期领导特质理论的逻辑起点，也未能区分出领导者和其他个体存在明显差异的能力特质。现今，领导特质理论研究已经呈现多样化的视角，虽然仅靠特质的培养和塑造并不能完全实现有效领导，但领导者特质会影响和干预领导的有效性。

从 20 世纪 40 年代起，对领导有效性的关注开始转向对领导者行为的研究，由此发展出了领导行为理论。该理论旨在从领导者的行为实践中总结有效的领导模式，并主要从任务导向和关系导向两个维度建立了领导者行为风格的分析框架。其中，任务导向型领导者强调组织绩效的实现，倾向于通过明确的部门职能、岗位职责和任务分工督促员工完成预定目标，主张使用领导职权和奖惩措施来实现组织绩效。因此，任务导向型领导者将组织成员视为完成组织绩效的手段。而关系导向的领导者重视人际关系，倾向于建立和谐融洽的人际关系，尊重下属和追随者的意见，并以人际关系的亲疏远近进行区别对待。因此，关系导向型领导者将与下属的人际关系处理放在首位，承认人与人之间的差异性。Hemphill 等学者作为领导行为理论的开创者和先行者，他们率先将 1000 种领导行为表现归纳为员工关怀和任务定规两个行为量纲，并指出这两种行为在不同领导者身上存在差异。在此基础上，Blake 与 Mouton 以领导者对员工关心程度和对生产关心程度为双向坐标，提出了包含贫乏型领导、团队型领导、任务型领导、俱乐部型领导和中庸型领导 5 种典型领导方式的管理方格理论。尽管领导行为理论没有总结出在各种情境中均有效的领导模式和领导风格，也未能表明领导者与追随者之间的相互作用，但该理论为理解领导风格和领导行为特征提供了两个通用的评价维度。

随着对领导特质和行为理论局限性认知的加深以及相关研究的深入，学者逐渐关注情境因素和环境条件对领导效能和领导有效性的影响，由此各种领导情境理论（领导权变理论）应运而生。相关研究在 20 世纪 60 年代开始兴起，并于 70 年代逐渐形成体系，该理论假定企业是一个在社会系统中、易受环境影响的开放型子系统，领导效能和领导有效性依赖于情境因素，因此并不存在一种绝对有效的领导风格。其中，费德勒模式、领导生命周期理论、路径目标理论和领导—成员交换理论等是比较具代表性的领导权变理论模型。例如，费德勒模式将领导风格区分成任务导向型和关系导向型两种相对的类型，并考虑了领导—成员关系、任务结构和职位权力三种情境因素的影响。该理论模型指出，任务导向型领导风格在三种情境因素最有利或最不利条件下能产生较好的领导效能，而关系导向型领导风格在三种情境因素处于中等条件下能产生较好的领导效能。换言之，领导风格的选择应当视环境而定，其在与组织情境相匹配时才会达到最佳的领导效能。领导生命周期理论指出领导风格应与下属的工作成熟度和心理成熟度相适应，并根据任务取向和关系取向两个维度划分出授权式、命令式、参与式和说服式四种领导力。因此，领导者应当根据下属的成熟度，选择正确的领导模式以充分发挥领导效能。路径目标理论强调领导者的工作在于通过提供必要的辅导、支持、奖励和指导帮助员工完成组织目标。其中，个人特质和环境因素是影响领导激励效用的重要因素，为此该理论区分了指令型、支持型、参与型和成就取向型等四种领导力，领导者应当根据不同情境条件选择合适的领导风格。领导—成员交换理论是一种关系驱动型领导权变理论，其将领导者与下属关系的亲疏程度视为影响领导过程的重要因素。该理论假定领导者的时间和精力有限，且下属的贡献、性格和能力存在差异，领导者仅能与小部分下属建立高质量的领导—成员交换关系，而这些"圈内成员"更受领导信任、享受更多特权，绩效表现也更为突出。此外，领导替代理论、认知资源理论和领导者参与模式等也是该时期重要的研究成果。总体上，领导权变理论强调了情境因素的重要性，但对于情境变量的识别往往立足于静态视角，仅在特定情境下能够发挥领导风格的最佳效能，但并不能适用于所有情境。

从 20 世纪 80 年代起，随着经济全球化的推进、科学技术的发展、组织竞争的加剧，以及在对上述领导理论模型批判和扬弃的基础上，以魅力型领导理论、变革型领导理论、四因素领导理论和基于价值的领导理论等为代表的新领导理论逐渐涌现。其中，魅力型领导理论奠定了新领导理论发展和实证研究的基础，它强调了领导者应利用自身魅力对追随者发挥影响，旨在唤醒追随者的认同感、奉献精神和效仿行为。魅力型领导理论关注领导者的个人特征、行为表现和对追随者的影响，在追随者处于挫折和困境时魅力型领导力的作用往往更加明显。变革型领导理论明确界定了交易型领导力和变革型领导力这两种领导类型，并逐渐发展成为新型领导力研究的奠基理论。其中，交易型领导力强调领导者与下属相互满足的交易过程，领导者注重为下属制定明确的岗位职责和角色任务，并主要通过奖励和控制来实现组织绩效目标。而变革型领导力具有价值导向、个性化互动的特征，领导者注重通过自身魅力、感召力、智力激发和个性化关怀等方式影响下属的态度、信念和价值观，满足下属高层次的自我实现需求。作为对交易型—变革型双因素领导理论的拓展，四因素领导理论将领导者对下属工作的干预程度纳入分析框架，并将领导风格划分成授权型领导力、变革型领导力、交易型领导力和命令型领导力四类。其中，授权型领导力赋予下属充分的工作自主权，鼓励下属采取自我领导策略以实现自我价值；变革型领导力注重与下属建立高层次和高质量的情感联系，能够引发下属积极的组织承诺和情感响应；交易型领导力注重与下属建立工具性的交换关系，从而使得下属依从和服务于领导者；命令型领导力对下属实施强制性的规范和要求，确保下属产生最大水平的工作绩效。基于价值的领导理论强调领导者与下属间建立共同价值观导向的领导—成员交换关系，领导者通过战略规划、愿景描述和价值观注入等方式唤醒下属的情感共鸣和集体认同，以实现下属自我价值和组织绩效。该理论是对领导特质理论和领导行为理论的融合和发展，也是未来领导理论研究的一个重要发展趋势。

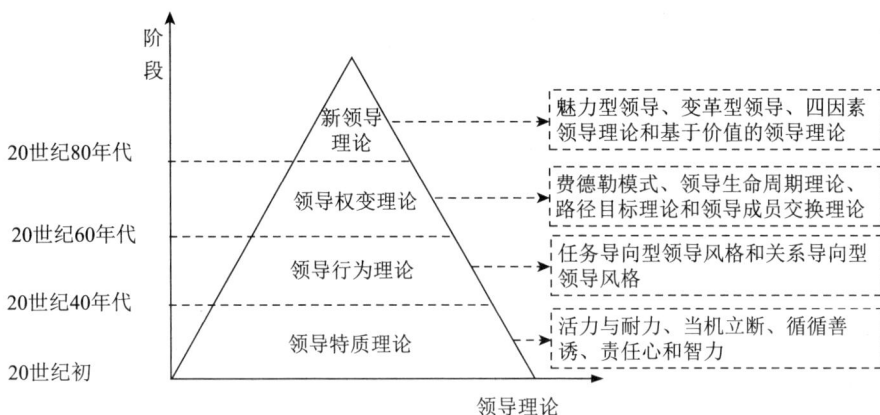

图 2.1　领导理论的发展和演变

三、领导力的概念内涵

目前，学界对领导或领导力尚未形成一个普遍接受的定义。研究者从不同视角去界定领导力的概念内涵，其中具有代表性的概念定义主要基于过程、能力、行为、关系和权力等视角，具体如表 2.1 所示。其中，从过程视角来看，领导力是领导者发挥影响力、引导追随者并实现组织目标的决策过程；从能力视角来看，领导力是领导者在领导实践中所呈现出的决策谋略能力、问题解决能力、团队凝聚能力和情绪渲染能力等众多能力要素的组合；从行为视角来看，领导力具体表现为领导者在指引、制定、描绘和实现组织目标过程中所采取的一系列行动集合；从关系视角来看，领导力体现了领导者与追随者之间的一种社会联结和情感联系；从权力视角来看，领导力是领导者施加于追随者身上的影响力和控制力，且这种权力涉及制度规定的法定性权力和领导者个人的影响力。尽管不同视角下领导力的概念定义存在差异，但主要包括以下四个属性要素：（1）具有一定能力和影响力的领导者；（2）能与领导者建立紧密联系的追随者；（3）领导活动是发生在企业组织当中，容易受到各种情境因素的影响；（4）领导需要实现组织的愿景和目标。综上，本研究将领导力定义成在一定情境条件下，领导者指引和影响追随者实现组织目标的行动过程，包含领导者、追随者、情境和目标四个属性要素。

表2.1　领导力的概念定义汇总

文献	定义	要素	视角
Northouse	领导力是在一定条件下为实现绩效目标对下属和群体实施影响的过程	情境、追随者、目标	过程
Hemphill	领导力是领导者指挥群体在相互作用的活动中解决共同问题的过程	追随者、目标	
Yukl	领导力是让他人理解组织目标，并促进个体和集体努力完成共同目标的过程	追随者、目标	
Robbins	领导力是领导者一种影响团队及成员实现愿景和目标的能力	领导者、追随者、目标	能力
Avolio	领导力是领导者挖掘下属各方面的能力和动机，并引导下属完成组织目标的能力	领导者、追随者、目标	
House	领导力是一种行为，即通过整合组织成员的观点为组织发展明确方向和目标	追随者、目标	行为
Burns	领导力是追随者对领导者的指令深信不疑并以此指导自己行为的方式	领导者、追随者	
Butler	领导力是领导者带领下属适应环境变化，共同实现愿景的行为和过程	领导者、追随者、目标和情境	
Draft	领导力是领导者和追随者间一种有影响力的关系	领导者、追随者	关系
French 等	领导力是一个人所具有的并施加于别人的控制力	领导者、追随者	权力
Tannenbaum	领导力是在某种情况下，经过意见交流过程所实现出来的一种为了达成某种目标的影响力	情境、目标	
景保峰	领导力是指在组织中处于管理和监督岗位的个体对他人具有超乎寻常的影响力	领导者、追随者	

四、领导力的类别、内涵与属性

领导理论和领导力的产生和发展是尝试回应社会和组织环境中的某种独特领导实践和领导问题。学者基于不同视角和价值取向提出了差异化的领导力和领导模式，以促进领导有效性和组织目标的实现，具体如表2.2所示。其中，Einarsen 等以正负性下属导向和正负性组织导向为通用维度，将领导风格划分成建设性领导力、暴君型领导力、越轨型领导力、护犊型领导力和放任型领导力五种。基于此，结合领导风格是否与下属、团队和组织的合法性期望相契合，可以将领导力简单划分成正性领导力和负性领导力两个类别。其中，正性领导力与下属和组织的合法期望相契合，有利于促进自身、下属和组织的共同发展，具体包括变革型领导力、魅力型领导力、道德型领导力、战略型领导力、真诚型领导力和平台型领导力等。负性领导力与下属和组织的合法期望相悖，并可能对下属、团队和组织的利益造成负面影响，具体包括破坏型领导力、辱虐型领导力和毒性领导力等。然而，学者逐渐发现领导风格和领导模式可能存在两面性特征和两面性影响结果。例如，古银华等实证发现下属认知依赖和动机依赖在包容型领导力对下属创造力的影响中分别发挥负向和正向的中介效应，揭示了包容型领导力对下属创造力影响的双刃剑效应；刘小禹等将魅力型领导力区分成公权和私权两个维度，并证实公权魅力领导增强下属内部动机，私权魅力领导降低下属内部动机。因此，领导力和领导风格兼具双元性特征和两面性影响结果。

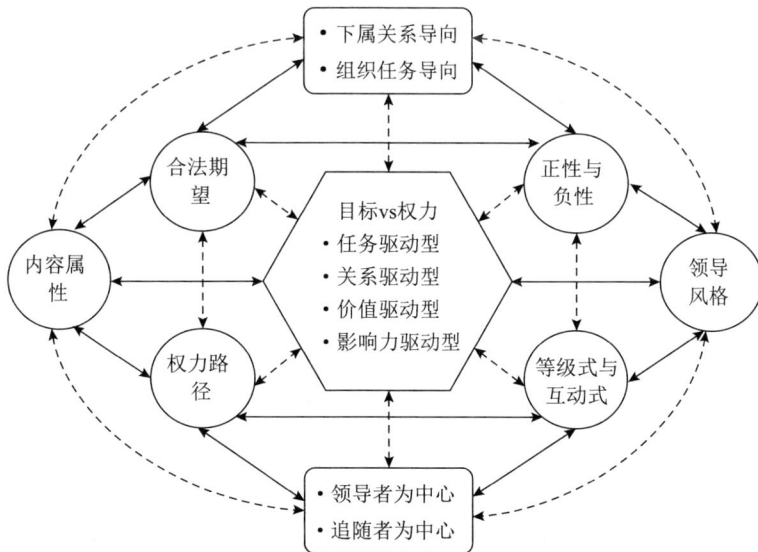

图2.2 领导力的类别与属性要素

基于领导者发挥影响力和控制力的路径可将其划分成等级式影响领导力

和互动式影响领导力，前者强调领导力是自上而下的等级式影响过程，后者强调领导力是自下而上的动态交互过程。传统领导理论普遍认为领导力是一个单一的、自上而下的等级式影响过程，领导者在企业中扮演着极其重要且难以取代的社会角色，诸如魅力型领导力、变革型领导力、战略型领导力、交易型领导力、辱虐型领导力和授权型领导力等领导模式是最具代表性的研究成果。这类领导范式往往遵循"领导者为中心"的价值导向，领导者在以威权为核心的等级式金字塔结构中处于核心地位，而下属和追随者处于较低层级、被动服从领导者自上而下的影响和控制。随着社会经济和信息技术的发展，企业面临的外部环境愈加不确定、不可预测，员工对工作自主性和差异性的需求也越来越高，这就需要组织不断调整领导策略以适应日益复杂的内外部环境。因此，一种由员工主动参与、自下而上的非正式领导风格越来越受到组织的青睐和重视。这类领导范式往往遵循"员工为中心"的价值导向，强调领导者与下属间的互相影响和互相领导，在中间层级少、信息传递迅速和直接控制管理的扁平式组织结构中能够发挥更好的领导效能，诸如包容型领导力、开放式领导力、参与型领导力、共享型领导力和平台型领导力等领导模式。此外，等级式影响领导力和互动式影响领导力在不同文化情境下的有效性也存在差异。例如，邓志华等发现互动式影响领导力（服务型领导力）在团队型和创新型文化中的有效性较高，等级式影响领导力（家长式领导力）在市场型和等级型文化中的有效性较高。因此，领导者影响力的发挥存在自上而下和自下而上两种不同权力路径，且领导力有效性的发挥需要与组织和环境因素相称。

本研究对表 2.2 所示的领导力展开内容归类和属性分析，依据目标导向（任务和关系）和权力导向（影响和价值）两个维度提炼出领导力的四种属性要素（图 2.2）：任务驱动、关系驱动、影响力驱动和价值驱动。其中，任务驱动型领导风格强调通过各种管理途径实现团队和组织的愿景目标，重点关注组织核心利益和绩效目标的完成。例如，交易型领导力通过明确员工岗位职责、设定员工绩效标准和激励计划帮助员工完成预定目标；共享型领导力强调组织成员间通过互相影响和互相领导实现个人目标、团队目标和绩效目标；安全型领导力通过指导、关怀、激励和控制等方式引导下属实现组织安全目标、提升企业安全绩效。关系驱动型领导风格强调与下属建立不同类型的社会关系，将领导与下属的双向互动作为领导实践中的重点。例如，家长式领导力和差序式领导力具有浓厚的人治色彩，领导者按照差序格局将下属区分成圈内人和圈外人，并强调领导者与下属之间建立明确的服从关系、依附关系和圈子文化，是一种不平等、不均质的上下级关系；参与型领导力通过各种资源支持和鼓励下属参与决策，与下属共享信息和权力，是一种平等和谐的上下级关系。影响力驱动型领导强调领导者权力对下属的影响，其中涉及组织赋予领导者的法定性权力（公权）和领导者个人的魅力特质（私权）。例如，魅力型领导力、服务型领导力、道德型领导力、谦卑型领导力和自我牺牲式领导力强调通过个人优秀品质和道德行为的模范作用对下属发挥影响力；而战略型领导力通过使用组织赋予的法定权力发挥影响力。价值驱动型领导风格强调领导者满足下属自我发展需求和自我实现价值，甚至促进领导者与下属的共同发展。例如，变革型领导力通过价值引导、愿景激励、个性化关怀和智力激发等方式赋予下属工作意义、激发他们的高层次需求；平台型领导力重视自己、组织和下属的共同事业，旨在通过拓展事业范围、提升事业质量激发自己和下属的潜能，从而与下属彼此成全、共同提升。

表 2.2　领导力的类型、内涵与属性

领导力	定义	维度	属性	代表文献
变革型领导力	领导者通过价值引导、愿景激励、个性化关怀和智力激发等赋予下属工作意义、激发他们的高层次需求，从而超越个人得失实现组织目标	领导魅力、感召力、智力激发和个性化关怀	价值驱动	陈璐等
交易型领导力	领导者通过界定员工职务、设定员工目标以及奖酬，下属通过执行任务、服从指挥完成任务作为对领导者的回报	权变奖励、积极的例外管理、消极的例外管理	任务驱动	刘小禹和刘军等
魅力型领导力	领导者通过自身的信仰、行为和模范作用，从而对下属的态度、信仰、行为和绩效产生影响	愿景表达、环境敏感、员工需求敏感、个人风险和非常规行为	影响力驱动	刘小禹等

续表

领导力	定义	维度	属性	代表文献
家长式领导力	在人治氛围下，领导者表现出严明的纪律权威、父亲般的仁慈和道德的廉洁性	权威领导、仁慈领导和德行领导	关系驱动	周 浩 等；郑伯埙
道德型领导力	领导者通过表率和互动表现出合乎规范的行为，并通过双向沟通影响下属表现出类似行为	道德个人和道德管理者	影响力驱动	Brown
包容型领导力	领导者在言语和行动上鼓励并欣赏下属的努力和贡献，关注下属需求和听取下属意见	开放性、有效性和易接近性	关系驱动	Nembhard 等
参与型领导力	领导者为下属提供更多的自主权、关心、信息、支持、协助等促进下属参与，并在决策制定前征询下属建议，与下属共享信息和观点	单维度	关系驱动	Huang 等
创新型领导力	领导者鼓励下属探新求异，培养下属的创新能力和社交能力，并在组织内创造支持性氛围	单维度	价值驱动	Makri 等
开放式领导力	领导者自信且谦卑，放弃对下属的控制，激励下属实现组织目标	信息分享和决策制定	价值驱动	Uslu 等
安全型领导力	领导者为实现组织安全目标、提升企业安全绩效而发起影响下属行为和工作方式的交互过程	安全教练、安全关心、安全激励、安全控制	任务驱动	Zhang 等
差序式领导力	领导者根据与下属关系的亲疏远近划分成"自己人"和"外人"，并进行区别对待和差序管理	单维度	关系驱动	陶厚永等
战略型领导力	高层领导者在复杂环境中预期未来、规划愿景、保持应变性，将战略型思考与鼓励员工接纳变革相结合，为组织发展规划战略前景	开拓创新、关爱下属、阐述愿景、人际沟通、展示权威、监控运营	影响力驱动	王辉等
真诚型领导力	领导者在与下属的互动中能够形成良好的自我意识、内化道德观、平衡信息处理和透明关系，从而促进自身和下属的共同发展	自我意识、内化道德观、平衡信息处理和透明关系	关系驱动	Walumbwa
授权型领导力	领导者通过阐明工作意义、提供自主权、传递对绩效的信心、促进参与决策等方式与下属分享权力，以提高下属的工作动机和绩效	强调工作意义、传递信心、促进参与决策、提供自主权和弱化科层约束	价值驱动	Ahearne 等；魏华飞等

领导力	定义	维度	属性	代表文献
服务型领导力	将下属的利益置于个人利益之上，强调服务他人、满足他人的需求，从而获得下属的追随，激发下属同样的服务动机	情绪抚慰、帮助下属成长、把下属放在首位、授权、为社区创造价值、概念技能和遵守道德规范	影响力驱动	Liden 等
平台型领导力	领导者重视自己和下属的共同事业，通过拓展事业范围、提升事业质量激发自己和下属的潜能和积极性，与下属彼此成全、共同提升	包容、个人魅力、变革规划、平台搭建、平台优化、共同成长	价值驱动	郝旭光 等
谦卑型领导力	领导者通过正确看待自己的不足、欣赏他人的优点和向他人学习等方式激发下属的积极性，维持与下属的关系	自我察觉、欣赏他人、开放学习	影响力驱动	Owens 等
自我牺牲性式领导力	领导者关注集体福祉，并为此放缓或放弃利益和自我特权，从而影响员工的行为和绩效	单维度	影响力驱动	Cremer 等
辱虐型领导力	领导者持续表现出怀有敌意的语言或非语言行为，但不包括身体接触行为	单维度	任务驱动	Tepper
破坏性领导力	领导者违背组织正当利益，破坏组织任务、资源、利益和目标，损害下属工作绩效、满意度和幸福感的系统性和持续性行为	自身利益、其他同事利益、上级利益、下属利益	任务驱动	Einarsen 等
毒性领导力	领导者表现出不正直、虚伪及破坏性的行为，给组织、群体和下属造成持续性的负面影响	单维度	影响力驱动	Romm

五、领导力的维度结构与测量要素

目前，领导力的测量多采用问卷调查法，并主要可以归纳成基于传统领导行为的测量、基于领导者的自我报告式测量和基于下属的他人报告式测量三种形式。其中，基于传统领导行为的测量方式是将某种领导力作为一种与传统垂直领导并行的水平领导模式和复合型领导力，并在传统领导行为风格的基础上发展出新的测量结构，如共享变革型领导力、共享授权型领导力、安全变革型领导力和安全交易型领导力。例如，苏屹等和 Ensley 等借鉴前人关于共享型领导力的研究成果，在传统变革型领导力的基础上发展了4个维度、12个题项的量表来测量共享变革型领导力。基于领导者的自我报告式测量关注的是领导者如何评价自己的领导实践和行为模式，而基于下属的他人报告式测量关注的是领导者与下属间的互动。例如，Spitzmuller等通过管理者自我报告法测量真诚型领导力，魏华飞等让下属评价领导者的授权型领导力。此外，部分研究也比较了这两种测量结果的差异。例如，Cerne等研究发现当下属感知和领导者自我评价的真诚型领导力处于较高水平且两者匹配度高时，领导力的有效性最为明显。

如表2.2所示，尽管不同类别领导力的维度结构和测量要素不尽相同，但总体上可以归纳为教练型维度、激励型维度、关怀型维度、控制型维度、领导者魅力维度和情境响应维度6个要素。其中，教练型维度是指领导者通过角色示范、决策参与、愿景描绘和意见分享等方式指导和影响下属的工作行为，旨在促进下属成长并实现组织目标。例如，感召力、愿景表达、信息分享、决策制定、培养和指导、安全教练、阐述愿景、道德管理、帮助下属成长和成功、变革规划、平台搭建和共同成长等属于教练型领导维度。激励型维度是指领导者为激发下属工作动机、实现组织目标而建立的激励机制和奖惩措施。自我决定理论指出，自主性、胜任力和关系是促动个体内在动机的三种基本需求，外部奖励和惩罚是影响个体外在动机的重要因素。因此，激励型维度包括激励下属内部工作动机和外部工作动机的各种因素。例如，智力激发、开拓创新、权变奖励、安全激励、强调工作意义、传递对绩效的信心、提供自主权和弱化科层约束、授权和促进参与决策等属于激励型领导维度。关怀型维度是指领导者尊重和理解下属，为下属开展工作活动提供人文关怀和情感支持。例如，个性化关怀、员工需求敏感性、仁慈领导、支持和关怀、安全关心、关爱下属、人际沟通、利他之爱、情绪抚慰、为社区创造价值和把下属放在首位等属于关怀型领导维度。控制型维度是指领导者通过展示领导权威、建立规章制度并使用职权监控员工行为来实现绩效目标。例如，积极的例外管理、消极的例外管理、权威领导、安全控制、展示权威、监控运营、概念技能、遵守道德规范、上级利益目标、自身利益目标、其他同事利益目标和下属利益目标等属于控制型领导维度。领导者魅力维度是指领导者以独特的人格魅力和优秀品质对下属施加影响。例如，领导魅力、个人风险和非常规行为、道德个人、开放性、有效性、易接近性、自我意识、内化道德观、信念/希望、包容、个人魅力、自我察觉、欣赏他人和开放学习等属于魅力型领导维度。情境响应维度是指领导者对组织内外部情境因素和环境条件的关注、应对、响应和管理等系列行动集合，如环境敏感性等。

六、领导力的影响因素与形成机制

领导力的影响因素可以归纳为领导者因素、下属因素、组织和情境因素等方面。从领导者因素来看，叶龙等实证表明领导者谦卑特质能够正向影响变革型领导力，且变革型领导力在领导者谦卑与领导有效性间扮演中介角色；刘朝等实证检验了领导者情绪劳动对变革型领导力和员工组织认同的影响，并发现变革型领导力在领导者情绪劳动与员工组织认同的影响关系中发挥中介作用；周如意和龙立荣实证检验了领导者人格特质和文化价值观对自我牺牲式领导力的影响关系，并检验了角色知觉的中介作用以及环境不确定性的调节作用。从下属因素来看，下属的人格特质会对领导力产生影响，如下属的价值观和正直性等会影响共享型领导力的形成。从组织因素来看，基于战略人力资源管理理论和领导风格理论，张海丽等证明了企业初创战略（需求拉动型初创战略和技术推动型战略）能够对领导力（变革型领导力和交易型领导力）产生影响，并显著调节了领导力与新创企业绩效的影响关系。Shirey等也发现在积极组织文化氛围中管理者会表现出更多的真实型领导行为，但在消极组织文化氛围中则相对较弱。从环境因素来看，时阳等在对责任型领导力的文献综述中指出，文化背景、制度环境和大众媒体舆论等环境和情境变量是影响责任型领导力的重要因素；刘伯龙基于计划行为理论将环境不确定性识别为创业型领导力的前因变量。

七、领导力的影响结果与作用机制

相较于影响因素，领导力作用机制的实证研究尤为丰富。目前，领导力的影响结果主要表现在个体、团队和组织三个层面。在个体层面，领导力对领导者自身和员工均存在影响。其中，受到学界较多关注的员工影响结果既包括信任、责任感、工作使命感、自我效能、工作动机、主动性、心理授权、心理所有权、工匠精神、组织承诺、组织认同、工作韧性、工作绩效、建言行为、创新行为、创造力、前瞻行为、服务导向行为、利社会行为、组织公民行为和满意度等积极结果导向，也包括下属依赖、负荷性压力、情绪疲惫、心理困扰、工作—家庭冲突、离职意愿、工作偏离行为、沉默行为、知识隐藏、非伦理行为、反生产行为和越轨行为等消极结果导向。基于社会交换理论和互惠原则，领导者的积极领导行为往往会带来指向领导者自身的收益，增加领导者的效用和福利，从而实现领导者和下属的共同发展。一般来说，领导者收益主要表现在"任务"收益和"关系"收益两个层面，前者主要是指向领导者个人的工作绩效，后者聚焦于领导者与下属之间的人际关系产出，如下属对领导者的信任、忠诚、承诺以及领导者的心理幸福感等。例如，涂乙冬等实证研究发现，道德型领导力对领导者"任务"收益（领导者绩效）和"关系"收益（下属对领导者的认知信任和情感信任）具有正向影响，且领导者—下属交换在上述影响关系中发挥中介作用。

在团队层面，学者也将领导力视为团队层变量，并实证探索其对团队有效性、团队互动、团队行为和团队绩效的影响。其中，受到较多关注的团队影响结果既包括团队心理安全感、团队信任、团队积极情感、团队效能感、团队自省、团队领导—成员交换关系、团队建言氛围、团队知识分享、团队信息交换、团队帮助行为、团队双元行为、团队创新、团队绩效、团队满意度等积极结果导向，也包括团队冲突、团队沉默、团队负性情感和团队知识隐藏等消极结果导向。在组织层面，领导力对组织创新氛围、组织学习、企业绩效、组织文化、组织韧性、组织创造力和创新具有显著的影响。此外，胡泓等对变革型领导力与组织创造力和创新的影响关系展开文献回顾，并从个体、团队和组织层面梳理了变革型领导力的影响结果和作用路径。蒿坡和龙立荣对共享型领导力进行文献述评，从积极和消极两个结果导向、个体、团队和组织三个层次梳理了共享型领导力的影响结果。王震等指出现有研究将真实型领导力视为个体层次和团队层次的变量，并强调它能够为领导者自身带来积极的心理体验，既正向影响员工的态度、行为和绩效，还对团队和组织层面的行为和绩效具有积极作用。综上，领导力普遍具有积极和消极两种相异的结果导向，且影响结果也可以归纳为领导者自身、员工、团队和组织等方面。

领导力的作用机制包括中介机制和调节机制两个层面。其中，领导力的中介机制主要可以归纳为认知中介机制、情感中介机制和动机中介机制。从认知中介机制来看，现有研究主要探索了员工心理安全感、心理授权、组织氛围、团队信息交换、领导—成员关系和工作压力等认知变量的中介作用。例如，基于社会信息加工理论，蔡亚华等揭示了挑战性压力在变革型领导力与员工创造力间的正向中介作用，以及负荷性压力在二者间的负向中介作用。从情感中介机制来看，现有研究主要探索了正向情感、工作激情、情感承诺、负向情感、积极情感氛围和团队激情氛围等情感变量的中介作用。例如，Hmieleski 等基于情感事件理论实证检验了团队积极情感在共享型领导力与企业绩效影响关系间的中介作用。从动机中介机制来看，现有研究探索了员工内部动机、恢复信念、自我效能、团队效能、团队凝聚力和团队信心等动机变量的中介作用。例如，段锦云等基于自我决定理论发现变革型领导力通过员工内部动机的部分中介作用影响员工建言。

从调节机制来看，领导者因素、下属因素、工作特征因素、团队因素、组织因素和环境因素等，均是领导力作用过程中的重要调节变量和边界条件。从领导者因素来看，领导者自信、领导者自我角色、领导者—成员交换关系、领导者才能、领导组织代表和社会责任取向等，被证实在领导力影响过程中发挥调节作用。例如，高昂等实证结果表明，随着领导者才能的提升，威权领导力对团队绩效的影响关系由负向影响转为正向影响。从下属因素来看，员工调节焦点、外部动机、主动型人格、乐观、集体主义倾向、外向性和权力距离等是调节领导力有效性的重要变量。例如，Hoch 等基于领导替代理论将下属年龄多样化视为替代因素，其负向调节甚至替代共享型领导力对团队绩效的影响关系。从工作特征因素来看，工作压力源、工作复杂性、任务互存性、工作内容高原、工作嵌入、核心工作特征和工作多样性等，在领导力作用过程中发挥调节作用。例如，陈晨等实证表明，工作复杂性在"变革型领导力—心理授权—创新行为"的中介关系中具有正向调节作用。从团队因素来看，团队创新氛围、团队心理安全、团队传统性、团队虚拟性、团队伦理氛围、团队承诺和团队差序氛围等，在领导力发挥有效性时的调节效应受到较多关注。例如，Hoch 等实证探索了团队虚拟性在共享型领导力对团队绩效影响时的调节效应。从组织和环境因素来看，环境动态性、环境不确定性、风险环境、组织氛围、组织支持、组织文化和创业制度环境等，在领导力的影响过程中具有调节效应。例如，Zhang 等基于领导替代理论指出外部风险环境在安全型领导力的影响过程中扮演"中和剂"角色、削弱了安全型领导力的有效性。因此，领导力概念内涵、测量方式、影响因素和作用结果的实证研究框架可归纳如图 2.3 所示。

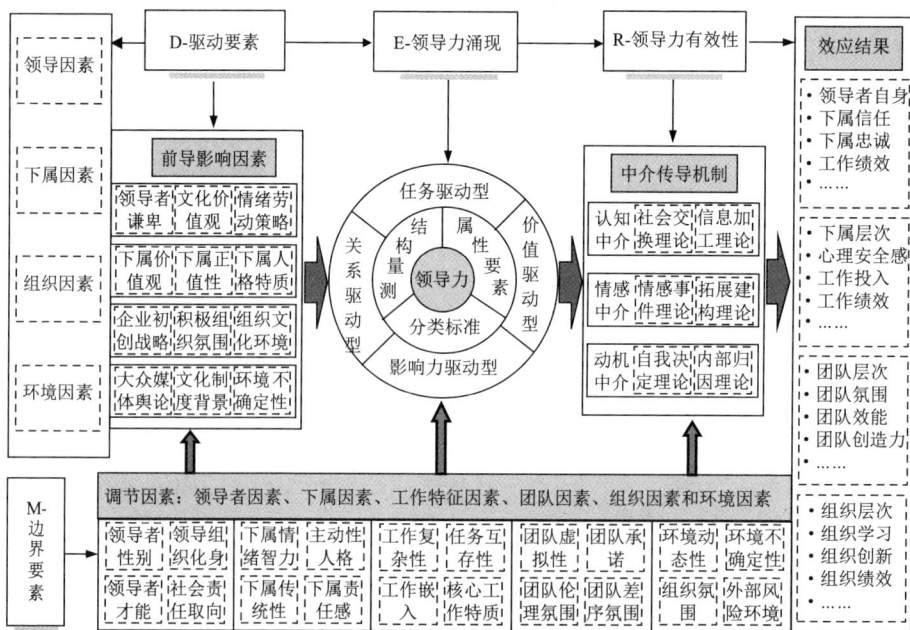

图 2.3　领导力的实证研究框架

第二节 企业韧性相关研究

一、韧性的概念起源与内涵

韧性的英文单词是 resilience，最早可以追溯到 17 世纪的拉丁语动词 resilire，本意可以理解为"跳回""反弹"或者"弹回"。韧性在牛津英语词典中被定义为：能够承受住困难并迅速从中恢复过来。美国心理学会将韧性定义成个体在面对创伤、失败、困难、逆境、威胁或不利情境时的良好适应过程。作为一个跨学科概念，韧性在物理学、工程学、生态学、地理学和心理学等诸多领域备受关注。例如，在物理学领域，韧性被用于描述和衡量材料的抗压能力和可承受的最大压力；在生态学领域，韧性被用于测度生态系统的持续性、稳定性和适应破坏及变化的能力。Meyer 率先将韧性引入组织管理领域，以此来描述组织和员工在遭遇逆境时的动态适应过程。自 20 世纪以来，积极心理学成为一种新的思潮，组织管理领域的学者越来越关注积极个人力量、积极主观体验以及积极组织特质所发挥的作用，旨在帮助个体走向幸福、促进组织健康发展和实现家庭幸福美满。其中，韧性被视为一种具有开发价值的个体心理资源和组织良好特质在组织管理领域备受关注。

在企业组织管理领域，由于理论和视角的差异，学者对于韧性的概念化各有侧重，尚未形成一个普遍接受的概念定义。目前，韧性普遍被认为是一个多维度、跨层次的复杂概念，在企业管理研究中主要涉及个体、团队和组织三个层面，且概念内涵可以归纳为四个取向：特质、能力、过程和结果（如表 2.3 和图 2.4）。从特质视角来看，韧性被认为是一种能帮助个体、团队或组织应对多元逆境的理想特质。换言之，韧性是一种积极人格特质或组织理想品质，它的存在能够使个体、团队和组织免受逆境、挫折和创伤事件的影响，通常拥有韧性特质的实体才能在不利情境中保持积极的适应性。从能力视角来看，韧性被认为是个体、团队或组织在面临丧失、挫折、创伤、困难或不利情境中所呈现出来的抵抗能力、学习能力、生存能力、适应能力、恢复能力和成长发展等众多能力的组合。因此，韧性员工、韧性团队和韧性组织往往能够积极有效地应对困难和逆境，降低负面事件的威胁和损害，甚至获得逆势成长。从过程视角来看，韧性是个体、团队或组织对逆境的积极响应过程，具体表现为个体、团队或组织对不利情境的渐进和动态适应过程，其中可能涉及个体、团队或组织内部的情绪劳动、优化整合、资源调配、即兴发挥和沟通协作等行为响应。从结果视角来看，韧性被视为一种行为结果，具体表现为个体、团队和组织在逆境中取得良好适应并从中恢复和成长的成功应对结果，这直接关系到个体、团队和组织如何在逆境中获得发展乃至幸福。由此可见，在组织管理领域中，企业韧性研究涵盖了个人、团队和组织三个层面，并涉及特质、能力、过程和结果四种概念取向。

表 2.3　韧性的概念内涵

作者	情境	定义	视角	层次
Dai 等	旅游与酒店	能够承受住困难并迅速从中恢复过来	特质	个体层次
Yang 等	旅游与酒店	韧性是一种能够增强员工适应能力的积极人格特质，它使个体能够成功应对消极工作经历	特质和结果	
Youssef 和 Luthans	制造业、服务业、公共部门和非政府组织	帮助人们在经历危机或创伤后恢复过来的稳定性格特征	特质	
Wang 等	银行业	从逆境、失败、挫折甚至从积极事件及与日俱增的责任中恢复和反弹的动态发展能力	能力和过程	
Näswall 等	—	员工在工作中不断利用资源以获得适应和发展的能力，即使在面对富有挑战性的工作环境	能力	
Nguyen 等	金融、医疗和教育业	一种发展的过程，包括增强员工的忍耐性，提高员工应对挑战的能力，甚至实现创新和发展	过程	

续表

作者	情境	定义	视角	层次
李硕	技术类、行政职能类、营销类和生产类等岗位	团队成员在信息交流、资源交换和协作配合等互动过程中表现出来的积极正面心理状态	特质和过程	团队层次
Morgan 等	精英体育团队	团队韧性是一种重要的团队能力，它可以保护团队成员免予承受共同遭遇压力源的潜在负面影响	能力	
Morgan 等	英式橄榄球联合会世界冠军团队	团队成员利用个体或群体资源积极适应逆境的社会心理过程	过程	
王勇和蔡娟	制造业和服务业	为企业应对各种挑战和危机，消除不确定干扰因素并适应新环境，并为危机后的恢复发展提供了潜在框架	特质	组织层次
Ma 等	—	韧性是组织一种能在意外灾难性事件和动荡环境中实现生存、适应、恢复和发展的能力	能力和结果	
Carvallo 和 Areal 等	100 家最适合各种的公司	组织韧性是一种能使组织在威胁和压力应对中恢复，并在逆境中实现成长和发展的能力	能力	
Mccarthy	—	组织韧性是一种进化的过程，强调通过资源配置从而应对两个外部条件的变化，即扰动和宽裕	过程	
Sincorá 等	—	组织韧性确保组织在动态和不确定的环境中实现生存、恢复和发展	结果	

　　韧性揭示了个体、团队和组织在逆境下复原和成长的过程机制，明确韧性的概念定义是识别其维度结构、测量量表、影响因素和作用机制的基本前提。通常，概念分析是探索概念基本要素和结构内涵的重要方式，Walker和Avant指出概念分析应当考虑三种要素：前因、属性和结果。从前因来看，逆境、创伤、困难、失败或挫折等压力或不利情境被普遍认为是韧性产生的先决条件，个体、团队和组织韧性直接表现在对这些不利情境的积极适应。而韧性的定义属性表现为促进个体、团队和组织积极适应的核心能力和环境资源。其中，自我韧性、情绪调节、社会支持、自我效能、希望、适

应恢复、自我意识、决心和亲社会态度等属性相继被识别出来，是影响个体、团队和组织积极适应的重要因素。因此，韧性的定义属性可以理解为促进个体、团队和组织对逆境积极适应的众多能力特质和资源要素的组合。韧性的结果包含恢复原状和超越原状两个方面，具体表现为从逆境中恢复初始状态，甚至在积极适应后实现茁壮成长和自我发展。因此，韧性并非只是个体、团队和组织在逆境中所具备的稳定特征或品质，更是一种动态发展的能力，可以通过持续的引导和锻炼得以培育，它的存在促使个体、团队和组织在逆境中积极适应、抗逆复原并实现成长和新生。综上，本研究将组织管理领域的韧性定义成个体、团队和组织在创伤、困难、失败、压力或挫折等不利情境中所呈现出来的，具体表现为对上述不利情境的抵抗抵御、积极适应、协作应对和抗逆复原等，并最终从逆境中实现恢复和成长的动态发展能力。

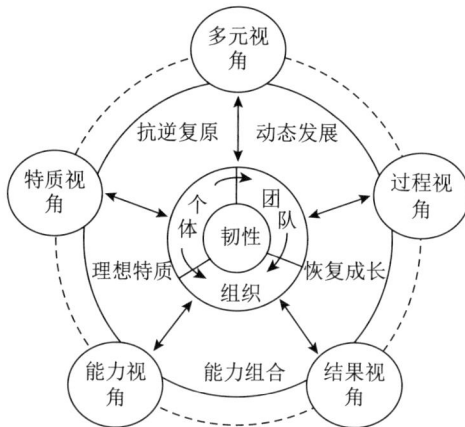

图 2.4　组织管理领域韧性的概念内涵

二、员工韧性

（一）员工韧性的测量

由于韧性的概念内涵涉及特质、能力、过程和结果等视角，员工韧性量表具有不同的测量方向。基于特质视角，Connor-Davidson 韧性量表（CD-

RISC）、性格韧性量表（DRS）、自我韧性量表（ERS）和心理韧性量表（RS）等量表，均认为韧性是可以增加个体对逆境适应能力的积极人格特征，并在不同职业情景中得到改编和应用以测量员工韧性。例如，Yu 和 Zhang 在中国情境下以工人、教师、商人和农民等不同职业群体为研究对象，对 CD–RISC 韧性量表进行改编优化，并从坚韧、力量和乐观三个维度测量员工韧性。基于能力视角，Näswall 等开发出包含学习型取向、前瞻性、积极展望、网络关系利用和适应能力 5 个维度、共计 18 个题项的员工韧性量表。

　　基于维度和测量结构发展的视角，员工韧性量表经历了非独立测量结构、独立测量结构、多维度测量结构和情景导向测量结构的发展历程（如表 2.4）。从非独立测量结构来看，有学者将员工韧性作为员工心理资本的子维度予以测量，并认为韧性反映了员工从失败、压力、挫折和困难等逆境中迅速恢复的心理资源和心理状态。例如，Luthans 等通过两个子研究证明了员工心理资本是包含希望、韧性、乐观和自我效能四个维度的二阶因子结构，并对其工作绩效和工作满意度具有正向预测作用。从独立测量结构来看，部分学者将韧性作为员工的积极人格特质并予以测量，它促使员工在逆境中仍保持较高的工作投入和积极情绪。例如，Dai 等将韧性操作为员工的人格特质，并在组织辱虐管理情境中实证检验了其对员工工作投入和离职意愿的影响关系。从多维度测量结构来看，员工韧性量表的维度主要表现为员工应对多元逆境的各种能力，如抵抗能力、适应能力、应对能力和协作能力等。例如，Saad 等认为员工韧性主要包括坚韧、足智多谋和乐观三个维度。随着韧性概念在不同领域和情境中的拓展，职业韧性、教育韧性、情绪韧性和行为韧性等概念逐渐涌现，基于不同情境导向的员工韧性测量逐渐获得关注。例如，London 将韧性概念引入职业生涯管理领域，并指出职业韧性是指员工对职业逆境或职业破裂等不利情境的适应和反抗，并开发了包含职业韧性、职业洞察力和职业认同三个维度的员工职业动机量表。

表 2.4　员工韧性的结构维度与测量

测量结构	维度	量表来源	产业情境	参考文献
多维度测量结构	坚韧、足智多谋和乐观	改编自 Connor-Davidson 韧性量表	旅游与酒店	Saad 等
	学习型取向、前瞻性、积极展望、网络关系利用和适应能力	量表开发	—	Näswall 等
	预期、灵活性和反弹能力	量表开发	城乡居民	Chen 等
	愿景、决心、交互、关系、解决问题、组织力、自信、适应性与灵活性、前瞻性	量表开发	银行业	Wang 等
非独立测量结构	心理资本的子维度	改编自 Block 和 Kremen 的自我弹性量表	制造业、服务业、公共部门和非政府组织	Youssef 和 Luthans
独立测量结构	单维度量表	改编自 Näswall 等的员工韧性量表	金融、医疗和教育	Nguyen 等
	单维度量表	改编自 Block 和 Kremen 的自我弹性量表	旅游与酒店	Dai 等
情景导向测量结构	员工职业韧性量表	量表开发，职业动机量表的子维度	—	London 和 Noe

（二）员工韧性的影响因素

员工韧性的影响因素可以归纳为个体因素、工作特征因素、组织因素、领导者因素和情境因素等方面。从个体因素来看，员工积极特质、认知、动机和情绪等因素会通过系列心理—行为过程诱发员工韧性，其中员工乐观、主动性、内部人身份感知、工作促进性焦点和积极情绪是员工韧性前导影响因素。例如，诸彦含等实证检验了员工内部人身份感知和工作促进性焦点对员工韧性的正向影响。从工作特征因素来看，员工个人—团队契合、个人—主管契合、工作资源、工作要求和工作压力等因素能够有效预测员工韧性。例如，Safavi 等从个人—工作契合度视角实证探索了员工个人—团队契合和个人—主管契合对员工心理韧性和心理资本的影响作用。从组织因素来看，组织为唤醒员工的韧性响应塑造各种支持型要素，诸如企业社会责任、学习

型组织氛围、人力资源管理实践、组织文化和组织支持感等，均对员工韧性
具有重要影响。例如，Bardoel等指出，人力资源管理实践对员工韧性具有促
进作用，组织更应当在不利情境中发展出提高员工韧性的人力资源管理实践。
从领导者因素来看，领导者是员工工作资源和心理资源的重要提供者，员工
韧性也已经成为衡量领导效能和领导有效性的重要标准。其中，授权型领导
力、服务型领导力、变革型领导力、谦逊型领导力、真诚型领导力和服务型
领导力等领导风格，相继被证实对员工韧性具有显著影响。从情境因素来看，
学界普遍认为员工韧性衍生于对压力、创伤、失败和挫折等危机或负面事件
的积极适应和动态响应，因此上述不利情境是员工韧性的刺激性因子。此外，
部分研究也开始关注到常态情境、积极事件和有利情境对员工韧性的触发作
用。例如，汤伟娜等基于社会支持理论和职业生涯理论，揭示了新生代员工
社会支持感、职业韧性和工作绩效间的影响关系，并发现员工职业韧性部分
中介了社会支持感对员工工作绩效的影响关系。

（三）员工韧性的作用后果

员工韧性的影响结果主要可以归纳为宏观和微观两个层面。其中，员工
韧性的微观影响主要表现为对员工个体层面的影响，如员工满意度、工作安
全感、组织承诺、离职意愿、工作幸福感、创造力、工作投入和工作绩效等。
例如，基于自我决定理论，Dai等指出员工韧性对工作投入具有显著正向影响，
对离职意愿具有显著负向影响。员工韧性的宏观影响主要表现为对企业组织
层面的影响，如组织绩效、组织可持续性、组织创新绩效和组织竞争力等。
例如，吴庆松等实证发现员工的心理资本和心理韧性等积极心理状态，能够
对企业技术创新绩效产生积极影响，具体表现为对企业专利数、创新市场效
果和产品创新成功率等。尤其是在创伤、挫折、危机等负面威胁事件或不利
情境下，韧性能够帮助员工成功抵御风险、战胜逆境、迅速恢复平衡甚至实
现成长与发展，已经成为帮助企业抵御危机损害、维持生存发展、获取竞争
优势甚至从危机中实现恢复发展的重要战略工具。例如，诸彦含等基于心理
路径视角指出韧性有助于员工克服冲突、逆境、挫折和失败等负面事件并迅
速恢复，在提高员工幸福感和组织绩效、确保员工心理健康和组织功能、减

少员工离职和增强组织承诺等方面具有重要作用。Saad 等在恐怖袭击背景下证实了员工韧性有助于降低其工作不安全感，并促进员工的创造力和企业的业务连续性。因此，在不利情境或常态情境中，引导和塑造员工韧性是企业管理中亟须重点关注的理论议题。综上，员工韧性的测量、影响因素和作用结果的实证研究框架可归纳如图 2.5 所示。

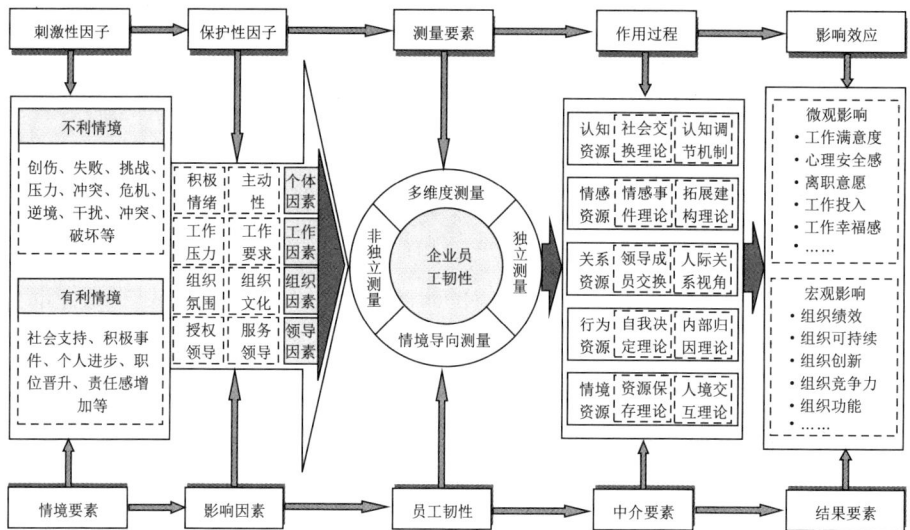

图 2.5　员工韧性的实证研究框架

三、团队韧性

（一）团队韧性的测量

团队韧性是一种集体的积极心理状态，它经由团队成员个体韧性的人际交互拓展至团队层面，具体表现为团队成员基于共同应对信念的一种社会心理活动过程和集体心理状态，具有瞬时性、动态性和共享性等特征。Morgan 等研究指出，当团队处于挑战、挫折、压力和威胁等不利情境时，团队成员会调动自身的心理资源和社交资源将个体韧性拓展到团队层面，继而帮助团队从不利情境中解脱、恢复平衡状态甚至实现自我发展。目前，部分学者将团队韧性视为团队心理资本的子维度，也有学者将其视为具有多维度的复杂概念。其中，前者基于社会感染理论将团队韧性作为员工个体交互协同和动态协调的产物，如 West 等将团队韧性视为员工韧性的引申和拓展，它为团队从失败、挫折、冲突或任何团队可能经历的威胁中恢复过来提供资源支撑和能力保障。而后者基于团队内部结构的视角探索团队韧性的建构路径，如 Morgan 等指出团队韧性由群体结构、掌握趋近、社会资本和集体效能四个维度构成，Mallak 提出团队韧性包含目标导向、规避、批判性思维、角色依赖、来源依赖和资源获取六个因素。

从测量方法来看，团队韧性的测量方法主要包括个体韧性聚合法、个体参考转移法和团队讨论法三种类型。其中，个体韧性聚合法是利用个体韧性量表测量团队成员的韧性得分，并在此基础上聚合求得团队韧性总分或者算数平均数。例如，毛晋平等将个体心理资本测量结果的平均数作为指标聚合到团队层次，并将组内一致性、组间差异和群体平均数信度等作为评价数据聚合效度的重要指标。个体参考转移法是采用团队韧性问卷直接测量团队整体的韧性得分，其中每个项目的具体指向目标是团队而不是个人，即将测量题项中面向"个体"的主语转换成"团队"予以阐述。例如，West 等采用个体参考转移法从整体视角衡量团队韧性，并实证探索了其在团队层面的绩效产出。团队讨论法将团队作为一个整体，通过团体成员讨论得出一致意见和集体共识来评估团队韧性。例如，姚莹莹等通过团队讨论法来测量高管团队韧性，并在此基础上检验了其在团队积极情绪和团队创新绩效间的中介效应。

（二）团队韧性的影响因素与作用结果

团队韧性影响因素和作用后果的实证研究大都围绕个体、团队和组织三个方面展开。从员工个体层面来看，人口统计变量、人格特质、个体多样性、自我效能和文化价值观等因素对团队韧性具有显著影响。例如，李力等实证表明不同性别、职称和学历的高校教师在积极心理资本与工作投入间均存在显著的差异性。由于员工韧性是团队韧性产生的基本前提，团队韧性反映了员工韧性的一致性水平和共有的心理状态，因此员工韧性及其影响因素也能够有效预测团队韧性。从团队层面来看，团队资源、团队氛围、团队积极情绪、团队反思、团队沟通、团队实验行为和团队凝聚力等是驱动团队韧性的重要因素。例如，Sargent 等强调团队凝聚力能够激发团队效能感和群体潜能，从而帮助团队及成员从不利情境中快速恢复。

从组织层面来看，领导力、组织文化、组织氛围、组织支持和人力资源管理实践等因素对团队韧性具有显著影响。例如，项高悦等指出企业应当建立积极的组织文化，并引导个体价值观与组织文化相契合以促进团队心理资本和团队韧性。从作用后果来看，团队韧性对员工敬业度、创造力、工作投入、工作绩效、组织公民行为和工作满意度等具有显著影响。例如，李力等实证表明团队心理资本对员工工作投入具有显著的正向影响。团队反思能力、团队创新绩效、团队角色内绩效、团队角色外绩效、群体工作参与和群体工作态度是团队韧性在团队层面的影响结果。例如，Carver 等指出团队韧性正向影响团队的工作态度和工作参与。此外，团队韧性对组织绩效、企业创新、组织文化和企业精神等因素具有显著影响。例如，Zhao 等基于理论研究发现团队心理资本有助于管理者强化和凸显企业精神。因此，团队韧性的测量、影响因素和作用结果的实证研究框架如图2.6所示。

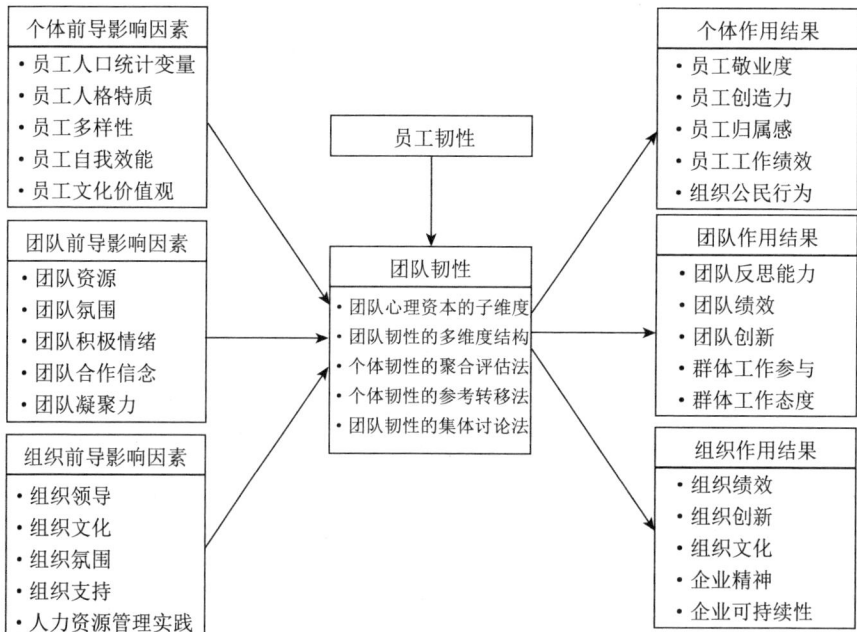

图2.6 团队韧性的实证研究框架

四、组织韧性

（一）组织韧性的测量

基于张公一等对组织韧性的分类标准，可从直接测量和间接测量去归纳组织韧性的维度结构和操作度量。其中，间接测量法认为组织韧性是一个不可直接观测的复杂概念，并主要基于财务数据设计组织韧性的评价体系，倾向于从结果和组织产出视角衡量组织韧性。例如，Ortiz-De-Mandojana 和 Bansal 指出组织韧性可从财务波动、组织成长和存活比率三个层面进行评价和测算；DesJardine 等从恢复时间和损失程度设计了组织韧性的评价指标；Lv 等从财务波动和长期增长两个维度去度量组织韧性。而直接测量法主要是依托于问卷调查法测量组织韧性的内涵属性，也是现有组织韧性实证研究中较多采用的测量方法。

表 2.5　组织韧性的结构维度与测量

测量方法	实施策略	代表性文献	测量维度	视角
直接测量	基于问卷调查测量组织韧性的内涵属性	Weick	修复能力、判断能力、角色系统	能力
		Prayag 等	适应能力、规划能力	
		Conner	外部积极性、内部积极性、外部弹性、内部弹性、专注、组织化、前瞻性	特质
		Kantur 和 Iseri-Say	稳健性、敏捷性、完整性	
		Patriarca 等	监控、反应、预测、学习	过程
		Stolker 等	风险分析、状态维持、贯彻执行	
		Melián-Alzola 等	单维度	结果
间接测量	基于财务数据设计组织韧性的相应指标	Ortiz-de-Mandojana 和 Bansal	财务波动、组织成长、存活比率	结果
		DesJardine 等	恢复时间、损失程度	
		Lv 等	财务波动、长期增长	

目前，学者对于组织韧性的直接测量主要围绕能力、特质、过程和结果等视角展开。基于能力视角，Weick 提出了包含修复能力、判断能力和角色

系统三个维度的组织韧性测量结构；Prayag 等从适应能力和规划能力两个维度测量组织韧性。基于特质视角，Conner 从外部积极性、内部积极性、外部弹性、内部弹性、专注、组织化和前瞻性七个维度评估组织韧性；Kantur 和 Iseri-Say 认为组织韧性包含稳健性、敏捷性和完整性三个层面。基于过程视角，Stolker 等面向组织韧性的绩效管理发展出包含风险分析、状态维持和贯彻执行三个维度的组织韧性量表；Patriarca 等基于韧性分析网络的视角从监控、反应、预测和学习四个层面评估组织韧性。基于结果视角，Melián-Alzola 等将组织韧性视为企业成功应对危机或逆境的结果，具体表现为组织的动态适应性、环境适应性和绩效经营恢复等。尽管组织韧性的测量和评价方法较为多元，基于不同理论视角所建构出来的测量结果各有侧重，但均促进了组织韧性理论和实证研究的发展。综上，关于组织韧性的结构维度和测量方式可以归纳如表 2.5 所示。

（二）组织韧性的影响因素

作为一个情境响应概念，组织韧性的影响因素主要可以从组织外部情境因素和组织内部情境因素两个层面去归纳和总结。其中，动态环境因素和外部利益相关者社会网络是诱发组织韧性的重要外部情境因素。通常，组织韧性嵌入外部社会网络中，积极的社会关系网络能够帮助组织渡过难关并恢复运转，社会资本理论和人力资本理论也强调了外部社会资本和人力资本有助于组织韧性的提高。例如，Gittell 等基于对航空公司的案例分析发现，积极社会关系能够降低企业的成本和债务，提高企业对动荡外部环境的适应性，因而能够正向影响组织韧性；Lv 等指出企业可以通过加强与外部利益相关者的社会联系实现高水平绩效增长和低水平财务风险，继续提高组织韧性。此外，张公一等依据 PEST 分析法将组织面临的动态环境因素归纳为政治因素、经济因素、社会因素和技术因素四个层面。DesJardine 等在经济危机背景下指出企业可从恢复时间和损失程度两个层面展现和增强组织韧性。

从组织内部情境因素来看，组织韧性的影响因素可以归纳个人、团队和组织三个层面。从个人层面来看，虽然组织韧性并非直接等于员工和团队韧性的总和，但其建立在员工个体知识、技能和能力的基础上，员工自我效能、希望、乐观和韧性等特质，在帮助组织在动态环境中保持抵抗性和适应性扮演着重要角色。此外，员工和团队成员间的社会支持、情感团结和道德支持在组织韧性的形成和发展过程中发挥关键作用。从团队层面来看，团队关系是组织韧性的重要构成要素，Kahn 等基于组间关系理论指出组织在不利情境下可通过采取整合、否认和改造等多种路径培养和塑造组织韧性。从组织层面来看，企业社会责任、组织资产、组织学习、领导力、组织内复杂适应系统、组织内部协作网络、组织文化和组织价值观等因素相继被认为在组织韧性的塑造过程中发挥重要作用。例如，罗肖依和孙黎基于学习理论指出学习型组织能够较好地适应内外部环境的变化，有助于增强组织韧性；Lv 等建构了包含股东、员工、业务、社会和环境等维度的企业社会责任框架，并据此实证检验了其对组织韧性的影响机制。

（三）组织韧性的作用结果

组织韧性作为一种具有开发价值的力量，基于组织与情境的交互程度可将其影响结果划分为恢复平衡状态、适应环境变化和实现发展和成长三个层次。其中，恢复平衡状态表现为组织在不利情境中承受并抵抗住负面事件的威胁，并在多元逆境中保持正常运转、达到恢复平衡状态的目标。诸彦含等指出组织韧性体现了组织应对非常态环境的能力，它能够帮助组织保持坚韧性、灵活性并恢复到原始平衡状态。适应环境变化表现为组织通过战略部署、资源调配和目标设置等方式，加强对负面情境和风险环境的动态适应，从而帮助企业在多元逆境中维持正常运营、实现"适者生存"。而实现发展和成长表现为企业对多元逆境的成功应对结果，是在恢复原状和平衡状态的基础上进一步实现学习成长和绩效发展。从实证研究结果来看，王勇基于组织能力观探讨了组织韧性、战略能力和新创企业成长的影响关系，结果表明组织韧性有助于新创企业战略制定能力和资源整合能力的提升，且正向促进新创企业成长。王勇和蔡娟将企业绩效、企业成长和战略能力作为组织韧性量表效度验证的效标变量，结果发现组织韧性及其子维度与企业绩效、企业成长和战略能力呈现显著的正相关。综上，组织韧性测量、影响因素、概念结果和实证研究结果的研究框架如图 2.7 所示。

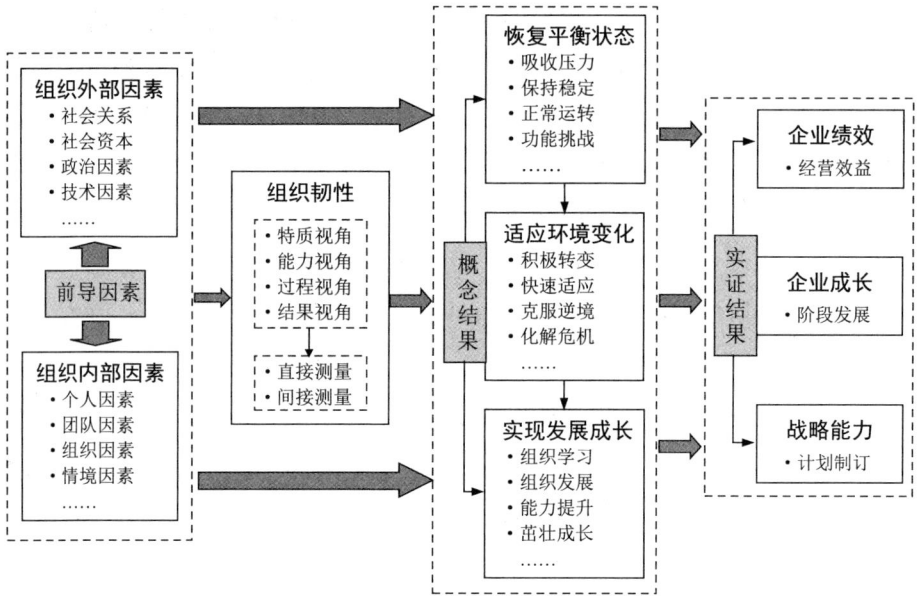

图 2.7　组织韧性的实证研究框架

五、韧性领导力

（一）韧性领导力的概念

韧性领导力是领导力、积极心理学和组织行为学研究的交叉和集合。目前，国内外学者对于韧性领导力尚未有一个明确的概念，但都展开了深入的理论思辨。林光明指出，韧性领导者能够在压力情境下迅速恢复至正常状态，并从中实现自我发展、引领下属和追随者实现组织目标。Dartey-Baah（2020）指出，韧性领导力是对变革型和交易型这两种理论基础思想的重复，并归纳出韧性领导力的六个核心要素：战略思维、情绪智力、适应性导向、学习、绩效导向、集体领导力。Giustiniano（2020）指出韧性领导力概念本身存在一些矛盾的方面，它是两种矛盾力量的综合：风险破坏和韧性赋能。由于领导力涉及领导者、追随者、情境和目标等属性要素，仅从单一视角去理解和阐述韧性领导力是不充分的，也需要结合韧性的概念内涵去建构韧性领导力的概念体系和内涵结构。因此，结合韧性和领导力的概念，本研究认为韧性领导力是领导力系统中的一个风格和子集，具体表现为在面对创伤、困难、失败、压力、挫折或危机等不利情境中，领导者为帮助组织及其成员成功抵御风险、战胜逆境、适应冲击、恢复平衡状态甚至实现成长和发展而发起影响下属行为和工作方式的行动过程。

（二）韧性领导力的相关研究

目前，学界主要从特质、行为、能力和复合等视角去探索韧性领导力。其中，特质视角集中关注于领导者应当具备的韧性能力素质，以帮助领导者在逆境中抗逆复原、指导下属克服逆境并完成组织绩效。例如，李平将韧性领导力定义成领导者在遭遇挫折、冲突和困境时能够快速恢复至正常工作状态，甚至在多元逆境中依然能够朝着既定的方向勇往直前、永不言弃的一种意志。Qiao 等采用 Connor-Davidson 韧性量表测量领导者心理韧性，从而评估企业韧性领导力。Fang 等对地震后中小型旅游企业业主和管理人员的深入访谈发现，危机后领导者基于问题导向和情绪导向的应对机制的响应与领导者自身韧性、自我效能、希望和乐观等特质紧密相关。Kim 等在工作—家庭冲突情境下对一线护士经理展开深入访谈，并发现构成领导者韧性的特征包括积极思考、承担责任、灵活性和工作—生活分离等。

行为视角下的韧性领导力研究主要探讨了危机或多元逆境下领导者的行为响应体系，并重点关注领导者应当采取行动计划和管理策略，从而帮助企业抵御危机冲击。例如，Patterson 研究指出，韧性领导力在常态情境下能够保证组织管理和工作任务的有序开展，在遭遇风险或灾害侵扰时能够展开情绪调节和即兴应对，并在不断适应和处置当中推动企业蓬勃发展。在组织多元化和环境变化日益呈现出不确定的背景下，Haver 等强调了酒店总经理可以通过丰富的管理经验和明智的情绪调节策略来发展韧性领导力，以此应对不断变化的领导职责和任务要求。Lombardi 等在新冠感染疫情危机下面向酒店经理的深度访谈后发现，韧性领导力是在领导者即兴发挥和应急管理的基础上建立起来的，且领导者即兴发挥主要包括了危机爆发前的持续准备和危机爆发时的学习能力两种策略，并由此构成了韧性领导力的核心内涵，以帮助企业抵御危机冲击、促进企业从中获得成长。

　　基于能力视角，韧性领导力直接表现为领导者在面对逆境时表现出的帮助企业实现恢复、学习和发展的能力集合。对此，Singh 等认为韧性领导力包括愿景、有效性、授权、响应性和支持性五个方面。也有学者从复合视角对韧性领导力的概念内涵展开描述。例如，李平也指出韧性领导者应当具备坚定理想信念、乐观心态、顽强适应能力和独创性等积极特质，以及展现情绪掌控和寻求支持等行为特征。林光明从行为和过程相结合的视角指出韧性领导力的复原过程包含正视逆境、情绪控制、寻求支持、明确目标、提升自我效能感、利用资源、逆境成长和引领他人八个渐进阶段。Förster 和 Duchek 从个人特质和能力（如个人特质和专业能力）、情境因素（如私人环境和工作环境）和行为因素（如个人行为和人际行为）三个层面建构了韧性领导力框架。

（三）韧性领导力形成的理论基础

　　韧性领导力形成的理论基础主要包括领导权变理论、角色理论、社会认同和社会学习理论。它们分别从不同视角阐述了韧性领导力建构的理论逻辑和实践依据，以及"韧性领导者"的角色是如何产生的，具体如图 2.8 所示。根据领导权变理论的观点，情境因素和环境条件塑造了领导者的行为模式，领导力有效性是个人特征因素和外部情境因素相互作用的结果。Kerr 和 Jermier 提出的领导替代模型认为，情境因素可以影响、替代和中和领导力的效能和领导风格的有效性。这表明，领导者会对内外部情境状态及其变化进行响应，并逐渐建立起情境导向的领导风格。在风险社会背景下，由危机引致的各种威胁情境成为所有企业无法逾越的现实问题，企业所处的经营环境变得更加难以预测。因此，根据领导权变理论的观点，领导者会发展出韧性导向和动态适应导向的领导风格，以促进企业在多元逆境中实现生存、适应、恢复和发展。

　　角色理论认为人的角色是社会建构的产物，并尝试从人的社会角色属性阐述个体行为的发生机制。其中，个体的社会角色是在角色发出者和角色接收者双方的互动中建构，角色发出者会根据目标设置系列角色期望，而角色接收者通过实际行动履行这些期望，以促进双方社会角色的共同建构。韧性领导力关注多元逆境中领导者角色和下属角色的社会交互过程。其中，在企业遭遇创伤、困难、失败、压力、挫折或危机等不利情境中，下属会设置或赋予领导者系列有助于促进个体和组织抵御风险、战胜逆境、恢复平衡和实现逆势成长的角色期望，而接收这些角色期望并采取行动履行这些角色期望的领导者在与下属的互动过程中形成了韧性领导力。同样地，多元逆境中领导者也会向下属设置系列有助于组织适应和恢复的角色期望，且下属也会接收角色期望并表现出相应的行为，从而实现领导者角色和下属角色的互动建构。同时，领导者和下属的角色期望会随着情境因素、组织发展和任务要求的变化而发生调整和改变。

　　社会认同理论和社会学习理论从下属角色认同和社会学习的视角阐述了韧性领导力的社会建构路径。社会认同理论指出，个体倾向于将自己与他人定义成不同的社会群体和社会角色，并主要通过自我归类、群体比较来完成身份定义。在组织面临生存威胁或不利情境时，员工对于他人角色的定义和认定也会变得更加强烈，其间有效的领导力和领导实践会得到下属更多的拥护和认同。由此，当领导者在负面威胁情境中表现出正视逆境、顽强适应、积极适应和寻求变革等韧性领导实践时，他们被认定和归类为韧性领导者的可能性就越高。根据"提出—授予—认同"的路径，当领导者提出或能够表现出韧性领导实践，下属将通过集体决策和人际互动认定并授予领导者"韧性标签"，并最终在企业内部发展成韧性领导力和韧性领导风格。社会学习理论指出，个体行为习得和强化可以通过观察模范者的方式来获得，尤其是对复杂行为的习得。一般而言，领导者是员工的学习模范，且下属也热衷于学习和模仿领导者的行为。因此，领导者以"韧性"为导向的管理实践活动会诱导员工的韧性响应，激发下属模仿领导者的韧性表现，并经由领导者与下属间的互动建构形成韧性领导力。

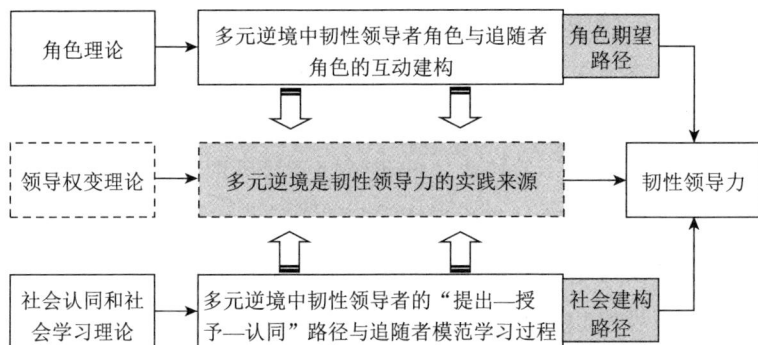

图 2.8　韧性领导力形成的理论基础

（四）韧性领导力的维度结构

目前，学者主要基于理论与模型、数据驱动与实践报告、前人成熟量表、文献归纳和总结等不同视角，对韧性领导力的维度结构展开探索性建构（表 2.6）。针对理论与模型的视角，Dartey-Baah 归纳出韧性领导力包括战略思维、情绪智力、适应性导向、学习、绩效导向和集体领导力六个要素。同时，基于工作场所韧性框架，Förster 和 Duchek（2017）从个人特质和能力、情境因素和行为因素三个层面建构了韧性领导力框架。针对数据驱动与实践报告的视角，基于 C-SPAN 横跨 19 年数据的聚合和分析，Everly 识别了以韧性为重点领导力的最佳测度指标：成功的愿景、实现愿景的使命、创造开放和诚实的交流环境、遵循能产生信任的道德准则。付春香和赵娅结合国家领导人的发言和报告，从领导自身逆境应对能力（个体）和领导与他人互动能力（人际互动）两个层次，提出了包括政治力、研判力、学习力、感召力、组织力和共情力六个维度的韧性领导力模型。基于 Connor-Davidson Resilience Scale（RS-25）成熟量表，Qiao 等通过测量高层领导者韧性特质来测量和反映企业韧性领导力。针对前人文献的回顾和总结，Singh 认为韧性领导力包括效能、赋权、愿景、支持和响应五个维度。Lombardi 结合即兴和组织韧性（包括适应和反应）的概念内涵，指出重大危机下酒店韧性领导力由适应性韧性、反应性韧性、小型即兴发挥、有限即兴发挥和结构化即兴发挥等维度构成。

表2.6 韧性领导力的维度结构

作者	视角	维度和内容	产业/背景	方法
Dartey-Baah	理论与模型	战略思维、情绪智力、适应性导向、学习、绩效导向、集体领导力	—	—
Förster 和 Duchek		个人特质和能力、情境因素和行为因素	8个不同业务领域	访谈
Everly	数据驱动与实践报告	成功愿景、愿景使命、交流环境、道德准则	—	调查资料的回顾性分析
付春香和赵娅		政治力、研判力、学习力、感召力、组织力和共情力	政府组织	—
Qiao 等	前人成熟量表	个人能力、高标准和坚韧;对本能的信任、对负面影响容忍及压力的强化作用;积极接受变化、保持稳定的关系;控制;精神影响	多类别的中国上市企业	视频问卷调查
Singh	文献归纳与总结	效能、赋权、愿景、支持和响应	信息技术公司	问卷调查
Lombardi 等		适应性韧性、反应性韧性、小型即兴发挥、有限即兴发挥和结构化即兴发挥	旅游企业	深度访谈

（五）韧性领导力的影响后果

学界逐渐关注到了韧性领导力的有效性，其影响结果主要包括员工和组织两个层面。在组织层面，韧性领导力对组织文化、组织承诺、组织公正、组织绩效、组织韧性、对外直接投资和组织可持续发展具有正向促进作用。例如，王迪等验证了企业高层领导者心理资本（包括韧性）正向影响企业绩效，且领导者的风险承担行为在其中发挥中介作用。Qiao等检验了韧性领导力对企业研发投入、人力资本投入和对外直接投资的积极影响，并检验了竞争强度、政府补贴、海外经验和公司规模的调节作用。Sulastri 面向 PT-PN VI Kayu Aro 的员工展开调查，并检验了韧性领导力对组织公平、组织文化和组织承诺的影响关系。在员工层面，韧性领导力正向促进员工的积极性、心理资本、工作投入、工作绩效、员工韧性，负向影响工作压力和情绪耗竭。例如，朱瑜等实证研究发现，领导者韧性特质对领导—成员交换关系具有显著的正向影响，并通过领导—成员交换关系的中介作用影响员工创新行为。

Avey 等基于行为实验设计发现，在企业高问题复杂性条件下领导者韧性特质（如自信、积极性、乐观、上进和希望等）有助于提升下属的工作积极性和工作绩效。Singh 证实了韧性领导力对员工心理资本和工作投入的积极影响。由此可见，韧性领导力具有积极的结果导向，有助于企业及员工在多元逆境中保持强健性、坚韧性、适应性和动态恢复性。

（六）韧性领导力与相关领导力的比较分析

如表 2.7 所示，为了明确韧性领导力概念的独特性，本研究选取了与韧性领导力内涵相近或者含有"韧性"要素的领导力进行概念比较，具体包括危机领导力、变革型领导力、魅力型领导力、包容型领导力、战略型领导力和安全型领导力等。

危机领导力以领导者为中心，表现为领导者在危机或紧急情况下带领组织化危为机、实现组织目标，并强调了领导者应当具备预警力、担当力、信念力、驾驭力、凝聚力和成长力等能力特征。因此，危机领导力是一种自上而下的领导方式，强调了领导力在危机或紧急状态，应当具备引导员工在危机中寻找方向、共渡难关甚至转危为机的能力。韧性领导力与危机领导力的相似之处在于二者都以领导者为中心，并且关注了领导者在面对危机或逆境时的策略响应。然而，危机领导力更加强调领导者本身的能力素质，关注领导者在危机中的预警、担当、指导和成长。而韧性领导力关注危机中对下属的控制、指导、关怀和赋能等行动策略，并主张促进和引导领导者自身、下属、团队和组织韧性的共同成长。

变革型领导力以领导者为中心，强调领导者通过价值引导、愿景激励、个性化关怀和智力激发等方式，赋予下属工作意义、激发他们高层次的需求，以实现组织适应性变革的长期目标。因此，变革型领导力是一种自上而下的领导方式，关注组织目标的实现，甚至鼓励下属能够超越个人得失以促进组织的发展。相比之下，尽管韧性领导力也以领导者为中心，但强调在威胁情境中塑造下属的责任感、信念感和使命感，以促进下属和团队的韧性成长以及组织的生存发展。此外，韧性领导力的发生情境往往是在危机或多元逆境当中，而变革型领导力强调企业对变革性、不确定和动态性经营环境的积极适应。因此，变革型领导力和韧性领导力的主要区别之处在于领导风格的情境特征和目标导向。

魅力型领导力强调领导者通过发挥自身的超凡魅力引导下属的认同、效仿和支持，主要包括愿景表达、环境敏感性、员工需求敏感性、个人风险和非常规行为等维度。其中，个体风险体现了领导者的冒险精神以及应对不确定环境的主动性，环境敏感性和员工需求敏感性是指领导者对组织内外部环境情况和员工需求变化的积极关注和回应。因此，魅力型领导力在外部复杂动荡情境或下属处于不利情境中往往能够引导组织变革和创新。同样的，韧性领导力也强调领导者对风险的主动性、环境敏感性和员工需求敏感性，继而促进组织和下属对多元逆境的响应。但是，魅力型领导力发挥有效性和影响力是通过建立领导者角色模范，并引导下属效仿行为的方式实现的。而韧性领导力强调企业在危机情境的坚韧抵抗性和动态适应性，并通过赋予下属责任感、信念感和使命感最终实现组织、团队和下属的共同成长。

战略型领导力同样是以领导者为中心的领导方式，强调企业高层领导者在复杂多变的环境中能够预测未来、描绘愿景、保持组织的应变性，并通过合作发动组织变革的个人能力。韧性领导力和战略型领导力都强调领导者在应对动态和复杂环境中所扮演的重要作用，但韧性领导力更加关注领导者对于下属和团队的指导、控制、关怀和恢复，从而实现组织、领导者和下属三者"共同事业"的发展。相比之下，战略型领导力更加关注组织愿景目标和绩效结果的成长，这与韧性领导力促进下属、团队和组织实现共同成长的领导实践并不完全一致。

包容型领导力是一种以下属为中心的领导方式，强调关注下属的需求、倾听下属的意见、鼓励和欣赏下属的努力和贡献，并主张通过与下属建立尊重、回应、认可和责任的双向关系来促进组织绩效的增长。韧性领导力同样强调下属潜能、动机和活力的激发，但它是一种以领导者为中心的领导方式，并且关注如何在各种不利情境中激发下属责任感、信念感和使命感等韧性潜能和心理状态，从而促进组织、团队和下属对多元逆境的积极适应。从影响过程来看，包容型领导力强调建立良好的领导—成员交换关系，而韧性领导力倾向于引导下属在逆境时的认同感和生活满意度，并且支持、促进和引导下属在逆境应对中获得成长和发展。

安全型领导力的目标在于实现组织安全目标、提升企业安全绩效，主要包括安全教练、安全关心、安全激励和安全控制等维度。安全型领导力和韧性领导力具有较多的相似之处。从目标导向来看，二者均旨在促进组织的稳定运营和可持续发展，尤其是在企业遭遇挫折、创伤、威胁或危机等重大不利情境中。相较于安全型领导力，韧性领导力同样认可领导者在多元逆境中的重要角色，但更加关注领导者与组织、团队和下属等主体在危机或逆境中的协作沟通和共同应对。从下属发展来看，安全型领导力能够提高下属的安全知识和安全技能，但韧性领导力能够帮助下属成功抵御风险、战胜逆境、恢复平衡甚至实现成长和发展，有助下属综合能力的发展。

表 2.7　韧性领导力与相关领导力概念的比较分析

领导力	维度	价值导向	目标导向	影响过程	下属发展
韧性领导力	—	领导者为中心	促进组织和下属在多元逆境的生存、适应和发展	强调下属的心理认同，赋予下属责任感、信念感和使命感	支持、促进和引导下属和团队的共同成长
危机领导力	预警力、担当力、信念力、驾驭力、凝聚力和成长力	领导者为中心	引导员工在危机中寻找方向、共渡难关甚至转危为机	驾驭、团结和凝聚下属应对危机	反思学习、危中求机
变革型领导力	领导魅力、感召力、智力激发和个性化关怀	领导者为中心	促进组织适应性变革的长期目标	赋予工作意义、激发高层次需求	鼓励下属超越个人得失实现组织利益
魅力型领导力	愿景表达、环境敏感性、需求敏感性、个人风险和非常规行为	领导者为中心	规划组织愿景，影响下属实现组织目标、提升工作绩效	建立角色模范，影响下属并效仿	引导下属效仿和认同领导者以实现个人发展
战略型领导力	开拓创新、关爱下属、阐述愿景、人际沟通、展示权威、监控运营	领导者为中心	在动态环境中预期未来、规划愿景、保持组织的应变性	利用愿景目标和人际连接凝聚和激发下属	激发下属的激情和心智

续表

领导力	维度	价值导向	目标导向	影响过程	下属发展
包容型领导力	开放性、有效性和易接近性	下属为中心	领导与下属共同完成任务，以实现双赢目标	与下属建立尊重、认可和回应的双向关系	激发下属的潜能与活力
安全型领导力	安全教练、安全关心、安全激励、安全控制	领导者为中心	实现组织安全目标、提升企业安全绩效	激发下属的自主型动机和受控型动机	提高下属的安全知识和安全技能

第三节　旅游企业韧性相关研究

一、旅游企业危机

（一）危机的概念

危机是指发生在组织、区域或国家内部或外部环境的，会扰乱实体正常运作、威胁个体身心健康和组织生存状态，并且难以通过正常管理程序来应对的计划外事件。Fearn-Banks 将危机视为对组织、企业或产业，以及对公众、产品、服务和声誉具有潜在负面影响的重大事件。不同危机具有不同的性质、成因、特征和属性，但都会对实体的生存发展造成威胁和冲击。在企业管理领域，破坏组织声誉、损害企业盈利、发展或生存的非预期性事件被称为危机。因此，危机可以被理解为威胁个体或组织生存发展的低概率、难预测和高影响事件。在风险社会的背景下，由危机引致的不利情境及其治理成为企业不可回避的问题，其对旅游和酒店等服务型企业的影响和冲击更甚。学界普遍认为危机事件具有综合影响，重大危机事件会对旅游企业生存发展和员工行为态度造成明显的改变。其中，韧性衍生于对压力、创伤、失败和挫折等危机或负面事件的积极适应和动态响应，强调企业员工、团队和组织成功抵御危机、战胜逆境、恢复稳定甚至从中实现成长与发展。因此，旅游危机是旅游企业韧性研究的实践背景和理论需求。

（二）旅游企业危机

旅游企业危机是指影响顾客对旅游的消费信心和消费需求，从而威胁旅游企业持续正常运行的非预期性事件。情境危机传播理论指出，根据组织承担危机责任的大小，组织面临的危机情境可以划分成受害型危机、意外型危机和可预防型危机三类。其中：受害型危机指组织在危机中同样是受害者，如自然灾害等；意外型危机的发生是由组织无意或无法控制的，如技术故障等；可预防型危机的发生是由可控因素、组织内部有意过失导致的，如人为事故等。因此，旅游企业危机研究的案例情境和旅游企业在经营中可能面临的危机类型可归纳如表 2.8 所示。

从受害型危机来看，自然灾害、经济危机和疫情危机等会对事发地乃至全球范围，包括旅游业在内的所有产业活动造成影响。意外型危机主要包括恐怖袭击、政治动荡、难民危机和犯罪等。具体来说，景区、酒店、游乐园等旅游场所属于人员高度密集的公共场所，大部分可能发生在公共场所中的社会安全危机，均有可能发生在旅游消费情境中，如犯罪、暴力冲突和恐怖袭击等。由于活动操作的便利性、袭击目标的准确性和传播范围的广泛性，酒店甚至成为恐怖袭击的"温床"。同时，旅游企业涉及餐饮、住宿、交通和娱乐等产品要素和企业类别，加之于服务的无形性、生产消费同时性和不可储存性等特质，服务失败、臭虫危机、消防安全、交通事故和食品安全事故等可预防型危机时有发生。在新媒体时代，互联网技术和社交媒体的发展冲击了媒体与公众间的信息话语权，重塑了社会公众对于危机事件的解读，由此引致的舆情危机对旅游企业形象和声誉的影响更甚。例如，Su 基于北京和颐酒店女子遇袭事件，从危机传播和形象修复的视角，探索了社会公众对该事件的在线舆论响应及其引致的网络舆情危机。虽然不同危机事件具有相异的属性和归因导向，但在影响过程、影响结果和组织应急响应中存在相似性。

表 2.8　旅游企业面临的危机类型和危机情境

危机性质	特征	危机类型	危机示例	文献
受害型危机	旅游企业在危机中同样被认为是受害者	自然灾害	9/21 南投地震	Chen
			韩国斐济飓风	Möller 等
			印度洋海啸	Biggs
		经济危机	2008 年全球经济危机	Alonso-Almeidah 和 Bremser
		疫情危机	"非典" 疫情	Chien 和 Law
			新冠感染疫情	Zhang 等
意外型危机	危机由意外因素导致，危机的发生是旅游企业无意或无法控制的	恐怖袭击	"9·11" 恐怖主义	Goodrich
		政治动荡	埃及政治动荡	Kapuściński 和 Richards
		难民危机	希腊海岛难民危机	Ivanov 和 Stavrinoudis
		犯罪	暴力犯罪、偷盗、抢劫	Jones 和 Groenenboom
可预防型危机	危机发生源于组织内部、可控因素，旅游企业内部有意过失直接导致了危机的发生	臭虫危机	美国臭虫危机	Liu 和 Pennington-Gray
		食品安全事故	食源性疾病、食品过期	Baser 等
		舆情危机	酒店劫持事件的网络舆情传播	Su 等
		消防安全	火灾	Lundin 和 Jansson
		服务失败	北京和颐酒店女子遇袭事件	Su 等

（三）危机对旅游企业的影响结构

旅游企业生产经营对危机和灾难高度敏感。基于面向旅游危机的文献综述，Duan 等指出危机和灾难对旅游地的影响可以归纳为宏观影响、中观影响和微观影响三个层面。其中，宏观层面的影响包括对总体社会和经济环境、旅游市场消费规模和基础发展环境的影响；中观层面的影响表现在对旅游产业结构和行业形象的影响；微观层面的影响主要表现为对旅游企业经营绩效、顾客消费意愿和员工人身安全的影响。同时，现有评估危机影响的研究主要从客观和主观两个层面开展。前者主要基于经济计量方法评估了危机事件（如地震、"非典"和恐怖袭击等）对目的地旅游市场、国际旅游需求、旅游产业和企业经营绩效等的客观影响。后者主要面向管理者、总经理或经营者展开访谈调查，以评估危机对旅游和酒店企业经营绩效和形象声誉的损害，也有研究评估了危机事件对员工风险感知和游客旅游意愿的影响关系。危机影响评估旨在促使旅游企业危机管理体系的建立健全，并为旅游企业从危机中复苏提供策略指导。例如，在难民危机情境下，Ivanov 和 Stavrinoudis 指出，相较于采取裁员、推迟向供应商付款或者要求更多的现金付款等应对措施，旅游企业经营者倾向于通过加大营销力度、降低成本和降价等方式来应对危机；Alonso-Almeida 和 Bremser 强调旅游企业可以通过推出高质量服务、塑造品牌形象和培养忠诚顾客来缓解金融危机的负面影响，其中成本削减措施是表现最差的应对措施。

从微观层面来看，危机对旅游企业的影响结构涉及组织、职业和个体三个层面，主要包括经营绩效、企业形象、职业发展、身心安全和心理情绪等六个要素（如图2.9），并涉及积极和消极两种结果导向。从积极影响来看，Okumus 等指出危机既在短期内给旅游企业发展带来积极影响，如引入新的管理技术、发现经营管理缺陷、优化管理制度和提高管理效能等，甚至能够促进旅游企业实现长期的发展和成长，如拓展新市场、开发新产品、提高服务质量、采用专业管理技术和优化产业结构等。从消极影响来看，危机在组织层面会降低酒店企业的入住率、房价和整体绩效，并对企业声誉和形象具有负面影响。甚至，区域性、全球性的经济危机还可能会对全球范围内的旅游产业结构、行业形象和基础发展环境造成影响。例如，基于台湾"9·21"地震、"9·11"恐怖袭击和"非典"疫情，Chen 采用经济计量模型验证了区域性和全球性危机会影响整个台湾地区酒店的营业收入、盈利能力和股票绩效。从职业层面来看，危机会影响员工群体的职业发展和任务结构。一方面，旅游企业会通过暂停服务、减薪裁员和停业歇业等方式降低营业成本，这会直接降低员工的职业前景感知。另一方面，恐怖袭击、犯罪和疫情传播等危机事件会使旅游企业采取更加严格的安保措施和防控措施，并实现内部安全管理职能和危机响应计划的完善和转型。从个体层面来看，危机不仅会对员工的身体健康和生命财产安全造成威胁，也会造成心理冲击，如产生工作不安全感、负面情绪、焦虑和抑郁等。例如，Aguiar-Quintana 等指出在新冠感染疫情危机下，员工普遍具有工作不安全感、焦虑和抑郁等消极心理体验，且这些消极心理状态对于他们的工作绩效具有显著的负向影响。

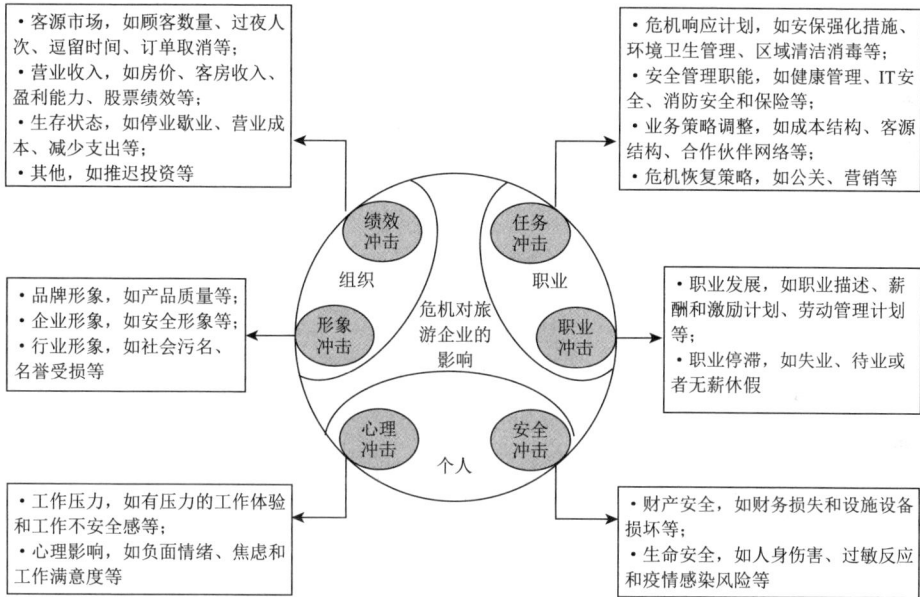

• 客源市场，如顾客数量、过夜人次、逗留时间、订单取消等；
• 营业收入，如房价、客房收入、盈利能力、股票绩效等；
• 生存状态，如停业歇业、营业成本、减少支出等；
• 其他，如推迟投资等

• 危机响应计划，如安保强化措施、环境卫生管理、区域清洁消毒等；
• 安全管理职能，如健康管理、IT安全、消防安全和保险等；
• 业务策略调整，如成本结构、客源结构、合作伙伴网络等；
• 危机恢复策略，如公关、营销等

• 品牌形象，如产品质量等；
• 企业形象，如安全形象等；
• 行业形象，如社会污名、名誉受损等

• 职业发展，如职业描述、薪酬和激励计划、劳动管理计划等；
• 职业停滞，如失业、待业或者无薪休假

• 工作压力，如有压力的工作体验和工作不安全感等；
• 心理影响，如负面情绪、焦虑和工作满意度等

• 财产安全，如财务损失和设施设备损坏等；
• 生命安全，如人身伤害、过敏反应和疫情感染风险等

绩效冲击　任务冲击　形象冲击　职业冲击　心理冲击　安全冲击　组织　职业　个人　危机对旅游企业的影响

图 2.9　危机对旅游企业的影响结构

二、旅游企业员工韧性

旅游企业员工韧性是指旅游企业员工在工作中对挫折、压力、失败、困难、创伤、危机等负面威胁情境的抵抗抵御、积极适应、协作应对和抗逆复原，并从中实现恢复和茁壮成长的动态发展能力。作为在危机或逆境中呈现出来的动态适应能力，它能够引导并促动旅游企业员工保持积极工作状态，如工作投入、积极情绪等，对旅游企业员工的工作安全感、生活满意度、创新绩效和企业可持续性具有基础性的影响作用。其中，危机发生和发展会先后经历征兆期、紧急期、延续期和解决期四个阶段。从动态发展视角来看，

旅游企业员工韧性既表现在征兆期对危机事件潜在影响的抵御抵抗，也表现在紧急期对危机冲击性影响的积极适应和协作应对，还在延续期表现为员工从危机的负面影响中实现身体恢复和心理重建，并最终在解决期表现为从危机中获得成长和发展。因此，旅游企业员工韧性主要由抵抗力、适应力、支持力、恢复力和成长力五个因素构成（见图2.10）。

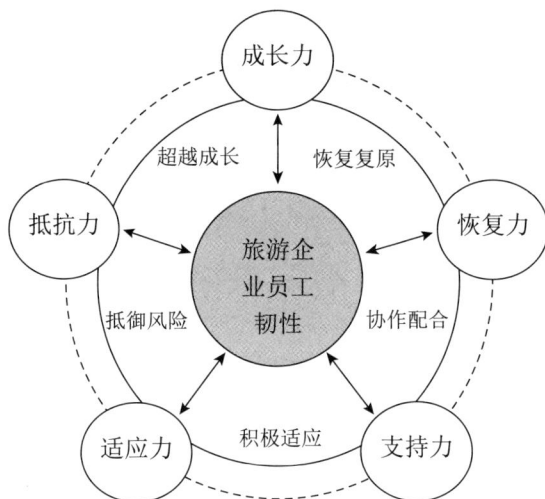

图2.10　旅游企业员工韧性五因素结构

（一）抵抗力

抵抗力是指旅游企业员工在危机或逆境中识别、抵御和预防各种潜在安全风险因素的能力。在酒店服务情境中，员工面临的潜在风险因素涉及顾客不当行为、设施设备故障、疫情病毒感染、恐怖袭击和安全管理缺失等方面，Xie等据此指出酒店员工工作风险是由人员风险、设备风险、内环境风险、外环境风险和管理风险组成的五因素模型。因此，旅游企业员工抵抗力具体表现为对上述潜在安全威胁和风险隐患的抵御和预防。此外，旅游企业员工在危机情境下可通过采取安全遵守行为和安全参与行为预防潜在风险因素，甚至采取安全适应行为来抵御组织不断变化的安全问题和风险隐患。一般来说，具有较强抵抗力的员工在危机或逆境时能够保持理性思考、乐观心态和坚韧素质，并能够抵御危机负面影响。例如，Yang 等探索了酒店员工韧性在顾客虐待对员工日常生活状态影响过程中的调节作用，并发现员工韧性抵御了顾客虐待对员工耗竭和活力的负面影响；Dai 等在组织辱虐管理情境中实证发现旅行社员工韧性对其工作投入具有促进作用、对离职意愿具有抑制作用。因此，抵抗力是防止旅游企业员工心理资源和工作状态在危机或不利情境中免受损害的保护性因子。

（二）适应力

适应力是指旅游企业员工积极适应危机或逆境的能力。适应力是个体在危机或灾难发生后自然呈现出来的，具体表现为员工充分利用现有资源条件应对和处置各种威胁情况，并根据复杂多变的危机或不利情境进行自我调整和工作适应。换言之，适应力反映了员工在逆境中努力维持其与外部社会和工作环境相匹配，它能够帮助员工在逆境中维持生存和生计。由于接待业员工普遍面临工作保障弱、职业隐患突出、职业发展受限和社会污名等负面威胁，员工适应性和职业适应力在旅游和酒店研究中日益受到关注。它们描述了员工根据工作需要做出相应调整以适应环境，能够帮助员工在不利情境中创造性解决问题，对其职业发展、工作幸福感和离职意愿具有重要预测作用。此外，员工适应力是衡量旅游企业抗灾能力的重要指标，具体表现为员工的问题解决能力、创新和创造能力、自我调整能力、内部资源条件利用、工作自主性以及危机监测和情境判断能力。因此，旅游企业可通过采取人力资源管理实践，如培训、教育或授权等，提高员工的技能素质和资源储备，确保其在危机或逆境中适应工作任务的结构调整和增量变化，从而促进旅游企业从危机和灾难中复苏。

（三）支持力

支持力是指旅游企业员工与他人在危机或逆境中互相支持和协作配合的能力。鉴于旅游产品复杂多样、旅游活动高度暴露，旅游企业员工难以具备足够的经验、知识和洞察力来独自面对各种不确定性，因此需要与其他行为主体展开信息分享、资源交换和协作支持以实现对危机或逆境的集体响应。其中，顾客、同事、主管、组织和管理者等均是员工在危机或逆境中协作沟通或寻求支持的重要对象。从组织管理层面来看，员工感知组织支持能够缓解危机事件（如新冠感染疫情）对员工工作不安全感和情绪耗竭造成的负面影响，并调节员工所采取的情绪劳动策略、提升员工的工作满意度。在顾客粗暴对待等不利情境中，旅游企业管理者的程序支持和情感支持对员工心理幸福感和生活质量具有正向促进作用。从同事和主管层面来看，在服务失败中，主管支持和同事支持对员工心理安全感和服务补救绩效具有交互作用，员工在不利情境中也愿意采取亲社会型违规行为支持和协助同事。从顾客层面来看，由于服务质量具有不确定性，且涉及员工在身体、情绪和智力等层面的风险劳动，因此员工与顾客间的价值共创行为，如知识共享、资源交换、信息交流、服务协作等，可以确保旅游服务活动的有序进行。

（四）恢复力和成长力

恢复力是指旅游企业员工从危机或逆境中恢复和复原的能力，而成长力是在员工恢复的基础上，进一步实现自我成长和发展的能力。因此，恢复力和成长力反映了旅游企业员工成功应对危机的结果，表现为员工从危机或逆境所造成的负面影响中恢复复原并实现自我超越。一般来说，危机或逆境会对旅游企业员工工作和生活各个层面产生负面影响，如职业发展（离职失业、工作任务调整）、身心健康（身体健康、情绪耗竭）和家庭和谐（家庭幸福感）等。因此，旅游企业员工恢复力主要表现为在危机或逆境中能够恢复稳定的职业状态、身心状态和工作家庭关系。此外，酒店员工的恢复体验和服务恢复管理在酒店服务情境中备受关注，且员工正念、组织错误宽容、组织支持、人力资源管理实践和授权等因素，被证明对促进酒店员工从服务失败、新冠感染疫情等危机或逆境中恢复具有重要影响。而成长力是在员工恢复原状的基础上实现成长和发展，直接表现为员工在经历危机或逆境后实现职业成长、能力提升、信心增强等，并有助于提升员工的工作绩效、职业满意度、生活满意度和幸福感。

三、旅游企业组织韧性

旅游企业组织韧性是一种促进旅游企业从意外、挫折、逆境甚至灾难性事件中实现生存、维持适应、寻求恢复和获得繁荣发展的能力。由于旅游业的生存发展对安全和危机问题高度敏感，冲突和危机时期的旅游研究已经成为一个重要的分支领域，在多元不利情境中增强旅游企业组织韧性逐渐成为学界日益关注的理论议题。其中，危机管理是指企业为应对各种危机情况并促进快速恢复所进行的规划决策、积极应对、动态调整、化解处理等非程序化的决策过程。Prayag 研究指出，韧性与危机管理这两个概念存在共生关系、具有内在关联，旅游企业危机管理的目的在于消除或降低危机所带来的威胁和损失，而韧性思维提供了一种与危机管理相辅相成的视角，以便帮助旅游企业有效应对危机事件，并实现稳定发展。不仅如此，旅游企业组织韧性的相关研究开始从对突发事件、自然灾害、难民危机和恐怖袭击等危机事件的响应，转移到更广泛的环境不确定和企业日常不利情境的管理上。因此，本研究从危机情境和日常不利情境两个层面对旅游企业组织韧性展开文献回顾，具体如表 2.9 所示。

表 2.9　旅游企业组织韧性的研究情境和内容梳理

代表性学者	研究情境	情境碎片	内容要素
Fang 等	危机情境	凯库拉地震	适应能力、创新能力、情境意识、社交网络和快速决策
Sobaih 等		新冠感染疫情	规划能力和适应能力
Orchiston 等		坎特伯雷地震	情境意识、目标统一、战略伙伴关系、内部资源、积极姿态、领导力、策略规划、员工投入、知识利用、创新和创造力、决策制定、打破壁垒和压力测试计划
Biggs 等		东南亚海啸、2008年泰国政治危机	金融资本、社会资本和生活方式效益
孙睦优	日常不利情境	环境变化	事业部组织结构、产品品牌体系、控制集团合理规模和地理网格结构
Boukis 等		顾客不当行为	资源支撑和领导授权支持
魏小安		蠕变压力	技术结构变革、改进生产能力、重视员工素质能力和挖掘人力资源潜力

（一）旅游企业组织韧性与危机管理

危机事件的爆发促使旅游企业在组织层面展开危机管理以抵抗危机冲击、适应环境变化和恢复平衡状态。从危机生命周期的视角来看，危机事件响应和管理是一个动态的链条过程，旅游企业在危机不同阶段所需要采取的危机管理策略也存在差异。因此，危机管理视角下旅游企业组织韧性的内涵结构具有过程性、阶段性和复杂性特征。具体来说，Scott 指出，旅游企业组织韧性是从危机中恢复先前"正常"状态的能力，遵循应急救援、恢复受损功能、继而重建和寻求发展机会的韧性响应顺序。Fang 等在地震危机情境下构建了包含适应性能力、创新能力、情境意识、社交网络和快速决策等内容要素的旅游企业组织韧性框架。Sobaih 等在新冠感染疫情危机下采用规划能力（灾前计划）和适应能力（灾后响应）两个维度测量小型酒店企业的组织韧性。Orchiston 等指出危机情境中旅游企业组织韧性可以从情境意识、目标统一、战略伙伴关系、内部资源、积极姿态、领导力、策略规划、员工投入、知识利用、创新和创造力、决策制定、打破壁垒、压力测试计划等指标进行衡量和评价。而 Biggs 等采用金融资本、社会资本和生活方式效益来反映旅游企业组织对灾害的韧性响应。

从实证研究上来看，管理者危机应对机制、管理者心理韧性、韧性领导力、企业经营战略、环境变革挑战、员工韧性和生活满意度被识别为危机情境下旅游企业组织韧性的前导影响因素，且企业财务绩效、整体绩效和可持续发展是组织韧性的重要影响结果。例如，Prayag 等实证检验了危机情境下旅游企业组织韧性的形成机制，并将管理者心理韧性、员工韧性和生活满意度作为前导影响因素。在新媒体时代，由公众参与在线危机事件传播所形成的网络舆情，已经成为危机事件发展和管理的"风向标"和"指示器"，其中被深度揭示的危机事件、旅游企业不负责任的卸责言论、失败的危机处置行为等负向扰动事件，在网络舆情发酵下容易激发群体冲突、引发社会矛盾。因此，面向社交媒体的旅游企业组织韧性和危机管理日益受到关注。例如，Su 基于北京和颐酒店女子遇袭事件，从危机传播和形象修复的视角探索了酒店失败处置行为引致的网络舆情危机；Möller 等探索了不同阶段灾害情境下社交媒体工具在旅游企业危机传播中所扮演的角色地位，并指出社交媒体的作用在危机准备和应对阶段中未得到充分利用，但促进了企业从危机中快速恢复。

（二）旅游企业韧性与日常管理

旅游企业在日常非危机情境中的韧性响应主要是针对由容易忽略、长而积聚的大概率"灰犀牛"事件引致的不利情境，如日常挑战、蠕变压力、市场竞争和环境变化等。从内容结构上，Dahles 和 Susilowati 从生存、适应和创新三个层面去描述旅游企业组织韧性的属性内容。从资源角度来看，日常不利情境中旅游企业组织韧性的产生和发展有赖于各种资源的储备状态和实际调配，Kantur 等指出企业主要通过立场感知、情境整合和战略制定与执行等方式展开资源调配来生成组织韧性。其中，立场感知指的是企业在特定情境下的自我感知和判断，是在对自身脆弱性和局限性充分判断的基础上展开的资源调配和利用。例如，基于对现阶段中国旅游业发展问题和发展环境综合分析，魏小安研究指出，旅游企业应当主动展开技术结构的变革，改进生产能力和生产效率，以提高对新常态发展环境的动态适应能力，并重视提高旅游企业员工的素质能力、挖掘人力资源潜力。情境感知强调对人力资源和环境资源的利用，主要通过授权、支持和激励等方式提高员工决策参与，继而增强企业对多元逆境的动态适应。例如，在面对顾客无理等日常任务挑战中，Boukis 等研究指出旅游企业的授权型领导力，能够较好缓解顾客无理行为对员工心理资源、角色压力、反思、报复和工作退出意愿的耗损效应。战略制定与执行是指企业提出战略发展规划并付诸实际行动。例如，在面对国外大型旅游集团市场竞争和冲击的不利情境中，孙睦优指出我国旅游企业集团可选择建立事业部组织结构、地理网格结构、产品品牌体系和控制集团合理规模等战略行动，以实现对未来竞争市场环境的动态适应。

第四节　研究述评

一、领导力的研究述评

第一，领导力一直是组织行为学研究领域备受关注的热点议题，学界围绕着企业组织管理中涌现的新型领导风格和领导实践不断展开实证探索和理论建构，以此丰富和拓展领导理论。随着组织内外环境的变化以及企业管理实践的发展，领导理论先后经历了领导特质理论、领导行为理论、领导权变理论和新领导理论的演化发展过程。诸如变革型领导力、魅力型领导力、家长式领导力、授权型领导力、包容型领导力、服务型领导力、共享型领导力和平台型领导力等不同内涵的领导风格和领导力蓬勃发展。这些不同的领导理论和领导力在特定社会经济背景中、特定企业发展阶段和特定工作情景中被证实具有独特价值，都是尝试对企业中每一种独特的领导实践和管理现象的理论回应。然而，管理现实和领导实践纷繁复杂，领导理论的产生、发展和成熟是在与领导管理实践的不断拟合互动中纵深推进，影响领导力有效性发挥的内外部环境总是处于不断地变化中，也并不存在一个绝对有效、神圣普适的领导理论或领导力。因此，领导理论始终处于动态发展过程，有必要基于企业生存发展中面临的情境因素和新涌现的领导管理实践，不断地对新型领导力展开理论建构，以增强领导理论的时代性、包容性和优越性。

第二，学界基于不同领导力和领导风格对其内容要素和影响因素进行实证分析和理论探讨，以期为领导力的激活、促动及其有效性发挥提供理论依据。根据领导力的目标导向和权力导向两个特征维度，可以将其划分为任务驱动型、关系驱动型、价值驱动型和影响力驱动型等类别，它们分别反映了领导者发挥权力的影响路径以及与组织和下属合法性期望的契合程度。围绕这些具有不同概念内涵和属性特征的领导力，学者主要从教练、激励、关怀、控制、领导者魅力和情境响应等内容要素展开维度建构和度量操作，并对其前导影响因素展开实证分析。按照"影响因素→领导力涌现→领导力有效性"的逻辑路径，领导力及其有效性的影响因素主要可以归类为领导者因素、下属因素、组织因素和情境因素等不同类别。学者普遍认为，围绕某一特定领导力不断拓展概念内涵和理论外延，并验证其前导驱动因素是塑造、激活和拓展企业有效领导行为的重要方向，学界也需要重点围绕新型领导力和领导风格展开实证探索。因此，有必要持续不断地对既有的领导理论和领导风格展开维度结构和影响因素的实证探讨，这对于更有效地发挥企业领导行为的有效性具有重要实践意义。

第三，相较于影响因素，学界对领导力的影响后果展开了丰富的实证检验，并援引各种基础理论和整合视角，对领导力有效性发挥过程中的内在机制展开实证分析和理论归纳。具体来看，领导力的影响作用涉及个体（员工和领导者自身）、团队和组织三个层面的绩效结果，同时也包含了积极和消极等结果导向。领导力发挥有效性的作用机制主要包括中介传导机制和边界调节效应两种类别。其中，学者援引了社会信息加工理论、社会交换理论、情感事件理论和自我决定理论等理论从认知、情感和动机三个方面概括领导力发挥有效性的中介过程。不仅如此，现有研究也从领导者自身因素、下属因素、工作特征因素、团队因素、组织因素和环境因素等方面，识别影响领导力有效性发挥的边界条件和调节变量。尽管如此，学界还是呼吁需要不断探索领导力新的后果变量，关注领导力的双元性特征和两面性影响结果，如领导力的"阴暗面"、正性领导风格的消极影响结果、负性领导风格的积极影响结果等。并对其作用机制的情境特征和边界条件展开更深入的分析探索。因此，有必要基于不同的理论视角和案例情境持续探索领导力新的后果变量，并对其发挥有效性的过程机制和边界条件展开实证检验。

二、企业韧性的研究述评

第一，随着积极心理学的兴起，韧性被作为一种应对多元逆境的理想特质和资源力量在组织行为领域备受关注，并对员工韧性的前导影响因素和后果作用机制展开了大量的实证检验。学界主要从特质、能力、过程和结果等不同视角去概念化员工韧性的内涵结构，并据此建构了具有不同属性内容的员工韧性量表，它们对于评估和分析特定领域、工作情境和职业群体的员工韧性及其影响因素和作用机制发挥了重要作用。此外，员工韧性的影响因素可以归类为员工因素、工作特征因素、组织因素、领导者因素和情境因素，且员工韧性的作用结果主要包括宏观（对组织的影响）和微观（对员工的影响）两个层面。学者也基于多种理论视角阐述了员工韧性影响过程中认知、情感、关系、行为和情境等资源要素的支撑作用。韧性衍生于多元逆境，尽管也有学者呼吁在常态、顺境或正面经历等情境下关注员工韧性的影响效应，但大多数研究仍关注于危机、逆境、失败、挫折等负面威胁事件下，员工韧性的触发作用及其积极影响。因此，危机情境下员工韧性的引导、驱动和强化应当成为学界的重要议题，这对于帮助个体、团队和组织成功克服威胁、适应逆境、恢复平衡和获得成长具有重要价值。

第二，在日益充满不确定性、复杂性、易变性和模糊性的产业背景下，员工、团队和组织等不同层级的韧性，对于企业在当下和未来维持可持续发展中所具有的战略意义已经成为学界的共识。韧性发生在企业内部多个层级和多个主体，企业在动态性环境下获得韧性优势有赖于个人、团队和组织三个层面的共同驱动。其中，作为员工韧性在群体层面的聚合，团队韧性是一种集体的积极心理状态，其影响因素和作用结果均涉及个体因素、团队因素和组织因素三个层面。而组织韧性是一个情境性概念，组织外部各种情境要素并据此建构的资源属性是组织韧性产生的重要来源，但又受到组织内部中涉及个体、团队和组织三个层面因素的影响和干预。此外，组织韧性的作用结果也可依据组织与情境的交互程度划分成恢复平衡状态、适应环境变化和实现成长发展三个水平。已有学者对企业不同层面韧性的影响关系展开初步理论思辨和实证分析，并发现员工韧性是集体韧性和组织韧性产生的前提条件。同时，个体、团队和组织层面的韧性可并存于企业当中，且三者间存在彼此互动、互相促进的联系。因此，有必要将企业在个体、团队和组织层面的韧性纳入一个整体的分析框架中，并进一步通过定性建构和定量分析深入探索危机情境下促进企业韧性的过程机制和路径策略。

第三，韧性领导力是一种强调动态适应性的新型的领导力概念和领导风格，其在当前充满不确定性和变革性的组织和社会环境背景下开始获得关注，并被认为能够帮助企业克服逆境冲击、恢复平衡状态并实现逆势成长。尽管理论取向和研究视角存在差异，但特质、能力、行为和复合视角下的韧性领导力相关研究，均强调了韧性领导者需要在多元逆境中带领员工和团队克服风险挑战并促进企业获得成长和发展，并实证检验了领导者的韧性特质、韧性领导力对员工行为和组织绩效的积极影响效应。其中，领导权变理论、角色理论、社会认同理论和社会学习理论是韧性领导力形成的理论基础，它们分别阐述了韧性领导力产生的实践依据和建构的理论逻辑，以及"下属"和"领导者"的角色是如何在逆境应对中产生的。作为一种新型的领导力概念，韧性领导力是一种自上而下的领导方式，其目标导向在于通过赋予员工和团队责任感、信念感和使命感，以支持、促进和引导他们在逆境中实现成长和发展。目前，韧性领导力的相关研究还处在起步阶段，但学者强调需要在危机或逆境中对企业的韧性领导实践和领导策略展开系统性的理论探索。因此，有必要对韧性领导力的概念体系、测量结构和作用机制展开理论建构和实证检验，拓展以韧性为核心特征的领导力研究"理论版图"。

三、旅游企业韧性的研究述评

第一，旅游企业对危机事件高度敏感，危机事件及其引致的不利情境严重威胁旅游企业的生存发展，评估多元危机事件对旅游企业的影响成为学者关注的热点话题。鉴于旅游活动高度暴露、旅游产业内部的复杂结构以及利益相关主体间的互相关联性，受害型危机、意外型危机和可预防型危机等不同类别危机事件，容易对旅游企业的正常运作和生存发展造成严重威胁。其中，危机和灾难事件对旅游业的影响涉及宏观、中观和微观三个层面，并主要可从客观统计和主观判断两个视角评估。从微观层面来看，危机和灾难事件对旅游企业的影响可以归纳为组织、职业和个体三个层面，并可能产生积极和消极两种差异结果。危机影响评估能够为危机后旅游企业制定应对策略、恢复方案和发展战略提供决策依据，鉴于不同危机案例可能表现出不同的影响结果，学者也强调在不同危机情境或群体性危机事件背景下评估危机事件影响。因此，有待于结合更多理论视角和案例情境对危机事件影响展开实证评估，并关注危机事件对于旅游企业发展所带来的正面效应，这对于促进旅游企业在负面威胁情境下获取竞争优势和可持续发展具有重要理论意义。

第二，旅游企业员工属于高风险和高危职业群体，鉴于韧性衍生于对逆境的积极适应和动态响应，增强员工韧性以成功应对多元逆境和负面威胁情境成为众多旅游学者的共识。具体来看，旅游企业员工面临着来自人员、设施设备、内外环境和组织管理等不同来源的风险威胁，在工作中同时涉及高强度的身体劳动、智力劳动和情绪劳动。因此，旅游企业员工韧性的影响作用既在辱虐管理、顾客不当行为和工作压力等组织逆境中得到实证分析，也在恐怖袭击、新冠感染疫情等重大危机情境下得到理论探讨。从动态发展的视角来看，旅游企业员工韧性在工作场所中表现为对危机或多元逆境的抵抗抵御、积极适应、支持协作、恢复复原和超越成长。同时，旅游企业员工韧性被证实具有积极的结果导向，其对员工工作不安全感、离职意愿、情绪耗竭和焦虑抑郁等负面心理知觉的产生具有减缓作用，并有助于提升员工的工作投入、工作绩效、创新能力和工作幸福感。因此，培养韧性员工成为旅游企业管理的关键任务，但旅游企业员工韧性影响因素和形成机制的实证研究还相对有限，有待于从更多理论视角和案例情境展开理论探索和实证检验。

第三，组织韧性与旅游企业在不确定性环境中保持良好适应结果紧密相关，重大危机和日常逆境中旅游企业组织韧性议题开始引起学界的关注。鉴于旅游企业对危机事件和不确定性因素高度敏感，组织韧性能够帮助其识别并适应重大危机事件或日常环境不确定性带来的机遇和挑战，继而获取持续性发展的战略优势。在危机情境下，旅游企业组织韧性与危机管理具有内在关联，旅游企业组织需要针对不同危机事件并在不同危机阶段采取差异化的危机管理策略和韧性响应体系。由此，学者围绕着危机和灾难情境下旅游企业组织韧性所包含的内容要素、响应顺序、影响因素和效应结果展开理论分析和实证检验。同时，在以日常挑战、蠕变压力、市场竞争和环境变化等为代表的日常逆境中，旅游企业可将韧性理念和风险意识融入对日常逆境的响应管理中，并通过立场感知、情境整合和战略制定与执行三种资源调配方式生成组织韧性。尽管旅游企业组织韧性的理论价值和战略意义已经赢得旅游学界的普遍认同，但对于其本质特征的揭示还不够全面，也亟待学者对其影响因素和形成机制展开系统验证。

四、总体文献述评和研究缺口识别

基于对领导力、企业韧性和旅游企业韧性的文献综述发现，韧性领导力已经成为亟待学术关注的重要研究方向，韧性对于旅游企业抵御多元逆境冲击、适应负面事件威胁、恢复平衡状态乃至从中繁荣发展具有重要理论价值和实践意义。虽然学界围绕韧性领导力和旅游企业韧性展开了相应的理论探索和实证研究，但是相关研究仍处于起步阶段、存在一定的理论创新空间，具体表现如下。

第一，旅游企业韧性研究主要聚焦于员工韧性和组织韧性两个层面，立足于领导力视角探索危机情境下旅游企业韧性响应体系的实证研究较为缺乏。鉴于旅游企业的风险和危机敏感特质，旅游企业韧性备受学界重视，相关研究在危机抑或多元逆境中形成了初步的理论研究成果。但是，旅游企业韧性研究主要集中于员工韧性和组织韧性、并围绕这两个概念展开理论探讨和实证分析，且并未形成清晰、系统和共识性的研究框架，这在一定程度上阻碍了旅游企业韧性理论建构和实证研究的发展。显然，员工韧性和组织韧性不足以体现和反映旅游企业整体的韧性水平及其对危机事件的韧性响应结构。基于员工和组织层面的旅游企业韧性研究固然具有重要理论价值，但是旅游企业韧性领导力的特征结构及其影响作用不同于员工和组织韧性，因此也具有独特的理论研究价值。同时，危机和灾难重构了旅游企业的管理实践，并迫使企业重新审视能推动其在负面威胁情境中维持生存、恢复平衡并获得成长的所有管理手段。而韧性领导力是一种动态适应导向的新型领导风格，在多元逆境中揭示韧性领导者带领员工和下属与危机共舞、抵御负面威胁情境带来的挑战并促进旅游企业获得韧性成长，具有基础性的理论价值，相关研究逐渐引起部分学者关注，但仍需重视和推动。总体上，现有研究缺乏从领导力视角对旅游企业的韧性响应体系展开建构分析，同时不同层面韧性力量的彼此联系和相互作用，促使旅游企业在危机或逆境下的韧性响应体系更具复杂性，因此有必要从多元视角对危机情境下旅游企业韧性的响应机制展开复合研究，这是本研究需要重点探讨的理论议题。

第二，现有研究主要聚焦于从特质、能力和行为等层面，并主要基于静态视角对韧性领导者的能力特征和行为决策展开分析，韧性领导力的维度结构、测量量表和动态特征缺乏系统的理论探索和实证检验。韧性领导力是在百年未有之大变局社会背景下引起关注的新型领导力，既有文献也呼吁在日益变幻莫测的环境下对韧性领导力展开系统性的理论建构和实证分析。目前，韧性领导力已经在医疗保健、军事管理、社区灾难管理和旅游管理等领域受到关注，在危机或多元逆境中也被证实具有积极的结果导向，甚至成为企业抵御风险威胁、恢复平衡状态和获取竞争优势的战略工具。但是，现有研究主要从特质、能力和行为等层面，并从静态视角阐述韧性领导者的能力特质和行为特征，似乎难以捕捉韧性领导力概念中动态多层、复杂多维的本质特征。此外，韧性领导力的实证研究尚处于起步阶段，相关定量研究主要从领导者心理韧性、自行设计等方式予以评估测量，尚未有学者系统建构韧性领导力的评估要素和测量模型，在一定程度上阻碍了韧性领导力实证研究的发展。从动态视角来看，危机具有生命周期特征，韧性衍生于对危机或逆境的动态适应，且领导力也强调影响他人实现组织目标的行动过程。作为韧性概念、危机情境与领导力研究的交集，韧性领导力必然是具有动态特征和情境属性的复杂概念，韧性特质、韧性能力和韧性决策是韧性领导者在危机或逆境中展示领导力的重要方式，并在与外部环境、内部情境、组织目标和追随者的互动中实现韧性领导过程。因此，突破特质、能力和行为视角的韧性领导力研究，从动态发展的视角来建构韧性领导力内涵结构和测量量表，并对其生命周期特征和动态演化机制进行整体识别和系统揭示，将促进韧性领导力实证研究的发展，本研究将予以系统探索和集中突破。

第三，旅游危机研究主要聚焦于危机事件对旅游企业造成的负面影响，对旅游危机事件正面影响与积极效应的实证探索尚不成熟，危机情境下促进旅游企业韧性的前导因素和过程机制尚未得到系统揭示。危机事件对旅游企业具有综合性和复合性的影响结果，对危机事件及其影响评估也是旅游危机研究的重要方向。文献分析表明，受害型、意外型和可预防型等不同类型的危机事件对旅游企业造成的影响备受关注，但这些研究多围绕危机事件造成的负面效应展开实证检验，其积极效应的实证分析相对有限。而厘清危机事件的正面影响和积极作用，对于旅游企业获取竞争优势和韧性成长具有重要作用。从企业有机体论的视角来看，企业是一个能够充分适应环境变化和风险挑战的有机体，且旅游企业如何在危机事件及其塑造的冲击性情境中实现韧性成长已经为部分学者所关注。应该认识到，危机事件具有不同的类别属性、性质特征、风险成因、处置过程和结果表现，企业有机体的环境适应过程包括资源调配、营销策略、制度建构和战略规划等一系列管理行动和经营机制，且企业韧性成长又涵盖员工、领导者、团队和组织不同层面。旅游企业如何在不同危机情境下实现动态适应，且"韧性"要素是如何在企业有机体内部拓展、渗透、演化和跨层传导的，并最终促成旅游企业整体的韧性成长，学界对此还缺乏系统的理论探讨和实证检验。由此可见，关注危机事件所产生的积极效应，系统揭示危机情境下驱动旅游企业韧性的影响因素和过程机制，对于旅游企业建立韧性成长导向的危机应对体系具有重要价值，是亟须拓展和系统攻克的重要理论议题。

第四，韧性领导力影响因素和作用机制的实证研究严重缺乏，旅游企业韧性形成机制的实证研究也相对有限，二者间的关系机制缺乏足够的实证证据，因此推进危机情境下旅游企业韧性领导力与企业韧性间影响机制的实证检验具有重要的理论创新价值。当前，基于特质、能力和行为视角的韧性领导力实证研究对于理解和掌握韧性领导力的有效性发挥了重要作用，但似乎难以全面评估韧性领导力发挥有效性的过程机制，旅游危机情境中韧性领导力的实证研究严重缺乏。同时，危机或逆境中旅游企业韧性的实证研究得到了部分学者的关注，但往往聚焦于员工和组织两个层面，包含员工、团队、组织和领导者的旅游企业整体韧性的内在机制缺乏足够的实证探索、有待于系统揭示。显然，在负面威胁情境下带领员工和团队与危机共舞、应对外部威胁挑战并促进组织的可持续发展是旅游企业领导者的关键任务，韧性领导力成为促进"韧性"要素在企业内部各主体和各层级间拓展的关键力量，而不同韧性力量间的相互作用又将决定旅游企业整体的韧性水平。尽管现有研究在危机情境下实证检验了韧性领导力与员工韧性和组织韧性的影响关系，且安全型领导力、变革型领导力和危机领导力等，以韧性为重要特征的领导力类别对员工和组织绩效成长的影响机制也得到验证，但韧性领导力驱动旅游企业韧性的过程机制、协同要素和边界条件缺乏系统的实证检验。这表明，探明旅游企业韧性领导力对企业韧性的驱动机制，揭示危机情境下旅游企业韧性的形成机制和组态路径具有重要理论价值和管理意义，并有助于丰富和拓展旅游企业韧性的实证研究，这也是本研究需要回应和解决的重要问题。

五、本研究拟探索方向

本研究将基于危机生命周期理论、领导替代理论、自我决定理论等基础理论，探索旅游企业韧性领导力的内涵结构和测量量表，分析危机情境下旅游企业韧性领导力的动态演化机制。并在此基础上检验韧性领导力驱动企业韧性的影响机制和组态效应，为旅游企业建立面向韧性领导力响应和企业韧性成长的危机管理体系，提供策略指导和路径方案。本研究拟探索的研究方向具体如下。

第一，从领导力视角揭示旅游企业对危机事件的韧性响应体系，并据此建构旅游企业韧性领导力的概念体系、维度结构和测量模型，丰富旅游企业韧性和韧性领导力的研究范畴。学界对韧性领导力尚未有普遍接受的定义，其维度结构和测量量表尚未得到系统揭示，而这是开展韧性领导力实证研究的首要前提，需要对其进行全面的探索和建构。具体来说，本研究将通过面向旅游企业中高层领导者和基层员工的深度访谈和主题分析，归纳出韧性领导力的概念内涵和维度结构，并在此基础上结合多阶段的问卷调查对韧性领导力进行量表开发，建构具有良好信度和效度的韧性领导力测量结构。本研究将揭示旅游企业韧性领导力的概念内涵和维度结构，所建构的韧性领导力量表可为后续的实证研究提供分析框架和测量工具，并为危机情境下旅游企业塑造动态适应导向和韧性管理导向的领导策略和领导模式提供理论依据。

第二，实证揭示危机情境下旅游企业韧性领导力的生命周期特征和动态演化过程，识别危机情境下旅游企业韧性的影响因素和形成机制，为危机情境下旅游企业的韧性响应和韧性成长提供理论依据。静态视角下的韧性领导力研究可能无法完全呈现危机情境下旅游企业领导者的响应策略和管理职能，也难以厘清旅游企业在多元逆境中获取韧性成长的过程机制和路径策略，有待于从危机动态演化的视角展开理论探讨。具体而言，本研究将基于旅游企业领导者的深度访谈、焦点小组访谈和典型危机个案分析等方式搜集定性数据，并依托程序化扎根理论的范式，建构危机情境下旅游企业韧性领导力的驱动演化和生命周期特征，并据此从员工、团队和组织三个层面归纳韧性领导力促进旅游企业韧性的过程机制。本研究将演绎危机情境下韧性领导力的动态演化机制，并建构旅游企业获取韧性成长的路径机制，为旅游企业抵抗危机影响、化危为机并实现适应性成长提供策略指导。

第三，建构危机情境下旅游企业韧性领导力与企业韧性间的影响机制模型，并基于规模性的问卷调查对其关系机制展开实证检验和组态效应分析，为科学评估韧性领导力的作用机制提供实证证据和理论依据。韧性领导力与涵盖员工、团队和组织三个要素的企业韧性间的影响机制尚未得到系统验证，亟待需要对此进行完整的检验和分析。具体来说，本研究将通过面向中国多个省份的规模性问卷调查，按照"危机事件→韧性领导力→企业韧性成长"的逻辑路径，验证韧性领导力和企业韧性的影响关系，并检验影响关系发生的中介机制和调节边界条件。此外，本研究还将通过模糊集定性比较分析方法探索危机情境下驱动旅游企业员工韧性、团队韧性和组织韧性的前置影响因素及其组合效应，并剖析最佳组合解决方案。本研究将揭示韧性领导力驱动旅游企业韧性的组态效应，对于危机情境下旅游企业韧性领导力有效性的干预、促进旅游企业从危机抵御中获得韧性成长具有重要实践价值。

综上所述，本研究选题的逻辑框架和拟探索的研究方向可归纳如图 2.11 所示。

文献研究现状与理论述评	领导力一直都是组织行为领域的热点议题			研究缺口识别与研究选题
	现状 1:围绕新涌现领导力和领导风格展开的理论建构	现状 2:对领导力内容要素和影响因素的实证分析	现状 3:对领导力作用机制的实证分析和理论归纳	

现状 1:对员工韧性影响因素和作用后果的实证研究	企业韧性在积极心理学的思潮下备受关注		韧性是旅游企业应对多元逆境的战略工具	现状 1:危机影响评估为旅游企业危机管理提供决策基础
现状 2:对团队和组织韧性的实证检验和思辨性探索				现状 2:韧性能帮助企业员工克服逆境威胁并实现高绩效
现状 3:以动态适应性为导向的韧性领导力开始得到关注				现状 3:组织韧性与旅游企业在危机和逆境维持适应相关

缺口 1:领导力视角下游企业的韧性响应结构

缺口 2:韧性领导力的维度、测量与演化

研究缺口识别

缺口 3:旅游企业韧性的影响因素与生成机制

缺口 4:韧性领导力与旅游企业韧性的影响机制

研究选题：旅游企业韧性领导力：测度、演化与作用机制研究

第三章：旅游企业韧性领导力的维度与量表开发	第四章：危机情境下旅游企业韧性领导力的动态演化机制	第五章：危机情境下旅游企业韧性领导力对企业韧性的影响机制	第六章：危机情境下旅游企业韧性领导力驱动企业韧性成长的路径机制
明确旅游企业领导力的概念体系、维度结构与测量模型	识别危机情境下旅游企业韧性领导力的动态演化机制	验证危机情境下韧性领导力对旅游企业韧性的影响机制	阐述危机情境下促成旅游企业韧性成长的多重复杂因果关系

建构旅游企业韧性领导力的测量量表、动态演化机制
及其对企业韧性的影响机制和组态效应

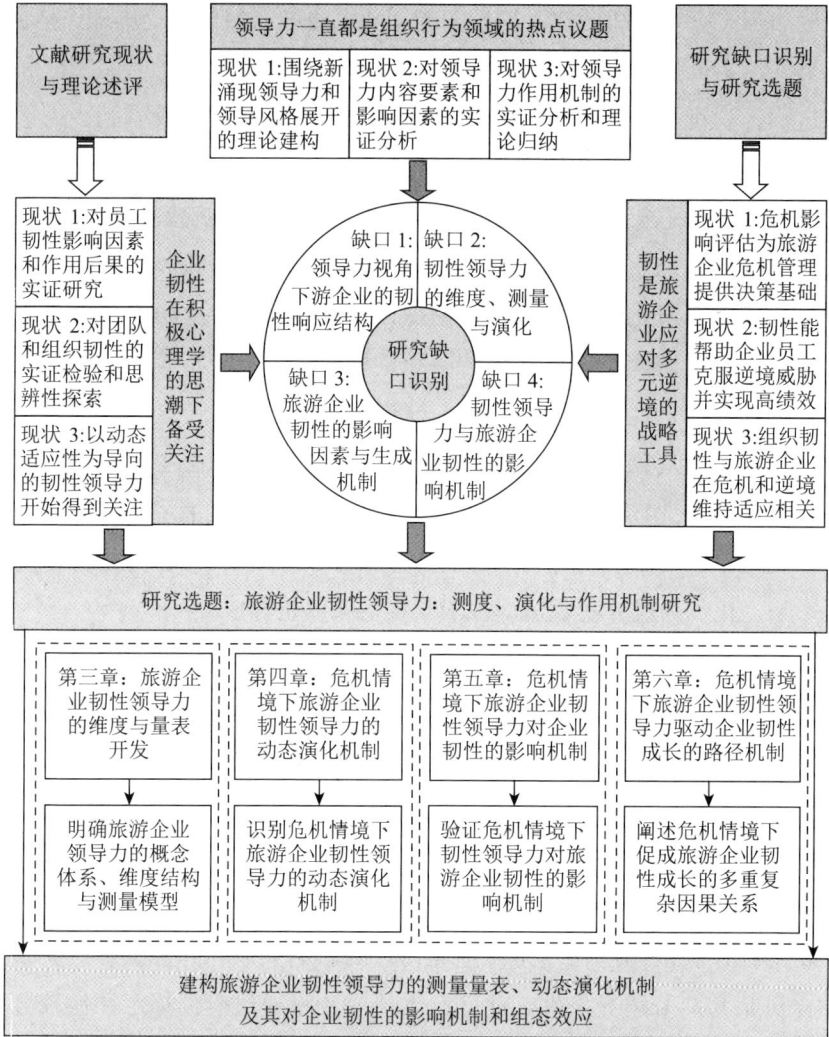

图 2.11　本研究选题的逻辑框架和拟探索研究方向

第三章 旅游企业韧性领导力的维度与量表开发

本章节的主要内容是探索和建构旅游企业韧性领导力的概念内涵、维度结构和测量量表。具体来说，本章节综合采用定性研究（如深度访谈）和定量研究（如问卷调查）相结合的研究设计，通过对旅游企业中高层领导者和基层员工的访谈分析，识别旅游企业韧性领导力的概念内涵和维度结构，并通过专家小组讨论、多阶段问卷调查和数据分析，对韧性领导力量表进行提纯和验证，从而有效评估和测量本研究的关键变量，为后续定量研究的开展提供测量基础。

第一节 问题提出

旅游业对安全问题高度敏感，由自然灾害、政治动荡、恐怖袭击和疫情传播等导致的危机情境，对旅游业的正常运作和生存发展造成重大威胁。当前，世界正处于百年未有之大变局，全球范围内的危机事件呈现常态化的爆发趋势，不仅对事发地旅游市场和旅游企业造成生存威胁，甚至通过"泛化效应"造成其他地区强烈的旅游市场冲击，致使全球旅游业遭受负面影响。可见，旅游企业所处的经营环境较以往任何时刻都要变幻莫测，这影响和重构了旅游企业的管理行动，并迫使旅游企业重新审视能推动其在多元逆境中获得发展的所有管理手段。其中，领导力强调领导者指引和影响他人为实现组织目标而努力的行动过程，在多元逆境中带领下属和员工应对环境不确定性，并促进企业可持续发展成为所有企业领导者的重要任务。而韧性衍生对逆境或危机的积极适应和动态响应，韧性领导力直接表现为领导者带领员工和团队成功抵御危机、战胜逆境、恢复稳定并获得成长和发展，甚至在危机情境下成为旅游企业获取持续性发展的战略优势和应对多元逆境的核心能力。因此，韧性领导力应当成为旅游企业重点关注的理论议题。

领导权变理论指出，组织管理中不存在绝对有效的领导力和领导风格，领导者应当根据不同的情境条件，呈现合适的领导力和领导风格以实现最佳的领导效能。因此，每一种领导理论和领导实践的产生都是尝试回应组织和社会环境中的某一独特现象。在当前充满易变性、不确定性、复杂性和模糊性（VUCA）的社会环境背景下，韧性领导力作为一种强调动态适应性的新型领导力和领导风格应运而生。而学界对韧性领导力的研究还相对有限，相关研究主要从特质、能力和行为等视角展开。其中，特质视角主要关注于领导者应当具备的韧性能力素质，其中包括希望、自信、谨慎乐观、积极情绪、自我效能、积极思考、灵活性、承担责任和工作—生活分离等，它们能够帮助领导者在逆境中迅速复原、指导和影响下属实现组织目标。相关研究还实证检验了领导者韧性特质对员工创新行为、工作绩效和企业绩效的影响关系。基于行为视角的韧性领导力相关研究主要探索了危机或逆境下领导者的行动策略，如预先制订战略计划、不断适应环境变化、寻求解决方案、培养员工与集体韧性和中心学习取向等，从而降低危机事件对企业的生存威胁。不仅如此，韧性领导者在常态情境下能够保证组织管理和工作任务的有序开展，在遭遇风险或灾害侵扰时能够展开情绪调节和即兴应对，并在不断适应和处置中推动企业从逆境中复苏乃至蓬勃发展。在旅游领域，旅游企业领导者可通过丰富的管理经验和明智的情绪调节策略来发展韧性领导力，以应对不断变化的领导职责。危机情境下韧性领导力与领导者即兴发挥紧密相关，旅游企业领导者可以通过持续准备和危机学习两种路径抵御危机冲击、促进企业恢复成长。但总体上，韧性领导力研究还处于起步阶段，也有待于从更多的理论视角和案例背景对旅游企业韧性领导力展开系统性的理论建构和实证探索。

　　总体上，相关研究还存在以下不足。第一，学界缺乏从领导力视角揭示旅游企业的韧性响应体系。鉴于旅游企业的脆弱性和敏感性，在危机或逆境中塑造并增强企业韧性是旅游企业管理的关键任务和重要议题。其中，基于员工韧性和组织韧性响应视角的旅游企业韧性研究逐渐获得学界的重点关注。具体来说，现有研究既探索了旅游企业员工对辱虐管理、顾客不当行为和工作压力等组织内部逆境的个体韧性响应路径，也关注了员工韧性在重大危机情境（如新冠感染疫情和恐怖袭击）下对旅游企业绩效和业务连续性的正向促进作用。此外，现有研究还建构了旅游企业组织灾害管理的韧性响应框架，并在环境不确定性背景下基于整体性的视角实证探索了旅游企业组织韧性的测量、前因和作用结果。尽管部分研究在新冠感染疫情背景下，探讨了酒店领导者应如何采取即兴应对和韧性响应来抵御危机冲击，但仍未充分揭示领导力视角下旅游企业的韧性响应体系。总体上，基于领导力视角的旅游企业韧性研究缺乏足够且深入的理论探索和实证检验。第二，鲜有研究从危机动态响应的视角诠释韧性领导力的概念内涵和维度结构。学界基于不同视角对韧性领导力的维度结构展开了探索性建构，所建构的韧性领导力模型往往聚焦于领导者的韧性素质和韧性行为。例如，Dartey-Baah 归纳出韧性领导力的六个核心要素：战略思维、情绪智力、适应性导向、学习、绩效导向、集体领导力；Förster 和 Duchek 从个人特质和能力、情境因素和行为因素三个层面建构了韧性领导力框架。学者秉持不同视角和观点所建构的韧性领导力模型并不一致，也难以揭示韧性领导力具有动态适应的本质特征，需要基于一般性的结构去诠释韧性领导力的维度结构。韧性衍生于对压力、创伤、失败、挫折和逆境等负面或危机情境的积极适应和动态响应，企业危机管理的生命周期特征也要求领导者，依据危机的阶段特征采取针对性的韧性响应策略，从而实现有效适应和快速恢复。作为韧性概念和领导力研究的交叉和集合，有必要从危机生命周期理论的视角去建构韧性领导力的维度结构，以捕捉到韧性领导力概念中的动态响应特征。第三，作为一种新型的领导力概念，学界尚缺乏一个有效的、经过严格开发验证的韧性领导力量表。目前，部分研究通过引用韧性特质量表、自行设计等方式去测量韧性领导力。例如，Qiao等采用 Connor-Davidson 韧性量表测量领导者心理韧性，从而评估企业韧性领导力；Singh 基于文献归纳自行设计了韧性领导力量表。这些定量探索对于理解和评估韧性领导力的影响作用具有重要价值。但是，韧性特质仅阐述了韧性领导力概念内涵中的部分属性，从特质或行为等视角去测量韧性领导力是不全面的。不仅如此，缺乏严格量表开发流程、自行设计的韧性领导力量表存在效度问题，所得出的研究结论也缺乏信服力，而这为本研究提供了探索空间。因此，有必要遵循严格量表开发流程的开发韧性领导力量表，以促进韧性领导力实证研究的发展。

因此，本章节将从领导力视角揭示旅游企业对危机事件的韧性响应结构，继而识别韧性领导力的内涵结构和测量量表。本章节主要围绕以下两个研究问题展开：一是旅游企业韧性领导力主要包含哪些维度要素？二是如何有效测量和评估韧性领导力？据此，本章节的主要目标在于：第一，基于新冠感染疫情引致的重大危机情境，通过对旅游企业基层员工和中高层领导者的深度访谈和主题分析，梳理旅游企业韧性领导力的概念内涵和维度结构；第二，基于中国多个省份旅游企业员工的多轮问卷调查，提出并验证韧性领导力的维度结构和测量量表。本研究从领导力视角评估旅游企业对危机的韧性响应，并开发韧性领导力量表，这对于促进旅游企业在危机或逆境中保持动态适应性、推动韧性领导力的实证研究具有重要意义。

第二节　研究方法与案例背景

一、研究方法

参照 Churchill 的量表开发程序，本章节综合采用定性和定量相结合的方法开发旅游企业韧性领导力量表。其中，量表开发分为三个阶段的探索和分析（如图3.1所示）：阶段1，通过结构化访谈识别韧性领导力的概念内涵和维度结构；阶段2，结合文献回顾、专家小组和预调研生成韧性领导力量表的初始题项库，并基于小样本数据的探索性因子分析识别量表的维度结构，对量表题项进行提纯和精简；阶段3，基于大范围的样本数据对阶段2所识别的量表结构进行验证性因子分析，检验量表的聚合效度、区分效度、法则效度、复核效度和预测效度。

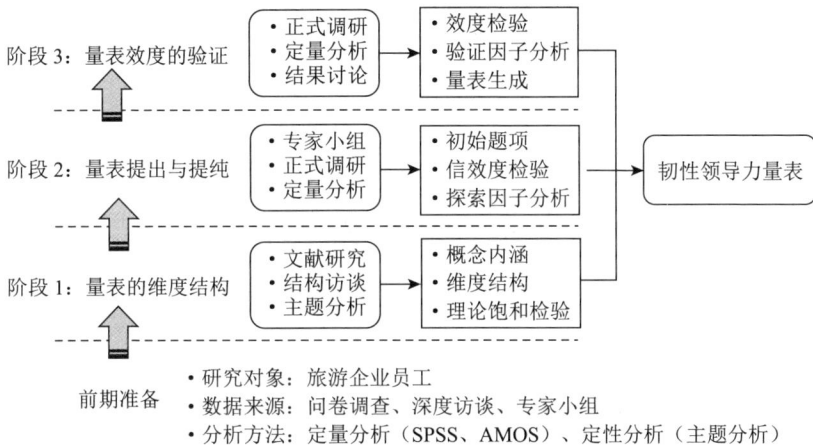

图3.1　旅游企业韧性领导力量表的开发流程与方法框架

二、案例背景

自2019年12月开始，新冠感染疫情开始在全球200多个国家和地区扩散。截至2022年5月，中国累计确诊病例将近150万，全球累计确诊病例超过5.2亿。由于新型冠状病毒可通过呼吸道飞沫、身体接触和气溶胶等途径发生传播，在2020年1月23日，中国政府开始在武汉乃至全国范围内开展长时间的"封城""封路""宅居"等措施，限制施工生产和旅游娱乐等流动性活动，避免疫情的聚集性感染和大规模扩散。新冠感染疫情期间正值中国传统佳节新春，大量原本计划外出旅游的游客取消了行程，新型冠状病毒对中国乃至全球旅游市场造成了巨大的影响。鉴于酒店、景区、游乐园等旅游场所属于人员高度聚集的公共场所，新冠感染疫情对旅游企业的安全经营和可持续发展造成严重的负面影响，甚至部分旅游服务场所发生了聚集性疫情病例。可见，新冠感染疫情对宏观层面的旅游产业运作和微观层面的旅游企业管理都造成了剧烈冲击。因此，无论是处于新冠感染疫情的急性暴发期，还是在新冠感染疫情的常态化防控阶段，旅游企业领导者都需要采取韧性领导策略、展示韧性领导力和韧性领导风格，这对于保障员工和游客的身体健康、保障服务产品的安全性并促进旅游企业的恢复和发展具有重要作用。据此，本研究以 2019 年全球新冠感染疫情引致的危机情境作为案例背景探索旅游企业韧性领导力的概念内涵、维度结构和测量量表。

第三节　旅游企业韧性领导力的维度结构

一、研究设计

本研究通过面向旅游企业中高层领导者和基层员工的深度访谈来识别韧性领导力的概念内涵和维度结构。由于旅游企业韧性领导策略反映了企业在危机情境下的生存状态、管理现状和未来发展战略，这可能是一个比较敏感的话题。因此，互动型访谈可能引起受访者的警惕心理，使他们隐藏自己的真实想法。据此，Walsh 指出研究者可以将开放式的访谈问题纳入书面调查来搜集定性数据，这种方式可以避免在一对一、面对面访谈中由于话题敏感性而导致受访者隐藏真实想法。Ghosh 和 Shum 在揭示旅游企业员工规则违背行为这一敏感问题时就采用这种访谈方法，即采用了由一个封闭式问题和五个开放式问题构成的结构化非数字问卷对旅游企业员工展开访谈。综上，本研究采用了结构化的非数字问卷并通过问卷星在线搜集访谈数据以避免疫情感染。同时，受访者并不需要在问卷上留下姓名，也不会对其日常工作造成干扰，从而降低隐藏真实想法的可能性。

其中，在线问卷包括五个与议题相关的开放式问题、若干个人口统计学变量和企业基本特征变量。首先，研究让受访者在以下五个开放式问题中作答，包括：（1）新冠感染疫情对所有旅游企业都是一场巨大的生存危机，疫情期间您所在企业的应对情况和应对成效如何？（2）新冠感染疫情期间，旅游企业领导者如果要带领企业成功度过这次危机，应当具备哪些素质和能力？（3）旅游企业领导者的这些素质和能力在工作中具体是怎么体现的？（4）旅游企业领导者在重大危机应对中应当如何对待和管理下属？（5）总体上，旅游企业韧性领导者在企业危机管理中发挥了什么作用？鉴于韧性领导力的概念过于抽象、尚未被旅游从业人员和管理人员所熟知，因此本研究在访谈问题中尽量避免直接使用"韧性领导力"等相关字眼，而是结合韧性领导力的概念内涵演绎具有代表性、便于理解的访谈问题，并在访谈开始前向受访者表明韧性领导力的含义以及研究目的和研究内容。其中，上述访谈问卷经由专家小组（2 名教授、4 名博士生）讨论后形成，能够从危机应对响应、领导者特质、领导者行为特征和追随者响应等层面获得关于韧性领导力的访谈信息，涵盖了领导者、追随者、情境和目标四个属性要素。

二、数据搜集

本研究在 2021 年 5 月上旬依托问卷星平台（www.wjx.cn）制作了在线访谈问卷，并以便利样本的形式面向旅行社、旅游餐饮、旅游住宿、旅游景区、旅游集团和旅游娱乐等类别旅游企业展开访谈调查。本研究首先邀请高层领导者展开初步访谈，以整体认知疫情危机情境下旅游企业韧性领导力的内涵结构。鉴于基层员工是旅游服务的直接提供者，也是旅游企业应对危机事件、执行领导者管理策略的重要行动者，以基层员工作为访谈对象能更全面识别韧性领导力的构成要素。因此，本研究还委托受访企业的高层领导者向各层级管理人员和基层员工推送问卷链接。为此，本研究累计访谈了 27 位旅游企业的高层领导者、50 位中层管理者和 8 位基层员工，平均访谈作答时长将近25 分钟。由于调查内容和访谈主题具有一定的敏感性，研究在访谈调查中充分保证受访者的知情权和匿名权，并强调访谈结果仅作学术之用，不涉及任何的利益冲突。受访者的人口统计特征如表 3.1 所示。

表 3.1　旅游企业韧性领导力维度结构的访谈样本

类别		频率	所占百分比（%）	类别		频率	所占百分比（%）
性别	男	52	61.2	月收入	2500 元及以下	2	2.4
	女	33	38.8		2501~5000 元	14	16.5
从业年限	1~5 年	18	21.2		5001~10000 元	31	36.5
	6~10 年	25	29.4		10001~20000 元	25	29.4
	11~15 年	20	23.5		20001 元及以上	13	15.3
	15~20 年	10	11.8	年龄	20~29 岁	10	11.8
	21 年及以上	12	14.1		30~39 岁	44	51.8
职位	实习生	5	5.9		40~49 岁	19	22.4
	普通员工	3	3.5		50~59 岁	12	14.1
	主管	10	11.8	学历	高中 / 中专	7	8.2
	部门经理	40	47.1		专科	22	25.9
	总监	12	14.1		本科	46	54.1
	总经理	15	17.7		硕士及以上	10	11.8
企业规模	0~50 人	14	16.5	企业类型	旅行社	15	17.7
	51~100 人	16	18.8		旅游餐饮 & 住宿	35	41.2
	101~200 人	12	14.1		旅游景区	12	14.1
	201~500 人	14	16.5		旅游娱乐	1	1.2
	501~1000 人	12	14.1		旅游集团	18	21.2
	1000 人以上	17	20.0		其他	4	4.7

三、数据编码与分析

本研究采用主题分析法对定性访谈数据进行分析。具体而言，本研究遵循了 Miles 和 Huberman 提出的定性数据分析三步骤：熟悉、编码和分类。在第一步骤，研究人员详细阅读了全部受访者的访谈文本内容，检查了语句中可能存在的文字和语法错误，以提高访谈文本的精度和可读性。在第二步骤，研究人员通过贴标签的方式记录和标注出访谈文本中包含韧性领导力的词语、短语或句子，并提出能够反映旅游企业韧性领导力的初始概念。在第三步骤，研究人员对第二步骤生成的初始概念进行分类，合并成规范概念，并提炼出能准确统领这些规范概念的核心主题。在第二步骤和第三步骤，两名研究人员，一名具有旅游企业领导力研究背景，一名熟悉内容分析法，各自对编码集的精简和转录过程进行反复阅读、归纳总结和文献比对。具体来说，一名研究人员先对调查文本进行编码、归类和提炼，另一名研究人员以封闭式的问题（同意或不同意）进行反馈，并针对二者的分歧展开讨论，以提高编码和分类的效度。结果显示，两名研究人员在编码和分类的一致率达到95%，表明数据的标签和编码过程具有较高的可靠性。最后，由2名教授和4名博士生组成专家小组通过研讨会的形式，对标签编码和分类过程展开讨论以确保数据编码的信效度。

四、数据结果

结合 Fink 的危机生命周期模型以及 Faulkner 的旅游灾害管理框架，本研究将危机生命周期划分成事故前、征兆期、紧急期、中间期、延续期和解决期6个阶段，并据此呈现领导者在各阶段的韧性行动策略、归纳韧性领导力的维度结构。本研究共建立了1762个标签并形成初始的编码集。在经过两位研究人员交叉编码和专家小组讨论后，本研究将1762个编码合并成31个规范概念，并最终提炼出7个核心主题。如表3.2~ 表3-3和图3.2所示，本研究认为旅游企业韧性领导力包含变革规划、即兴应变、适应性指导、权变控制、应急关怀、调节恢复和共同成长7个核心主题，它们分别对应了领导者在事故前、征兆期、紧急期、中间期、延续期、解决期等不同阶段的核心行动策略。在编码结束后，本研究还将访谈链接推送给3名旅游企业员工进行理论饱和检验，结果发现并未得到关于韧性领导力的新主题，也无法对现有的规范概念进行补充，由此判断定性分析已经达到饱和状态。

　　具体来说，变革规划是韧性领导力的起点，它是指领导者在事故前展开战略制定、应急规划、资源储备和预防管理，旨在减少危机的发生、确保组织生产经营活动的有序开展，主要涵盖了应急规划、资源保障、前瞻性和洞察力等方面，反映了韧性领导力中的规划力要素。在征兆阶段，领导者需要展开即兴应对，即兴应变是指旅游企业领导者在危机事件发生时展开快速响应和紧急应对，旨在将危机扼杀在萌芽阶段或避免危机造成的财产损失和人员伤亡，主要涵盖了应急处置、灵活应变、积极应对、临危不乱和关注风险形势等方面，它反映了韧性领导力中的应变力要素。在紧急阶段，领导者既要通过指挥引导、角色示范、团结凝聚和信息分享等方式为员工积极应对危机提供指导和协助，还要通过明确的任务要求和角色需求来规范员工的行为、提高危机应对成效，如责任追究、监督检查、制度管理、权变奖励和优胜劣汰等。它们是旅游企业领导者降低危机负面影响、推动危机快速平复的基础保障，分别反映了韧性领导力中的指导力要素和控制力要素。

　　在中间阶段，领导者需要开展应急关怀来满足受影响群体（如员工、顾客、社区）的短期需求。领导者需要关心员工的生活和工作，满足顾客的安全需求，并重视组织的社会效益。因此，领导者在该阶段关怀、尊重和理解员工的身心需求，关爱顾客和社区，并积极与利益相关主体展开关系维护和应急沟通，反映了韧性领导力中的关怀力要素。在延续阶段，调整和恢复旅游企业的生产经营秩序是领导者重要任务。调节恢复是指旅游企业领导者采取措施恢复和重建危机后旅游企业的生产经营秩序，主要涵盖了恢复企业经营、恢复员工士气、响应市场需求、制订恢复计划和统筹调整与恢复等方面，它反映了韧性领导力中的恢复力要素。在解决阶段，共同成长反映为旅游企业领导者促进领导者自身、员工和企业等多元主体在危机应对中实现互相成全和共同发展，主要涵盖了关注员工成长、领导者自我成长、创新培育和授权参与等方面，反映了韧性领导力中的成长力要素。综上，本研究认为韧性领导力是指领导者在危机中为帮助组织及其成员成功抵御风险、战胜逆境、适应冲击、恢复平衡甚至实现成长而发起影响下属行为和工作方式的行动过程，并由规划力、应变力、指导力、控制力、关怀力、恢复力和成长力七个要素构成。

表 3.2 主题分析结果

主题	规范概念	初始概念（部分）
变革规划	应急规划	战略任务部署；风险预防规划；应急演练；制定预案；部署危机防控
	资源保障	物资储备；利用社会资源；寻求外部资源；整合内部资源；后勤保障
	前瞻性	未雨绸缪；风险预判；有远见；提前谋划；超前意识；局势预判
	洞察力	环境敏感性；洞察分析；洞悉危机；视野开阔；市场敏锐；审时度势
即兴应变	应急处置	成立紧急小组；制定应急方案；处理重大事项；紧急处理；控制事态发展
	灵活应变	应变能力；灵活处理；灵敏机警；综合应变；果断；执行力；当机立断
	积极应对	迎难而上；坚持不懈；积极进取；快速应对；迎接挑战；坚韧不拔；乐观
	临危不乱	沉着冷静；临危不惧；循序渐进；理性判断；小心谨慎；镇定不慌；沉稳
	关注风险形势	关注危机动态；了解危机影响；评估危机态势；跟踪危机动态
适应性指导	指挥引导	组织协调；指挥引领；统一思想；指导员工；向心力；明确指示；统筹
	角色示范	以身作则；身先士卒；首当其冲；示范；共渡难关；并肩作战；同甘共苦
	团结凝聚	号召员工；稳定团队；凝聚员工；团结协作；凝聚力；团结力量
	信息分享	信息宣导；信息发布；企业近况分享；企业经营分享；分享政策信息
权变控制	责任追究	责任到人；主体责任制；承担责任；职责要求；岗位职责；职责分工
	监督检查	监察部门；监察督导；跟踪执行；督促；监督管理；严格控制；巡视检查
	优胜劣汰	淘汰庸才；淘汰不合格员工；优胜劣汰；保留骨干员工；维稳骨干员工
	制度管理	严明纪律；恩威并施；规章制度；管理规定；国家规定；反馈考核；规则
	权变奖励	薪酬制度；赏罚分明；员工表彰；奖惩制度；额外奖金；物质奖励
应急关怀	关怀员工	关心员工；确保员工安全；体恤员工；安抚员工；保障员工生活；关爱员工
	关爱顾客	保障顾客安全；稳定顾客信心；关爱顾客需求；保障顾客利益；让顾客放心
	社会关怀	公益爱心；社会捐赠；社区服务；公共利益为重；帮助社会其他单位
	应急沟通	员工沟通；维持人际关系；坦诚相待；亲和；建立沟通渠道；保持内外沟通

续表

主题	规范概念	初始概念（部分）
调节恢复	恢复企业经营	恢复营业绩效；宣传促销；寻求利润增长；复工复产；开源节流；成本控制
	恢复员工士气	鼓舞斗志；鼓励下属；鼓舞士气；坚定员工信心；传递信心；建立团队信心
	响应市场需求	市场竞争；拓展本地市场；市场需求判断；明确市场定位；锁定目标客户
	制订恢复计划	制订恢复计划；制订短期计划；制订后续工作计划；制订恢复营销计划
	统筹调整恢复	岗位调整；组织架构调整；业务结构调整；管理制度调整；工作流程调整
共同成长	关注员工成长	员工培训计划；成就导向；人才培育；鼓励员工成长；员工能力提升
	领导者成长	领导者学习和成长；领导者逆境复原；危机应对能力提升；分析与总结
	创新培育	创新营销；寻求新机；突破与创新；业务创新；鼓励创新；开拓创新；革新
	决策参与	下属参与决策；全民应对；群策群力；智力激发；共商对策；适度授权

表3.3　危机生命周期理论与韧性领导力维度

阶段	Faulkner's（2001）旅游灾害管理框架	韧性领导力维度	内涵
事故前	风险评估，预设潜在灾害的影响，制订灾难应急计划	变革规划	领导者在危机发生前制定正确的战略和规划，避免危机的发生，确保组织经营的有序开展
征兆阶段	成立应对小组，展开应对、动员和行动	即兴应变	领导者对危机突发情况展开初步研判、快速应对和先期处置，避免危机冲击扩大
紧急阶段	指导救援，控制影响，提供医疗供给，保障通信系统	适应性指导	领导者指导和协助员工积极应对危机
		权变控制	领导者通过明确的任务要求和角色需求来规范和激励员工应对危机
中间阶段	损害统计，清理修复，调整媒体传播策略	应急关怀	领导者在危机期间关心员工的生活和工作，满足顾客的安全需求，并重视组织的社会效益
延续阶段	重新建设和重新评估，对灾害的影响展开长期恢复	调节恢复	领导者利用各种资源和措施消除危机造成的负面影响，并恢复或重建企业生产经营、组织秩序和员工信心
解决阶段	分析和总结	共同成长	领导者在危机结束后关注员工和领导者的成长，并促进企业的转型升级

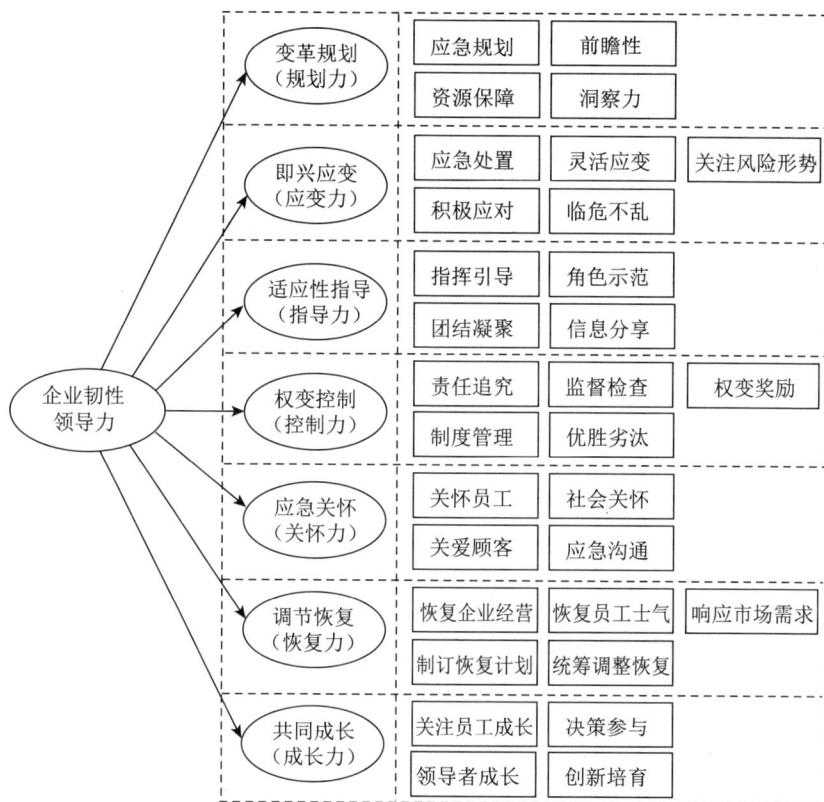

图 3.2 旅游企业韧性领导力的内涵结构模型

第四节 旅游企业韧性领导力的量表建构

一、初始测量题项

旅游企业韧性领导力测量题项库的生成主要包括以下四个步骤。第一，基于定性分析所识别的变量概念和维度要素，本研究通过文献回顾的方式摘录出现有研究中能够描述韧性领导力的相关题项，初步形成包含 55 个题项形成初始测量题项库（表 3.4）。其中，两名管理学教授、四名博士研究生对所涉及的英语题项进行翻译校对。第二，结合质性分析结果发展出部分题项，以实现对韧性领导力的准确测量。第三，由两名管理学教授和四名博士研究生组成专家小组对题项进行内容效度检验，对内涵相似题项进行归类、不符合本研究情境的题项予以删除，并结合旅游企业工作情境和疫情危机情境对部分题项表述进行优化，最终形成 50 个题项（表 3.5）。第四，对初始测量题项进行预调研，以测试题项表述的准确和题项内容的有效性。专家小组根据预调研结果和员工反馈对问卷进行优化，形成正式调研的量表题项（表 3.6）。

表 3.4　旅游企业韧性领导力的初始测量题项库

维度	具体题项	参考文献
变革规划	领导者对企业 / 团队的发展有长期的规划	郝旭光等
	领导者能够快速发现并概括归纳问题的本质	
	领导者规划如何完成工作	Hiller 等
	领导者组织任务使工作更顺利进行	
	领导者根据任务优先级调配资源	
即兴应变	领导者遇到突发情况时能够快速准确做出决策	郝旭光等
	领导者遭遇困难时不会轻言放弃	
	领导者无论在顺境还是逆境总能保持积极乐观的心态	
	领导者提出解决问题的方法	Hiller 等
	领导者解决出现的问题	
	领导者在团队面临多个选择时，能及时做出有效的决策	朱晓妹等
适应性指导	领导者能给员工指明奋斗目标和前进方向	李超平等
	领导者为了部门 / 单位利益，能牺牲个人利益	
	领导者能与员工同甘共苦	
	领导者是我们学习的榜样	Wang 等
	领导者促使部门成员群策群力，达成共同的目标	
	领导者提供辅导以帮助员工提高工作表现	
	领导者从不把信息透露给我们	Cheng 等

维度	具体题项	参考文献
权变控制	当任务无法完成时，领导者会斥责我们	郑伯埙 等
	领导者遵照原则办事，触犯时我们会受到严厉的惩罚	Cheng 等
	领导者采用了严格的管理办法	
	领导者建立了企业安全责任体系	Zhang 等
	领导者定期审核员工的安全表现	
	领导者要求员工遵守安全管理规定	
	领导者推进安全管理制度的建立	
	领导者重视安全激励和安全奖励	
	领导者监控组织的经营	王辉 等
	领导者能够很好地控制不同的项目和计划	
	当我工作做得好的时候，领导者会给我特别的肯定	Wang 等
	当我达成目标时，领导者会表扬我	
	领导者表彰或晋升工作表现优秀的员工	Waldman 等
	当我达到期望时，领导者会表示满意和欣赏	Bass
应急关怀	领导者愿意帮助员工解决生活和家庭方面的难题	李超平 等
	领导者经常与员工交流，了解员工的工作和生活情况	
	领导者能够设身处地地为下属着想	郝旭光 等
	领导者会频繁、主动地和下属进行情感沟通	
	我有急难时，领导者会伸出援手	Cheng 等
	领导者安抚员工的负面情绪	Zhang 等
	领导者倾向团队成员的抱怨和问题	Hiller 等
	领导者强调回馈社区的重要性	Liden 等
	领导者参与社区活动	
	领导者善于平衡人际关系	王辉 等
	领导者有妥善处理人际关系的技巧	
调节恢复	领导者容易识别可能促进组织目标实现的新环境机会	朱晓妹 等
	当我碰到难题时，领导者会给我鼓励和支持	Cheng 等

维度	具体题项	参考文献
共同成长	领导者关心员工的成长，真诚地为他们的发展提建议	李超平等
	领导者帮助员工发展他的长处	Wang 等
	领导者通过培训提高员工的工作能力	
	领导者鼓励员工发挥自己的潜力	
	领导者鼓励我用新的方法完成工作任务	
	领导者鼓励我用新的方式思考问题	
	领导者开展技能提升培训	Zhang 等
	领导者不断学习先进的专业知识和领导技能	郝旭光等
	领导者鼓励我独立解决重要工作	Liden 等
	领导者给我充分的自主权去处理困难	
	我和领导者一起做很多决定	Ahearne 等

表 3.5　旅游企业韧性领导力的测量题项（专家小组讨论后）

维度	规范概念	测量题项
变革规划	应急规划	企业领导者重视危机事件应急预案的制定
	前瞻性	企业领导者事先制订了紧急状态下的危机管理计划
	应急规划	企业领导者建立了处置危机事件的领导小组
	洞察力	企业领导者定期组织员工开展危机培训和演练工作
	洞察力	企业领导者能够对危机事件的发展进行预测和控制
	应急规划	企业领导者重视建立数字化的风险预警体系
	资源保障	企业领导者重视资金和物资的储备以应对危机事件
即兴应变	应急处置	疫情暴发后，企业领导者迅速展开紧急处理
	应急处置	疫情暴发后，企业领导者快速制定应急处置方案
	关注风险形势	疫情暴发后，企业领导者时刻关注外部风险形势
	积极应对	疫情暴发后，企业领导者保持乐观心态、积极应对
	临危不乱	疫情暴发后，企业领导者从容应对疫情难题
	应急处置	疫情暴发后，企业领导者不断提出解决问题的方案
	灵活应变	疫情暴发后，企业领导者根据环境变化调整应对策略
	应急处置	疫情暴发后，企业领导者采取各种策略来控制负面影响

续表

维度	规范概念	测量题项
适应性指导	角色示范	疫情期间，企业领导者以身作则、愿意与员工同甘共苦
	指挥引导	企业领导者为员工提供安全指导以防控疫情
	指挥引导	企业领导者向员工分享疫情防控的安全知识
	角色示范	企业领导者在疫情防控中为员工树立了榜样
	团结凝聚	企业领导者号召和团结员工共同应对疫情
	团结凝聚	企业领导者推动并牵头疫情应对和处置工作
	信息分享	疫情期间，企业领导者促进各类信息在组织内部的共享
权变控制	制度管理	企业领导者制定了酒店疫情防控制度和行为准则
	制度管理	企业领导者严格要求员工执行疫情防控规定
	监督检查	企业领导者定期审核和检查员工在疫情期间的工作表现
	制度管理	企业领导者明确了员工在疫情期间的岗位安全职责
	权变奖励	企业领导者奖励积极参与疫情防控的员工
	权变奖励	企业领导者表彰疫情防控表现突出的员工
	监督检查	企业领导者处罚疫情防控处置和表现不佳的员工
	优胜劣汰	企业领导者淘汰或放弃屡次违反防疫规定的员工
应急关怀	员工关怀	疫情期间，企业领导能够设身处地为员工着想
	员工关怀	疫情期间，企业领导者关心员工的工作和家庭生活
	员工关怀	疫情期间，企业领导者愿意帮助员工解决困难
	员工关怀	疫情期间，企业领导者安抚员工产生的负面情绪
	顾客社会关怀	疫情期间，企业领导者愿意帮助顾客和回馈社区
	应急沟通	疫情期间，企业领导者与员工维持良好的人际关系
	应急沟通	疫情期间，企业领导者建立了高效的内部沟通渠道
调节恢复	恢复企业经营	企业领导者想方设法维持企业在疫情间生存经营
	响应市场需求	企业领导者积极探索疫后市场发展方向以寻求转机
	制订恢复计划	企业领导者积极制订疫后市场恢复计划
	恢复员工士气	企业领导者向员工传递战胜疫情的信心
	恢复员工士气	企业领导者鼓舞士气、恢复员工在疫情期间的工作激情
	统筹调整恢复	企业领导者及时调整疫情期间工作重心和工作计划

续表

维度	规范概念	测量题项
共同成长	关注员工成长	企业领导者鼓励员工将疫情应对作为学习和成长的机会
		企业领导者关注员工在疫情应对后的收获和提升
	创新培育	企业领导者鼓励员工尝试用新的方法来防控疫情
	授权参与	企业领导者愿意倾听员工关于疫情防控和应对的建议
		企业领导者在疫情期间鼓励员工自己独立破解难题
	领导者成长	企业领导者在疫情应对中不断学习专业知识和领导技能
	创新培育	企业领导者在疫情期间重视促进企业的转型升级

二、预调研

本研究在 2021 年 9 月初对中国福建多家旅游企业展开预调研，累计回收 157 份有效问卷。可靠性分析表明，变革规划、即兴应变、适应性指导、权变控制、应急关怀、调节恢复和共同成长的 Cronbach's α 值分别为 0.807、0.931、0.813、0.799、0.939、0.798 和 0.844，均大于 0.7，表明量表具有较好的内部一致性。探索性因子分析表明，量表整体的 KMO 值为 0.891，且各题项的共同度均大于 0.5，但因子矩阵结果显示部分题项的因子载荷小于 0.5，在不同维度间存在交叉负载且部分维度间难以明显区分（如即兴应变和应急关怀、适应性指导和权变控制等）。

部分接受预调研的基层员工和管理人员也对问卷部分题项提出怀疑。具体来说，部分题项与领导者所采取的防疫管理策略不相符合，如"领导者淘汰或放弃屡次违反防疫规定的员工""领导者重视建立数字化的风险预警体系""领导者愿意倾听员工关于疫情防控和应对的建议"等题项与旅游企业在疫情期间所采取的危机管理策略不相符合。部分题项所代表的内涵基本一致，如"领导者向员工传递战胜疫情的信心"和"领导者鼓舞士气、恢复员工在疫情期间的工作激情"，如"领导者为员工提供安全指导以防控疫情"和"领导者向员工分享疫情防控的安全知识"等题项内涵相似。此外，部分题项在内容表述上也需要结合旅游企业情境和新冠感染疫情危机情境展开进一步修正和优化。因此，结合预调研数据结果和员工反馈意见，专家小组对部分题项进行调整和优化，最终编制了新冠感染疫情危机情境下（疫情版本）和危机情境下旅游企业韧性领导力（一般版本）的正式调研问卷。具体如表3.6所示。

表 3.6　旅游企业韧性领导力的测量题项（正式调研）

规范概念	题项	一般版本	疫情版本
维度 1：变革规划			
应急规划	RP01	领导者有制定突发事件应急预案	领导者有制定突发事件应急预案
前瞻性	RP02	领导者有制订应对重大危机的工作计划	领导者有制订应对重大危机的工作计划
应急规划	RP03	领导者有组建突发事件应急领导小组	领导者有组建突发事件应急领导小组
洞察力	RP04	领导者具备提前应对危机或环境变化的能力	领导者具备提前应对危机或环境变化的能力
资源保障	RP05	领导者有储备应急资源以应对危机的发生	领导者有储备应急资源以应对危机的发生
维度 2：即兴应变			
应急处置	IM01	危机发生后，领导者能迅速展开紧急应对	疫情暴发后，领导者能迅速展开紧急应对
应急处置	IM02	危机发生后，领导者能快速形成处置方案	疫情暴发后，领导者能快速形成处置方案
关注风险形势	IM03	危机发生后，领导者能密切关注外部风险形势	疫情暴发后，领导者能密切关注外部风险形势
积极应对	IM04	危机发生后，领导者能保持乐观心态应对变化	疫情暴发后，领导者能保持乐观心态应对变化
临危不乱	IM05	危机发生后，领导者能从容应对工作难题	疫情暴发后，领导者能从容应对工作难题
应急处置	IM06	危机发生后，领导者能不断提出解决问题的方案	疫情暴发后，领导者能不断提出解决问题的方案
灵活应变	IM07	危机发生后，领导者能根据环境变化调整应对策略	疫情暴发后，领导者能根据环境变化调整应对策略
应急处置	IM08	危机发生后，领导者能采取措施来控制负面影响	疫情暴发后，领导者能采取措施来控制负面影响

续表

规范概念	题项	一般版本	疫情版本
维度3：适应性指导			
角色示范	AC01	危机期间，领导者能与员工同甘共苦	疫情期间，领导者能与员工同甘共苦
指挥引导	AC02	危机期间，领导者能向员工分享关于危机的知识	疫情期间，领导者能向员工分享防疫安全知识
角色示范	AC03	危机期间，领导者能在危机应对中为员工树立榜样	疫情期间，领导者能在疫情防控中为员工树立榜样
团结凝聚	AC04	危机期间，领导者能号召员工团结应对	疫情期间，领导者能号召员工团结应对
团结凝聚	AC05	危机期间，领导者能牵头并指导员工应对危机	疫情期间，领导者能牵头并指导员工防控疫情
信息分享	AC06	危机期间，领导者能促进信息在组织内部的共享	疫情期间，领导者能促进信息在组织内部的共享
维度4：权变控制			
制度管理	CC01	领导者会严格要求员工执行管理规定	领导者会严格要求员工执行防疫规定
监督检查	CC02	领导者会定期检查员工的危机应对工作	领导者会定期检查员工的防疫工作
制度管理	CC03	领导者能明确员工在危机期的岗位职责	领导者能明确员工在疫情期间的岗位安全职责
权变奖励	CC04	领导者会奖励积极参与危机应对的员工	领导者会奖励积极参与疫情防控的员工
权变奖励	CC05	领导者会表彰危机应对表现突出的员工	领导者会表彰防疫工作表现突出的员工
监督检查	CC06	领导者会批评危机应对表现不佳的员工	领导者会批评防疫工作表现不佳的员工
制度管理	CC07	领导者能制定危机应对制度和行为准则	领导者能制定疫情防控制度和行为准则
维度5：应急关怀			
员工关怀	EC01	危机期间，领导者能够设身处地为员工着想	疫情期间，领导者能够设身处地为员工着想
员工关怀	EC02	危机期间，领导者能关心员工的工作和家庭生活	疫情期间，领导者能关心员工的工作和家庭生活

续表

规范概念	题项	一般版本	疫情版本
员工关怀	EC03	危机期间，领导者能帮助员工解决困难	疫情期间，领导者能帮助员工解决困难
顾客社会关怀	EC04	危机期间，领导者能帮助顾客和回馈社区	疫情期间，领导者能帮助顾客和回馈社区
应急沟通	EC05	危机期间，领导者能与员工维持良好的人际关系	疫情期间，领导者能与员工维持良好的人际关系
维度6：调节恢复			
恢复员工士气	AR01	领导者能想办法鼓舞员工的工作士气	领导者能想办法鼓舞员工的工作士气
恢复企业经营	AR02	领导者能想办法维持企业在危机期间的生存发展	领导者能想办法维持企业在疫情期间的生存发展
统筹调整恢复	AR03	领导者在危机期间能及时调整工作重心和工作计划	领导者在疫情期间能及时调整工作重心和工作计划
响应市场需求	AR04	领导者能探索危机后市场发展方向以寻求转机	领导者能探索疫后市场发展方向以寻求转机
制订恢复计划	AR05	领导者能制订危机发生后市场恢复计划	领导者能制订疫后市场恢复计划
维度7：共同成长			
关注员工成长	MG01	领导者会鼓励员工将危机应对作为学习和成长的机会	领导者会鼓励员工将疫情作为学习和成长的机会
创新培育	MG02	领导者会鼓励员工用新的方法来应对危机	领导者会鼓励员工用新的方法来应对疫情
授权参与	MG03	领导者会鼓励员工自己独立破解难题	领导者会鼓励员工自己独立破解难题
领导者自我成长	MG04	领导者能在危机应对中不断学习专业知识和领导技能	领导者能在疫情应对中不断学习专业知识和领导技能
创新培育	MG05	领导者重视并促进危机后企业的转型升级	领导者重视并促进疫后企业的转型升级

三、正式调研

2021年9月上旬，本研究通过便利样本的形式主要面向中国福建厦门、福州、泉州、南平和莆田等地区的旅游企业展开问卷调查，问卷发放累计20

天。福建省位于中国东部，旅游资源丰富，2019 年旅游总收入超过 8000 亿元，旅游产业发展趋势良好。根据智研咨询发布的中国星级酒店产业竞争现状及投资前景分布报告，2020 年福建省位于全国星级饭店平均出租率前三名，在新冠感染疫情逐步缓解后经营绩效恢复较好。因此，本研究面向福建省的旅游企业开展问卷调查具有较强的代表性。由于尚处于疫情高发期，现场搜集不符合当下的防疫要求。因此，本研究依托问卷星制作成网络问卷，委托受访旅游企业人力资源部经理或总经理等高层管理者向各层级员工推送问卷链接。为确保问卷回收质量，研究小组在问卷链接上详细告知研究目的、确保匿名性，并强调答案没有对错之分、不涉及任何利益冲突。同时，所有量表均采用李克特 7 级量表尺度。最终，本研究在正式调查中共回收问卷 300 份，其中获得有效问卷 237 份，有效回收率为 79.0%。有效样本人口统计特征和企业基本特征具体如表 3.7 所示。

表 3.7　人口统计特征分布

类别		阶段 2		阶段 3		类别		阶段 2		阶段 3	
		频率	比例（%）	频率	比例（%）			频率	比例（%）	频率	比例（%）
性别	男	113	47.7	256	42.0	婚姻	已婚	138	58.2	491	80.5
	女	124	52.3	354	58.0		未婚	99	41.8	119	19.5
月收入	2500 元及以下	18	7.6	196	32.1	年龄	20 岁以下	10	4.2	9	1.5
	2501~5000 元	106	44.7	300	49.2		20~29 岁	87	36.7	103	16.9
	5001~10000 元	72	30.4	83	13.6		30~39 岁	78	32.9	272	44.6
	10001~20000 元	27	11.4	19	3.1		40~49 岁	39	16.5	134	22.0
	20001 元及以上	14	5.9	12	2.0		50 岁及以上	23	9.7	92	15.1

续表

类别		阶段 2		阶段 3		类别		阶段 2		阶段 3	
		频率	比例（%）	频率	比例（%）			频率	比例（%）	频率	比例（%）
学历	初中及以下	21	8.9	104	17.0	企业类型	旅行社	40	16.9	16	2.6
	高中 / 中专	51	21.5	197	32.3		旅游餐饮 & 住宿	79	33.3	101	16.6
	专科	51	21.5	157	25.7		旅游景区	25	10.5	320	52.5
	本科	94	39.7	144	23.6		旅游交通	3	1.3	13	2.1
	硕士及以上	20	8.4	8	1.3		旅游购物	7	3.0	8	1.3
企业性质	国有企业	99	41.8	409	67.0		旅游娱乐	13	5.5	5	0.8
	民营企业	93	39.2	148	24.3		旅游集团	46	19.4	110	18.0
	外资企业	15	6.3	10	1.6		其他	24	10.1	37	6.1
	混合所有制	30	12.7	43	7.0	工作年限	小于 1 年	37	15.6	41	6.7
职位	普通员工	118	49.8	451	73.9		1～3 年	54	22.8	73	12.0
	主管	48	20.3	73	12.0		3～5 年	52	21.9	114	18.7
	部门经理	40	16.9	69	11.3		5～10 年	36	15.2	155	25.4
	总监	18	7.6	7	1.1		10 年以上	58	24.5	227	37.2
	总经理	13	5.5	10	1.6						

四、描述性统计分析

有效样本数据的描述性统计分析结果如表 3.8 所示。其中，韧性领导力各维度题项的均值均大于 5，这表明在新冠感染疫情危机情境下旅游企业领导者均采取了高强度的韧性领导实践和危机管理策略。从维度差异来看，适应性指导、即兴应变和调节恢复等维度题项的均值相对较高，应急关怀维度题项的均值相对较低，这表明新冠感染疫情危机情境下旅游企业领导者更多关注于指导员工应对危机事件，并尝试维持旅游企业在疫情期间的生存发展、推进旅游企业的经营恢复，但对员工和受影响他人的身心需求缺乏足够的关注。此外，本研究各个题项的偏度系数介于 –1.433~0.438，绝对值的最大值小于 2，题项的峰系数介于 –0.245~3.052，绝对值的最大值小于 4，这表明样本具有正态分布特征。

表3.8 描述性统计分析结果（阶段2）

变量	题项	均值	标准差	偏度	峰度	变量	题项	均值	标准差	偏度	峰度
变革规划	RP01	5.70	1.466	−1.218	1.084	即兴应变	IM01	5.91	1.192	−1.040	0.805
	RP02	5.54	1.519	−1.171	1.152		IM02	5.78	1.240	−1.245	1.818
	RP03	5.61	1.502	−1.239	1.264		IM03	6.05	1.086	−1.433	3.052
	RP04	5.72	1.355	−0.945	0.385		IM04	5.69	1.165	−0.642	−0.245
	RP05	5.54	1.388	−0.994	0.904		IM05	5.65	1.165	−0.787	0.909
适应性指导	AC01	5.92	1.117	−0.974	0.875		IM06	5.69	1.243	−0.802	0.426
	AC02	5.92	1.167	−1.278	2.026		IM07	5.81	1.199	−1.183	1.983
	AC03	5.75	1.211	−0.882	0.833		IM08	5.65	1.214	−0.862	1.103
	AC04	5.89	1.187	−1.298	2.437	权变控制	CC01	5.91	1.227	−1.427	2.930
	AC05	5.85	1.212	−1.103	1.342		CC02	5.79	1.270	−1.056	0.716
	AC06	5.79	1.141	−1.009	1.323		CC03	5.85	1.171	−1.018	1.311
应急关怀	EC01	5.39	1.496	−0.800	0.123		CC04	5.33	1.535	−0.991	0.699
	EC02	5.15	1.549	−0.697	0.200		CC05	5.34	1.531	−1.133	1.120
	EC03	5.22	1.477	−0.782	0.412		CC06	5.37	1.355	−0.732	0.420
	EC04	5.37	1.454	−0.784	0.324		CC07	5.09	1.515	−0.549	−0.093
	EC05	5.37	1.333	−0.673	0.226	调节恢复	AR01	5.57	1.344	−0.741	0.108
共同成长	MG01	5.51	1.268	−0.858	0.936		AR02	5.79	1.122	−0.620	−0.399
	MG02	5.41	1.324	−0.663	0.521		AR03	5.87	1.195	−1.203	1.761
	MG03	5.44	1.236	−0.680	0.526		AR04	5.77	1.164	−0.685	−0.250
	MG04	5.42	1.265	−0.548	0.170		AR05	5.81	1.127	−0.577	−0.663
	MG05	5.41	1.210	−0.438	−0.156						

五、可靠性分析

本研究使用 SPSS 22.0 软件工具对初始量表进行可靠性检验，数据分析结果如表3.9所示。具体来说，整个量表的 Cronbach' α 系数为 0.976，大于 0.7 的临界标准，表明量表具有良好的内部一致性。此外，变革规划、即兴应变、适应性指导、权变控制、应急关怀、调节恢复和共同成长等维度的Cronbach'α系数分别为0.943、0.928、0.937、0.890、0.945、0.919和0.900，均大于0.7的临界标准，各题项校正后的项目总体相关性介于0.519~0.843，均大于0.5的临界标准。这表明，量表各题项均具有良好的内部一致性，并适宜展开探索性因子分析。

表3.9　可靠性分析结果

维度	题项	项目总体相关性	项已删除的Cronbach's α	Cronbach's α	维度	题项	项目总体相关性	项已删除的Cronbach's α	Cronbach's α
变革规划	RP01	0.678	0.976	0.943	即兴应变	IM01	0.712	0.976	0.928
	RP02	0.695	0.976			IM02	0.741	0.976	
	RP03	0.617	0.976			IM03	0.670	0.976	
	RP04	0.666	0.976			IM04	0.615	0.976	
	RP05	0.662	0.976			IM05	0.736	0.976	
适应性指导	AC01	0.745	0.976	0.937		IM06	0.710	0.976	
	AC02	0.763	0.976			IM07	0.789	0.976	
	AC03	0.843	0.975			IM08	0.704	0.976	
	AC04	0.796	0.976		权变控制	CC01	0.741	0.976	0.890
	AC05	0.806	0.976			CC02	0.704	0.976	
	AC06	0.764	0.976			CC03	0.748	0.976	
应急关怀	EC01	0.704	0.976	0.945		CC04	0.711	0.976	
	EC02	0.709	0.976			CC05	0.655	0.976	
	EC03	0.727	0.976			CC06	0.538	0.976	
	EC04	0.742	0.976			CC07	0.519	0.977	
	EC05	0.749	0.976		调节恢复	AR01	0.718	0.976	0.919
共同成长	MG01	0.727	0.976	0.900		AR02	0.716	0.976	
	MG02	0.673	0.976			AR03	0.704	0.976	
	MG03	0.656	0.976			AR04	0.720	0.976	

续表

维度	题项	项目总体相关性	项已删除的Cronbach's α	Cronbach's α	维度	题项	项目总体相关性	项已删除的Cronbach's α	Cronbach's α
共同成长	MG04	0.726	0.976	0.900	调节恢复	AR05	0.740	0.976	0.919
	MG05	0.667	0.976						

六、探索性因子分析

本研究通过探索性因子分析识别量表的维度结构。其中，探索性因子分析主要采用主成分分析法和最大方差正交旋转，在经过8次迭代后收敛，41个题项归结为7个因子，KMO值为0.959，Bartlett球形检验结果显著。首次探索性因子分析结果显示，其中部分题项（如IM01和AC01等）的因子载荷小于0.5，部分题项存在交叉负载或与预先设计不相符合（如CC01和CC02等）。根据Straub的建议，剔除符合如下标准的题项：（1）题项共同度小于0.5；（2）因子载荷小于0.5；（3）存在交叉负载的题项。

基于上述标准，本研究通过多次探索性因子分析共剔除了7个题项（IM01、IM02、IM08、AC01、CC01、CC02和CC03），并对剩下的34个题项再次进行探索性因子分析。数据结果显示，KMO值为0.954，Bartlett球形检验结果显著，经过7次迭代后收敛并提取出7个主成分大于1的因子。其中，各题项共同度介于0.645~0.888，题项因子载荷值介于0.520~0.847，均大于0.5的临界标准，各主成分的Cronbach'α系数均大于0.7，累计方差解释率为78.032%，最终结果如表3.10所示。

表 3.10　探索性因子分析（最终结果）

维度	题项	共同度	因子载荷	Cronbach's α	特征值	方差解释率（%）
变革规划	RP01	0.832	0.822	0.943	4.777	14.049
	RP02	0.852	0.827			
	RP03	0.829	0.847			

维度	题项	共同度	因子载荷	Cronbach's α	特征值	方差解释率（%）
变革规划	RP04	0.790	0.790	0.943	4.777	0.943
	RP05	0.791	0.799			
即兴应变	IM03	0.645	0.614	0.902	3.438	10.111
	IM04	0.763	0.766			
	IM05	0.801	0.709			
	IM06	0.787	0.661			
	IM07	0.774	0.553			
适应性指导	AC02	0.799	0.687	0.940	3.318	9.758
	AC03	0.784	0.520			
	AC04	0.874	0.708			
	AC05	0.861	0.696			
	AC06	0.740	0.620			
权变控制	CC04	0.719	0.608	0.833	2.920	8.587
	CC05	0.772	0.679			
	CC06	0.739	0.727			
	CC07	0.684	0.752			
应急关怀	EC01	0.853	0.802	0.945	4.474	13.160
	EC02	0.888	0.836			
	EC03	0.879	0.801			
	EC04	0.716	0.610			
	EC05	0.794	0.683			
调节恢复	AR01	0.742	0.614	0.919	3.918	11.525
	AR02	0.755	0.660			
	AR03	0.791	0.755			
	AR04	0.805	0.723			
	AR05	0.832	0.748			
共同成长	MG01	0.771	0.661	0.900	3.686	10.842
	MG02	0.648	0.593			
	MG03	0.728	0.722			

维度	题项	共同度	因子载荷	Cronbach's α	特征值	方差解释率（%）
共同成长	MG04	0.790	0.725	0.900	3.686	10.842
	MG05	0.702	0.678			

第五节　旅游企业韧性领导力的量表验证

一、数据搜集

为验证探索性因子分析所识别的韧性领导力维度结构，本研究在 2021 年 10 月中下旬展开另一轮的数据搜集，并检验该量表的聚合效度、区分效度、法则效度、复核效度和预测效度。本研究依托问卷星制作成网络问卷，通过便利抽样和滚雪球抽样相结合的方式，面向中国多个地区、超过 27 家旅游企业进行问卷调查。其中，所搜集的样本数据覆盖了中国东部（福建、浙江、广东等）、中部（安徽、湖南、江西等）和西部（四川、重庆、贵州等）等地。本研究首先通过委托旅游企业高层管理者向员工推送和扩散问卷链接，并委托地方旅游行政部门，向所在地区旅游企业高层管理推送问卷链接，继而邀请企业各层级员工参与问卷调查。最终，本研究在该阶段共回收问卷 800 份，有效问卷 610 份，回收率 76.25%。有效样本人口统计特征和企业基本特征如表 3.7 所示。

二、描述性统计分析

有效样本的描述性统计分析结果如表 3.11 所示。其中，旅游企业韧性领导力各维度题项的均值介于 4.882~6.266，且适应性指导、变革规划和即兴应变等维度各题项的均值相对较高，应急关怀和共同成长等维度各题项的均值相对较低。这表明，在疫情危机情境下旅游企业领导者采取了高强度的韧性领导策略，但主要关注于对疫情的规划防控、应对指导和紧急处置等，这与第二阶段研究的描述性统计分析结果基本一致。此外，各题项偏度的绝对值的最大值小于2、峰度的绝对值的最大值小于4，这表明数据样本具有正态分布特征。

表 3.11　描述性统计分析结果（阶段 3）

变量	题项	均值	标准差	偏度	峰度	变量	题项	均值	标准差	偏度	峰度
变革规划	RP01	5.941	1.412	−1.602	2.712	即兴应变	IM03	6.175	1.186	−1.819	3.774
	RP02	5.869	1.413	−1.453	2.020		IM04	5.767	1.381	−1.327	1.856
	RP03	6.059	1.232	−1.552	2.763		IM05	5.811	1.325	−1.303	1.756
	RP04	5.838	1.269	−1.095	1.101		IM06	5.759	1.361	−1.268	1.700
	RP05	5.813	1.319	−1.097	1.103		IM07	5.828	1.287	−1.262	1.820
适应性指导	AC02	6.266	1.061	−1.631	2.897	权变控制	CC04	5.259	1.612	−0.777	0.082
	AC03	5.952	1.325	−1.378	1.734		CC05	5.228	1.564	−0.726	0.089
	AC04	6.070	1.198	−1.470	2.386		CC06	5.467	1.430	−0.949	0.799
	AC05	6.162	1.105	−1.484	2.375		CC07	6.038	1.145	−1.253	1.612
	AC06	6.169	1.144	−1.673	3.333	调节恢复	AR01	5.405	1.358	−0.837	0.831
应急关怀	EC01	5.180	1.590	−0.878	0.506		AR02	5.590	1.345	−1.007	1.134
	EC02	4.882	1.593	−0.679	0.199		AR03	5.577	1.300	−0.886	0.860
	EC03	4.887	1.546	−0.584	0.130		AR04	5.441	1.331	−0.733	0.552
	EC04	5.233	1.442	−0.715	0.465		AR05	5.556	1.326	−0.922	0.986
	EC05	5.315	1.400	−0.753	0.562						
共同成长	MG01	5.480	1.329	−0.719	0.354						
	MG02	5.392	1.374	−0.688	0.262						
	MG03	5.118	1.426	−0.693	0.557						
	MG04	5.439	1.329	−0.675	0.468						
	MG05	5.246	1.370	−0.538	0.247						

三、验证性因子分析

本研究采用 AMOS21.0 提供的结构方程模型进行验证性因子分析，并判断各变量的聚合效度、法则效度和区分效度。在验证性因子分析中，根据 Bagozzi 和 Hair 建议的标准对模型进行修正：（1）题项标准化因子载荷值小于 0.5；（2）变量平均方差抽取值（AVE）小于 0.5；（3）模型修正建议和拟合优度指标。调试后的验证性因子分析结果如表 3.12 所示。本研究在删除 AC04、CC06、EC01、AR01 和 MG02 五个题项后得到稳定的量表维度结构，模型拟合优度指标达到 Hooper 等推荐的模型拟合标准：χ =1039.453，df= 345，χ/df=3.013（1<，<5），SRMR =0.058（<0.08），RMSEA= 0.057（<0.08），NFI = 0.922（>0.9），CFI = 0.947（>0.9），TLI=0.937（>0.9），IFI=0.947（>0.9），RFI=0.909（>0.9），GFI=0.892（>0.8），PNFI=0.784（>0.5）。可靠性分析结果显示，删除题项后各维度的 Cronbach's α 系数仍大于 0.7，表明修正后各维度仍具有良好的内部一致性。不仅如此，各题项标准化载荷值介于 0.554~0.958，大于 0.5 的临界标准，各维度组合信度值（CR）介于 0.8402~0.8998，大于 0.7 的临界标准，各维度的平均方差抽取值（AVE）介于 0.5526~0.7046，大于 0.5 的临界标准，表明该量表具有较好的聚合效度。

表 3.12　验证性因子分析

维度	题项	因子载荷	标准差	t 值	Cronbach's α	AVE	CR
	RP01	0.652	0.047	17.410			
	RP02	0.735	0.045	20.572			
变革规划	RP03	0.744	0.039	20.926	0.903	0.6059	0.8837
	RP04	0.884	0.037	26.799			
	RP05	0.854	—	—			

维度	题项	因子载荷	标准差	t 值	Cronbach's α	AVE	CR
即兴应变	IM03	0.601	0.040	15.756	0.859	0.5526	0.8568
	IM04	0.554	0.047	14.411			
	IM05	0.778	0.040	23.247			
	IM06	0.858	0.039	26.791			
	IM07	0.868	—	—			
适应性指导	AC02	0.766	0.051	18.559	0.869	0.6466	0.8794
	AC03	0.858	0.069	19.280			
	AC05	0.840	0.053	20.332			
	AC06	0.747	—	—			
权变控制	CC04	0.817	0.035	24.923	0.820	0.7046	0.8760
	CC05	0.958	—	—			
	CC07	0.727	0.033	16.930			
应急关怀	EC02	0.905	—	—	0.898	0.6885	0.8974
	EC03	0.917	0.029	33.849			
	EC04	0.751	0.032	23.297			
	EC05	0.728	0.032	22.085			
调节恢复	AR02	0.768	—	—	0.907	0.6926	0.8998
	AR03	0.850	0.037	28.519			
	AR04	0.890	0.050	23.125			
	AR05	0.816	0.050	21.063			
共同成长	MG01	0.843	—	—	0.844	0.5727	0.8402
	MG03	0.585	0.050	14.929			
	MG04	0.837	0.043	22.951			
	MG05	0.733	0.047	19.050			

四、相关性和均值差异分析

旅游企业韧性领导力各维度的 Pearson 相关性分析结果如表 3.13 所示。具体来说，韧性领导力各维度间 Pearson 相关系数介于 0.426~0.692，均小于

0.85，且相关系数的最大值（0.692）小于 AVE 平方根的最小值（0.743），表明各维度间具有较好的区分效度。通过检验各维度间的相关系数矩阵发现，旅游企业韧性领导力七个维度间的相关系数均在 $p<0.01$ 的水平上显著成立，证明了量表各维度在理论层面的可预测性，具有较好的法则效度。

表 3.13　相关性分析

变量	均值	标准差	1	2	3	4	5	6	7
1. 变革规划	5.904	1.130	（0.778）						
2. 即兴应变	5.868	1.047	0.681**	（0.743）					
3. 适应性指导	6.137	0.986	0.602**	0.676**	（0.804）				
4. 权变控制	5.508	1.248	0.514**	0.553**	0.666**	（0.839）			
5. 应急关怀	5.079	1.310	0.446**	0.468**	0.606**	0.642**	（0.830）		
6. 调节恢复	5.541	1.171	0.506**	0.554**	0.565**	0.566**	0.674**	（0.832）	
7. 共同成长	5.321	1.126	0.426**	0.480**	0.540**	0.530**	0.571**	0.692**	（0.757）

注：** $p<0.01$；括号内的值为 AVE 的平方根。

韧性领导力各维度的均值差异比较结果如表 3.14 和图 3.3 所示。结果显示，除了变革规划和即兴应变（均值差：0.036，t=1.011）、权变控制和调节恢复（均值差：-0.033，t=-0.717）这两个配对以外，韧性领导力各维度间均存在显著的均值差异。其中，适应性指导的均值水平最高，显著高于其余六个维度，应急关怀的均值水平最低，显著低于其他六个维度，而变革规划和即兴应变等维度的均值相对较高，权变控制、调节恢复和共同成长等维度的均值相对较低。这表明，韧性领导力的七个维度之间具有较好的差异性和区分度。

表 3.14　配对样本 T 检验结果

均值	标准差	均值	标准差	95% CI 均值差	t（df =609）	均值	标准差	均值	标准差	95% CI 均值差	t（df =609）
变革规划		即兴应变		−0.034, 0.105	1.011	适应性指导		权变控制		0.554, 0.704	16.461***
5.904	1.130	5.868	1.047			6.137	0.986	5.508	1.248		
变革规划		适应性指导		−0.309, −0.158	−6.049***	适应性指导		应急关怀		0.974, 1.142	24.660***
5.904	1.130	6.137	0.986			6.137	0.986	5.079	1.310		
变革规划		权变控制		0.302, 0.489	8.307***	适应性指导		调节恢复		0.515, 0.677	14.446***
5.904	1.130	5.508	1.248			6.137	0.986	5.541	1.171		
变革规划		应急关怀		0.722, 0.928	15.745***	适应性指导		共同成长		0.735, 0.898	19.763***
5.904	1.130	5.079	1.310			6.137	0.986	5.321	1.126		
变革规划		调节恢复		0.272, 0.454	7.833***	权变控制		应急关怀		0.343, 0.515	9.776***
5.904	1.130	5.541	1.171			5.508	1.248	5.079	1.310		
变革规划		共同成长		0.487, 0.679	11.921***	权变控制		调节恢复		−0.123, 0.057	−0.717
5.904	1.130	5.321	1.126			5.508	1.248	5.541	1.171		
即兴应变		适应性指导		−0.334, −0.204	−8.106***	权变控制		共同成长		0.095, 0.279	4.003***
5.868	1.047	6.137	0.986			5.508	1.248	5.321	1.126		
即兴应变		权变控制		0.273, 0.447	8.090***	应急关怀		调节恢复		−0.542, −0.382	−11.293***
5.868	1.047	5.508	1.248			5.079	1.310	5.541	1.171		
即兴应变		应急关怀		0.691, 0.887	15.758***	应急关怀		共同成长		−0.332, −0.151	−5.240***
5.868	1.047	5.079	1.310			5.079	1.310	5.321	1.126		
即兴应变		调节恢复		0.243, 0.411	7.673***	调节恢复		共同成长		0.148, 0.292	6.021***
5.868	1.047	5.541	1.171			5.541	1.171	5.321	1.126		
即兴应变		共同成长		0.459, 0.636	12.181***						
5.868	1.047	5.321	1.126								

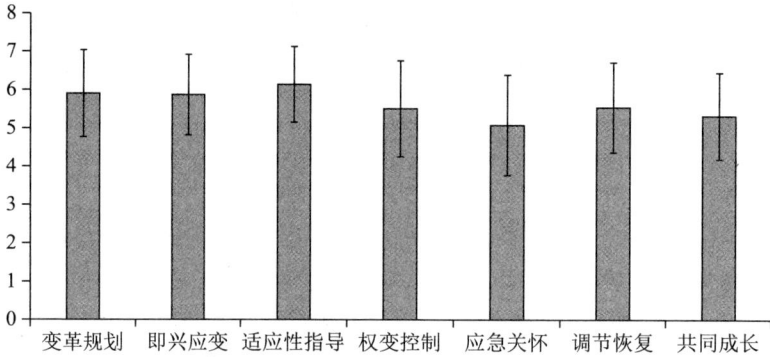

图 3.3 韧性领导力的维度均值差异

旅游娱乐业韧性领导力最高，其次是旅行社、旅游景区和旅游购物等企业，旅游住宿＆餐饮、旅游交通和旅游集团等企业的韧性领导力水平相对较低。从显著性差异水平来看，不同旅游企业在整体韧性领导力上不存在显著的差异（F（7，602）=1.899，p>0.05），且在变革规划（F=1.900，p>0.05）、即兴应变（F=1.422，p>0.05）、适应性指导（F=1.443，p>0.05）、权变控制（F=0.752，p>0.05）、应急关怀（F=1.423，p>0.05）、调节恢复（F=1.967，p>0.05）、共同成长（F=1.869，p>0.05）等维度上也不存在显著的差异。这表明，韧性领导力并未因旅游企业类别而存在均值差异，本研究所设计的韧性领导力量表具有较好的一致性和稳定性（见图 3.4）。

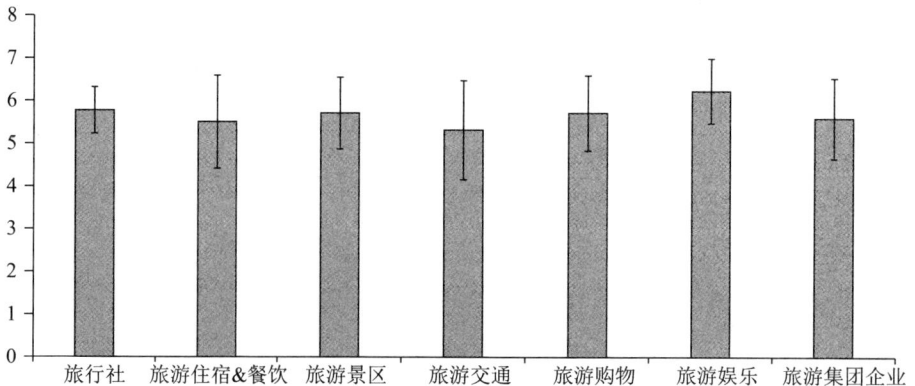

图 3.4 韧性领导力的企业类别差异

五、竞争性因子模型

本研究通过构建 4 个竞争性的因子模型来判别旅游企业韧性领导力量表的最佳维度结构。其中，模型 1 为由 29 个题项构成的一阶因子模型（见图 3.5）；模型 2 为包含七个不相关的一阶因子模型（见图 3.6）；模型 3 为七个具有相关性的一阶因子模型（见图 3.7）；模型 4 为一个具有二阶结构的七因子模型（见图 3.8）。

韧性领导力量表的 4 个竞争性因子模型分析结果如表 3.15 所示。从模型拟合优度来看，模型 1 和模型 2 在绝对适配指数（GFI、RMSEA、SRMR）和增值适配指数（NFI、TLI、CFI）均未达到临界标准，表明模型 1 和模型 2 的稳定性较差。模型 3 和模型 4 的各项拟合指数均优于模型 1 和模型 2，且这两个模型各项拟合指标基本达到模型适配的临界标准（$1 < \chi/df < 5$，SRMR < 0.08，RMSEA < 0.08，NFI > 0.9，CFI > 0.9，TLI > 0.9，IFI > 0.9，RFI > 0.9）。在模型 4 中，变革规划、即兴应变、适应性指导、权变控制、应急关怀、调节恢复和共同成长 7 个初阶因素，在韧性领导力这二阶因素的因子载荷值分别为 0.759、0.819、0.853、0.776、0.759、0.822 和 0.803，均大于 0.5 的临界标准、且在 $p < 0.01$ 的基础上显著成立。这表明，旅游企业韧性领导力量表既适用于七个相关的一阶因子模型（图 3.7），也适用于具有二阶结构的因子模型（图 3.8）。

表 3.15　竞争性因子模型比较

拟合优度	模型 1	模型 2	模型 3	模型 4
RMSEA（<0.08）	0.119	0.123	0.057	0.066
SRMR（<0.08）	0.383	0.085	0.058	0.073
CFI（>0.9）	0.756	0.742	0.947	0.927
NFI（>0.9）	0.735	0.723	0.922	0.902
TLI（>0.9）	0.733	0.714	0.937	0.917
IFI（>0.9）	0.756	0.743	0.947	0.927

续表

拟合优度	模型 1	模型 2	模型 3	模型 4
GFI（>0.8）	0.621	0.644	0.892	0.863
AGFI（>0.8）	0.556	0.577	0.864	0.834
PNFI（>0.5）	0.672	0.652	0.784	0.798
χ	3546.780	3715.366	1039.453	1314.004
df	371	366	345	359
χ/df（1<, <5）	9.560	10.152	3.013	3.660

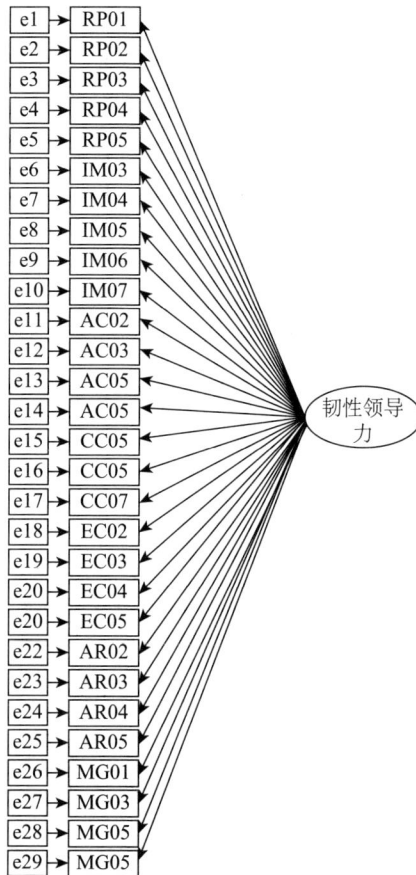

图 3.5　韧性领导力竞争性因子模型 1

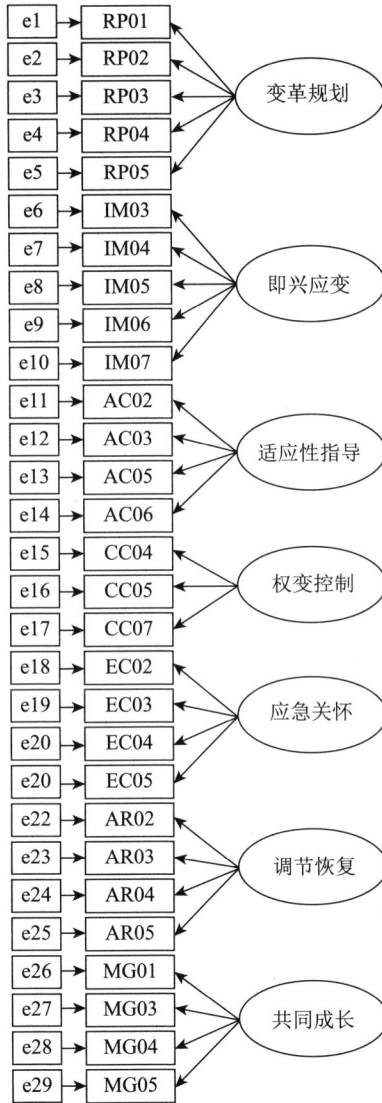

图 3.6　韧性领导力竞争性因子模型 2

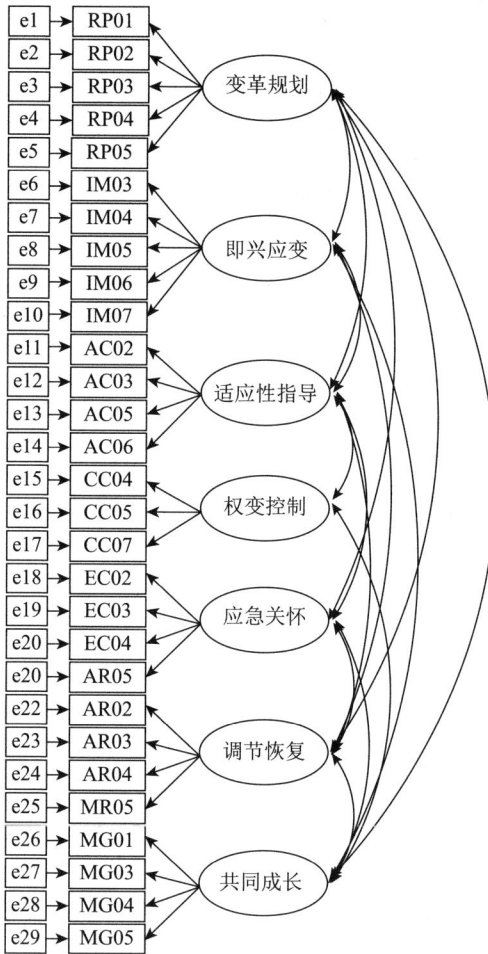

图 3.7 韧性领导力竞争性因子模型 3

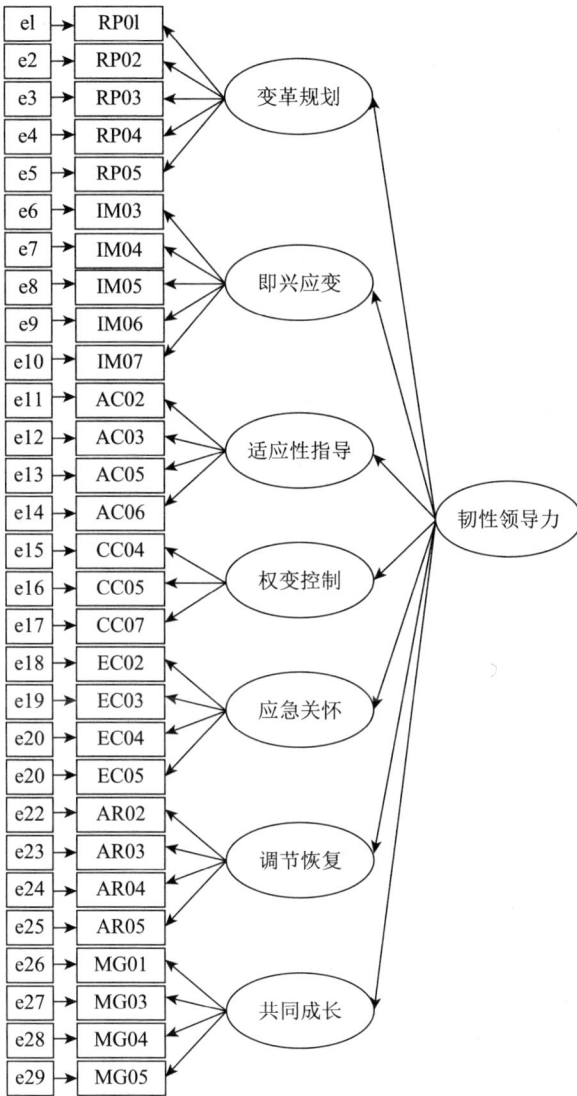

图 3.8　韧性领导力竞争性因子模型 4

六、复核效度检验

复核效度能够判断量表结构是否具有跨样本稳定性和有效性。本研究通过 SPSS 中样本筛选功能将数据分成随机选择（50% vs 50%）的两组样本，并通过样本间的不变性测试来评估韧性领导力量表的复核效度。不变性检验结果显示，非限制模型（χ/df =2.348，RMSEA =0.047，SRMR =0.060，CFI =0.930，TLI =0.918，IFI =0.931，PNFI =0.753）和限制模型（χ/df =2.320，RMSEA =0.047，SRMR =0.063，CFI =0.930，TLI =0.920，IFI =0.930，PNFI =0.775）的模型拟合优度基本达到临界标准，且两组随机样本之间不存在显著差异 [$\triangle\chi$（$\triangle df$=22）=31.653，p=0.084 >0.05]。此外，为了检验该量表在不同危机情境下的有效性和稳定性，本研究还面向旅游企业发放一般危机版本的韧性领导力问卷，并回收 249 份有效问卷。验证性因子分析结果显示，除了个别增值适配指标外（如 NFI），模型拟合优度基本达到推荐标准：χ/df =1.631（1<，<5），RMSEA =0.050（<0.08），SRMR =0.042（<0.08），CFI =0.938（>0.9），TLI =0.929（>0.9），IFI =0.938（>0.9），PNFI =0.756（>0.5）。综上，本研究认为旅游企业韧性领导力量表具有跨样本和跨危机情境的稳定性，复核效度良好。

七、预测效度分析

离职意愿是指员工预期在一定时期内离开组织、变换工作的可能性。以往研究表明，在危机事件及其引致的负面威胁情境下员工具有较高的离职意愿。同时，破坏性领导力、道德型领导力和变革型领导力等领导力被认为是员工离职意愿的重要预测因素。据此，本研究通过检验韧性领导力及其维度与员工离职意愿的影响关系来验证该量表的预测效度。

基于 Tourangeau 和 Cranley 的研究，本研究采用单个题项来测量员工的离职意愿，即让员工从完全不可能（1）到完全有可能（7）来判断自己从所在企业离职的可能性。数据结果显示（如表 3.16），韧性领导力对员工离职意愿具有显著的负面影响（β =-0.216，p<0.001）、变革规划（β =-0.142，p<0.001）、即兴应变（β =-0.157，p<0.001）、适应性指导（β =-0.201，p<0.001）、权变控制（β =-0.129，p<0.001）、应急关怀（β =-0.219，p<0.001）、调节恢复（β =-0.189，p<0.001）和共同成长（β =-0.163， p<0.001）对员工离职意愿也均具有显著的负向影响。其中，应急关怀对员工离职意愿的影响系数和方差解释率最高，而权变控制对员工离职意愿的影响系数和方差解释率最低。总体上，旅游企业韧性领导力量表具有良好的预测效度。

表 3.16　回归分析

变量		模型 1	模型 2	模型 3	模型 4	模型 5	模型 6	模型 7	模型 8
控制变量	性别	−0.108**	−0.106*	−0.103*	−0.115**	−0.110**	−0.106*	−0.106*	−0.102*
	婚姻	0.111*	0.118**	0.108*	0.117*	0.129**	0.123**	0.126**	0.113*
	年龄	−0.083	−0.091	−0.092	−0.093	−0.059	−0.083	−0.102*	−0.080
	学历	0.054	0.055	0.065	0.040	0.038	0.047	0.044	0.049
	平均月收入	−0.176***	−0.171***	−0.187***	−0.179***	−0.181***	−0.174***	−0.184***	−0.182***
	从业年限	−0.032	−0.043	−0.035	−0.037	−0.048	−0.041	−0.028	−0.038
	企业类型	0.005	0.007	0.006	0.005	−0.001	0.012	0.007	0.003
	企业性质	0.060	0.066	0.063	0.062	0.064	0.064	0.053	0.064
	职位	0.034	0.026	0.048	0.040	0.046	0.039	0.033	0.043
自变量	变革规划	−0.142***							
	即兴应变		−0.157***						
	适应性指导			−0.201***					
	权变控制				−0.129***				
	应急关怀					−0.219***			

续表

变量		模型1	模型2	模型3	模型4	模型5	模型6	模型7	模型8
自变量	调节恢复						−0.189***		
	共同成长							−0.163***	
	韧性领导力								−0.216***
R		0.098	0.103	0.118	0.095	0.124	0.114	0.105	0.124
调整R		0.083	0.088	0.103	0.080	0.110	0.099	0.090	0.109
F		6.501***	6.868***	8.010***	6.276***	8.514***	7.716***	7.021***	8.479***

第六节　本章小结

一、章节结论

本章节通过结构化的访谈调查和主题分析，梳理出了旅游企业韧性领导力的概念体系和内涵结构，并面向中国多个省份的多阶段问卷调查开发了具有良好信效度结构的韧性领导力量表。本章节的主要结论如下。

第一，旅游企业韧性领导力是一个多维度的复杂概念，主要由变革规划、即兴应变、适应性指导、权变控制、应急关怀、调节恢复和共同成长7个维度构成。质性分析结果表明，韧性领导力是指危机情境下，领导者为帮助组织及其成员成功抵御风险、战胜逆境、适应冲击、恢复平衡甚至实现发展而发起影响下属行为和工作方式的行动过程，并涉及变革规划、即兴应变、适应性指导、权变控制、应急关怀、调节恢复和共同成长七种应对策略和行动要素。其中，变革规划能够使得企业在不确定性和变革性环境中保持动态适应性和逆境敏感性，即兴应变阐述了领导者对危机事件的即兴处置和紧急应对。适应性指导和权变控制是领导者展现危机担当、指导危机应对和控制危机影响的重要表现，也是推进危机快速平复的基础保障。应急关怀表现为领导者尊重、理解和满足下属在危机期间的身心需求，并积极承担社会责任、展现社区关怀。调节恢复和共同成长体现为领导者带领员工从负面威胁中实现恢复和发展，关乎着企业如何在危机中实现自我革新和转型升级。综上，韧性领导力是由规划力、应变力、指导力、控制力、关怀力、恢复力和成长力构成的七因素模型。

第二，基于面向中国多个地区多阶段的问卷调查，由变革规划、即兴应变、适应性指导、权变控制、应急关怀、调节恢复和共同成长七个维度构成的旅游企业韧性领导力量表具有良好的信效度结构。实证结果表明，韧性领导力量表依次通过了可靠性分析、探索性因子分析和验证性因子分析，是一个具有良好内部一致性、内容效度、聚合效度、区分效度和法则效度的七维度测量模型。数据分析结果也表明，韧性领导力量表既适用于七个相关的一阶因子模型，也同样适用于具有二阶结构的七因子模型，并具有跨样本、跨行业和跨危机情境的稳定性和有效性，对于危机情境下员工的离职意愿具有较强的预测效力。此外，韧性领导力在均值评价和影响力上存在维度差异。其中，适应性指导、变革规划和即兴应变等维度的均值相对较高，而应急关怀、权变控制、调节恢复和共同成长等维度的均值相对较低。这表明，领导者更加关注于危机事件发生前的预防规划和爆发时的紧急应对，在危机影响持续期内对员工的关怀相对较弱，也难以有效促进员工和企业从危机中快速恢复甚至实现发展。同时，应急关怀维度对员工离职意愿的负向影响最强，权变控制对员工离职意愿的负向影响最弱。这表明，韧性领导者在危机中应当充分展示人文关怀、承担社会责任，以此维持危机期间员工队伍的稳定性。

二、章节讨论

第一，本研究从领导力视角探索了危机情境下旅游企业的韧性响应结构，丰富并拓展了旅游企业韧性的研究内容，为旅游企业韧性研究提供了新的理论视角和研究方向。鉴于旅游企业的风险敏感性，危机、灾难或多元逆境下的旅游企业韧性成为学界备受关注的理论议题，但多围绕员工韧性响应和组织韧性响应两个视角展开理论建构和实证检验。尽管既有研究在危机或逆境中面向旅游企业经营者、管理者、总经理和业主等领导群体展开实证探索，但多关注于评估危机对旅游企业造成的影响，以及在此基础上发展而来的危机管理策略。当然，也有学者探索了旅游企业领导者在危机或逆境中所应当具备的韧性特质和行动策略，并检验了韧性领导力的积极影响。但总体上，现有研究缺乏从领导力响应的视角，对危机情境下旅游企业韧性展开系统探索。Berbekova 等指出危机中的领导力是一个亟待旅游领域学者关注和探索的重要议题。本研究从领导力视角对危机情境下旅游企业韧性响应体系展开系统探索，所构建的韧性领导力的概念内涵和维度结构，回应了 Berbekova 等所提出的研究需求，并拓展了旅游企业韧性的研究视角和理论范畴。此外，与现有危机或逆境下面向旅游企业员工、组织和领导者等的研究不同在于，本研究从领导力和危机管理相结合的视角，系统揭示了负面威胁情境下旅游企业的韧性响应体系，归纳并提炼韧性领导力的内涵结构，为危机情境下旅游企业韧性领导力和韧性领导风格的培育提供了理论依据和实证支持。

第二，本研究所提出的韧性领导力是对当前百年未有之大变局时代下企业领导实践的理论回应，是对权变领导力观的回应，更是立足于现有领导风格和领导力研究基础上所归纳总结的新型领导模式和领导理论。领导权变理论的观点指出，领导者应当不断根据内外部环境条件发展出合适的领导力，以确保最佳领导效能，更应当依据情境特征对新涌现的领导力展开理论建构。其中，韧性衍生于对危机和多元逆境的动态适应。在当前 VUCA 社会环境和百年未有之大变局的背景下，以韧性为核心特征的领导力研究的"理论版图"应当得到拓展和系统性建构。而本研究对韧性领导力概念体系和维度结构的系统探索，正是立足于领导权变理论的基本观点，并符合当前大变局时代下旅游企业领导实践的一般趋势，也是对韧性相关理论的创新性应用和拓展延伸。领导力表现为领导者在某种情境条件下，指引和影响下属和群体实现组织目标的行动过程，仅从特质、能力和行为等层面难以系统揭示韧性领导力的内涵结构和内容体系，也忽略了概念内涵中的过程要素和情境特征。据此，本研究从危机动态响应视角对韧性领导力的概念体系和维度结构展开质性归纳和系统论证，由变革规划、即兴应变、适应性指导、权变控制、应急关怀、调节恢复和共同成长构成的韧性领导力七因素模型系统，揭示了旅游企业领导者在危机情境下的韧性领导实践和韧性领导过程，凸显了韧性领导者在负面威胁和多元逆境中抵御冲击、战胜挑战、恢复稳定和实现成长等方面所具有的重要作用，深化了既有韧性领导力研究的理论范畴。

目前，变革型领导力、危机领导力和安全型领导力等，在变革性、风险性和多元逆境中发展起来的领导力和领导风格备受学界关注。因此，本研究从领导者、员工、情境和目标四个要素及其互动关系，将韧性领导力与这三类领导力概念进行比较分析，以凸显韧性领导力概念的独特性和价值性（表3.17所示）。通过比较发现，韧性领导力与变革型领导力、危机领导力和安全型领导力在情境属性上具有相似性，它们都强调领导者指引和带领员工适应内外部不确定性环境以实现组织目标和组织愿景。但是，韧性领导力的发生情境是立足于危机、多元逆境或负面威胁情境，其包含了常态安全管理中的高风险情境以及危机事件导致的紧急情境，未涵盖变革性环境中的市场利好要素和不确定性环境中的积极面，这与危机领导力和变革型领导力在情境属性上存在本质差异。同时，韧性领导者在多元逆境中会通过适应性指导、权变控制和应急关怀指引和影响下属，其目的在于成功抵御危机、战胜逆境、恢复稳定并从中获得成长和发展，其领导—下属互动策略与安全型领导力相一致，并与危机领导力所强调的组织目标基本相似。此外，韧性领导力在领导者特质、领导—情境互动和领导—下属—情境互动等方面有着独特的内容要素。具体来说，韧性领导力强调领导者个体应当具备抗逆复原和积极适应的韧性特质，并在危机或逆境发生的不同阶段采取相应的应对任务和响应策略，强调领导者与组织、团队和追随者实现互相成全、共同成长，这与上述三类领导力有着明显的区别。因此，本研究认为韧性领导力有其独特性和价值性，可以独立于其他领导力和领导风格自成一套领导模式和领导理论。

表 3.17　基于四要素分析框架的 4 个领导力类别比较

领导力类别	韧性领导力	变革型领导力	危机领导力	安全型领导力
情境属性	危机、多元逆境或负面威胁情境	变革性、不确定性和动态性的经营环境	动态复杂和充满不确定性的紧急情境	高危行业、安全生产管理情境
领导者声明（目标导向）	带领员工和团队成功抵御危机、战胜逆境、恢复稳定并从中获得成长与发展	赋予下属工作意义、激发高层次需求，超越个人得失实现组织目标	带领下属应对危机，甚至转危为机并实现组织目标	实现安全目标、提升安全绩效
领导者特质	洞察力、前瞻性、坚韧乐观	领导魅力	信念力	—
领导—下属互动	适应性指导、权变控制、应急关怀	感召力、智力激发、个性化关怀	凝聚力	安全指导、安全控制、安全关心、安全激励
领导—情境互动	变革规划、即兴应变、调节恢复	—	预警力、担当力、驾驭力	—
领导—下属—情境互动	共同成长	—	成长力	—

　　第三，本研究所开发的韧性领导力量表能够填补当前学界关于韧性领导力实证研究的不足，为韧性领导力的定量研究和因果关系检验提供了一套经过验证的测量量表，为系统认知韧性领导力的内涵体系和维度结构提供了来自旅游情境的案例和证据，拓展了韧性领导力的理论研究。当前，危机领导力、安全型领导力和变革型领导力等领导力在危机情境下的测量和影响作用得到众多学者的实证分析。作为对这些研究的补充和拓展，本研究开发了韧性领导力量表并检验了其对员工离职意愿的影响关系，这丰富了危机情境下领导力测量和效应的实证研究。同时，韧性领导力相关的定量研究主要基于领导者韧性特质的视角予以测量，也有研究基于文献回顾和自行设计的方式予以测量，缺乏严格的量表开发可能会使韧性领导力的测度存在效度威胁。这在一定程度上阻碍了韧性领导力实证研究的发展。本研究面向旅游企业情境在危机下开发了韧性领导力量表，为系统认知旅游企业领导者在危机情境下的韧性响应结构提供了实证范例和实证证据，丰富了韧性领导力研究的产

业情境和案例背景。与前人使用量表相比，本研究所开发的韧性领导力量表，能够有效呈现韧性领导者在危机不同阶段的全过程行动策略，测量结果更具全面性和科学性。不仅如此，韧性领导力量表的开发能够促进韧性领导力从特质、能力和行为研究视角向过程视角转变，促进韧性领导力研究由概念讨论和定性分析向定量分析和机制检验转变，为进一步研究韧性领导力的形成机制和作用机制提供了稳定可靠的测量工具，推进了韧性领导力的定量研究和实证探索。此外，韧性领导力量表的开发能够为旅游企业培育、塑造和提升韧性领导力提供策略指导，对于指导旅游企业领导者带领员工、团队和组织"与危机共舞"具有重要的实践价值。

第四章　危机情境下旅游企业韧性领导力的动态演化机制

在第三章韧性领导力维度识别和量表建构的基础上，本章节的主要内容是在危机情境下，对旅游企业韧性领导力的动态演化机制展开理论建构。具体来说，本章节将立足于多元危机背景，遵循扎根理论的研究范式，结合深度访谈、焦点小组和典型危机个案解析，深度揭示危机情境下韧性领导力的驱动过程和先期表现，基于危机生命周期理论和旅游灾害管理框架，归纳韧性领导力的内在演化规律和生命周期特征，并重点识别韧性领导力对员工、团队和组织韧性的作用机制，识别危机情境下促成旅游企业韧性的过程机制，从而为后续定量研究中概念模型和组态影响路径的建构提供理论基础。

第一节　问题提出

近年来，危机和灾难事件在世界范围内的发生越来越普遍，如欧洲系列恐怖袭击、美国拉斯维加斯枪击事件、非洲埃博拉病毒、中国香港"占中"事件、泰国沉船事件、新冠感染疫情和俄乌冲突等重大危机事件，严重威胁到了事发地旅游企业的生产经营，甚至使全球范围内的旅游市场遭受负面影响。危机和灾难或许无法阻止，但旅游企业可以通过有效的管理实践和领导策略抵抗和缓解危机负面影响。危机和多元逆境中面向旅游企业韧性成长的危机管理行动和韧性领导实践日益丰富。例如，在九寨沟地震发生后，景区领导团队开展了长达四年的修复重建，"补妆"归来的九寨沟景区更美观更安全甚至造就了新的景观，并借助数字技术促进了景区服务体系和智能化管理的新跨越。在新冠感染疫情致使整个旅游业处于停摆之际，携程旅行网高层领导者积极拥抱数字化转型，董事局主席梁建章带领团队推出了"BOSS直播""线上云游""预约未来旅行"等一系列自救举措，成功助力了携程的市场恢复和韧性成长。这种韧性导向的管理实践是领导者在逆境或危机下自然呈现出来的响应状态，具体表现为领导者在危机或不利情境中，为帮助组织及其成员抵御风险、战胜逆境、恢复平衡甚至从中实现成长和发展而发起影响下属行为的行动过程。因此，危机情境下系统识别旅游企业韧性领导力的驱动、演化及其效应结果，将有助于旅游企业抵御危机冲击并实现快速恢复。

鉴于韧性衍生于逆境，危机或逆境中的韧性领导力成为备受学者关注的重要议题。具体来说，学者既在地震、新冠感染疫情等重大危机情境下，探索了韧性领导者须具备的能力素质以及采取的响应策略，也关注了韧性领导者和管理者在面对职场压力、工作复杂性、工作—家庭冲突等多元逆境时的应对和响应。在实证研究中，领导者韧性特质和韧性行动策略也被证实具有积极的结果导向，能够有效预测员工创新行为、员工韧性、员工工作绩效、生活满意度、组织韧性和企业绩效等。鉴于旅游业对危机或灾难的敏感性和脆弱性，韧性领导力作为一种强调多元适应性和动态恢复性的新型领导力和领导风格，在旅游领域研究开始受到关注。旅游学界既有从特质视角关注领导者应当具备的韧性能力素质，也有从行为视角关注危机或逆境中领导者应当采取的韧性行动计划，从而帮助旅游企业抵御挑战。然而，旅游学界对于韧性领导力的理论探讨和实证研究还相对有限。从效应结果来看，韧性领导力被认为能够在逆境中帮助旅游企业员工和组织保持强健性、坚韧性、恢复性和动态适应性，甚至是在危机情境下能够缓解负面事件威胁、促进旅游企业实现恢复发展，成为旅游企业在危机中获得持续性发展的重要工具和战略基础。但总体上，学界对于旅游企业韧性领导力的实证研究相对有限，亟待基于更多案例背景和理论视角，对旅游企业韧性领导力的驱动前因、演化特征和效用结果展开全面评估，这对于旅游企业建立起动态响应视角的危机领导体系，提高危机响应成效具有重要意义。

总体上，相关研究还存在以下不足。第一，旅游企业韧性领导力的触发条件和驱动因素需要展开理论探讨和实证分析。韧性的概念衍生于对于压力、创伤、失败、挫折、逆境等负面事件或危机情境的积极适应和动态响应，因此多元逆境或危机灾难情境下的韧性领导力得到了学界的重点关注。尽管学界普遍认为危机和逆境是触发韧性领导力的情境条件，并强调其是企业抵御负面冲击、维持生存发展、获取竞争优势甚至在逆境和危机中实现逆势成长的重要战略工具，但鲜有研究在危机情境下识别韧性领导力的触发条件和驱动因素。鉴于旅游企业对风险的高度敏感性及其自身的脆弱性，在新冠感染疫情引致的重大危机情境下，识别旅游企业韧性领导力的触发条件和前因驱动过程，是旅游企业管理的重要议题和关键任务。第二，尚未有研究揭示韧性领导力的危机演化过程和生命周期特征。目前，已有研究从危机管理的视角揭示危机情境下领导力的阶段性特征，并据此建构了领导者在不同危机管理阶段的任务框架。例如，Wooten 和 James 基于危机管理五阶段模型指出，领导者需要在不同危机管理阶段采取相对应的危机领导策略，并据此建构了危机领导力的内涵结构模型；Boin 等提出企业高层管理人员在不同危机管理阶段的十项关键任务。同样的，韧性领导力具有典型情境特征和过程特征，韧性领导者也需要在不同危机阶段，采取相应的管理实践和应对策略来推动危机事件的快速平复、促进企业的恢复和发展。然而，尚未有研究基于危机管理阶段视角和危机生命周期理论，全面揭示韧性领导力的内在演化过程，这不仅难以充分揭示韧性领导力的概念内涵和本质特征，并在一定程度上阻碍了韧性领导力理论研究的发展。第三，危机情境下旅游企业韧性的影响因素和形成机制有待于系统的理论建构。韧性发生在组织中的不同层级和多个主体之间，如领导者韧性、员工韧性、团队韧性和组织韧性等，且不同层级韧性间的相互作用决定了企业整体的韧性表现。其中，领导者是促进"韧性"要素在企业内部扩散的关键主体，能够促成员工个体韧性的成长并实现向团队或组织层面韧性的聚合。在风险社会的背景下，带领员工与危机共舞，促进员工、团队和组织在富有挑战性的环境下保持良好适应性，并促进其实现恢复成长已经成为旅游企业韧性领导者的重要任务。因此，韧性领导力是驱动旅游企业员工韧性、团队韧性和组织韧性的重要因素和关键力量。目前，旅游企业领导者韧性对企业韧性的影响关系已经得到学界的实证检验。例如，Fang 等对地震后小型旅游企业所有者和经理的深入访谈发现，领导者韧性特质能够正向驱动组织韧性，且该路径是通过韧性领导者问题聚焦和情绪聚焦两种应对机制来建立的。Prayag 等针对地震后旅游企业业主和经理的问卷调查指出，领导者的心理韧性和行为韧性对组织韧性具有显著正向影响。然而，尚未有研究对于危机情境下，旅游企业获取韧性成长的过程机制展开系统的理论建构，韧性领导力在企业获取韧性成长中所发挥的影响作用还未得到全面讨论。

因此，本章节将基于危机动态演化的视角，揭示危机情境下旅游企业韧性领导力的驱动前因、内在演化和效用结果，继而归纳旅游企业韧性领导力的动态演化机制。本章节主要围绕以下三个研究问题展开：第一，危机情境下旅游企业韧性领导力是如何驱动和触发的。第二，韧性领导力在危机不同阶段是如何演化和发展的，存在何种生命周期特征。第三，韧性领导力驱动旅游企业韧性存在何种机制、过程和边界条件。据此，本章节的主要目标在于：第一，基于多元危机情境，梳理和建构旅游企业韧性领导力的触发条件和前因驱动过程；第二，结合危机生命周期理论，识别和探索危机情境下韧性领导力的动态演化过程和生命周期特征；第三，归纳和识别旅游企业韧性领导力驱动企业韧性的效应结果和过程机制。本研究将基于刺激—有机体—反应理论框架揭示旅游企业韧性领导力的驱动过程、演化机制和效应结果，这有助于丰富和深化领导力理论研究，并可为旅游企业危机管理提供一套可资借鉴、有章可循的领导策略和管理模式。

第二节　理论基础

一、刺激—有机体—反应模型

刺激—有机体—反应模型（Stimuli-Organism-Response，SOR）来源于心理学的刺激—反应模型（SR 模型），主要用于阐述外在刺激因素对个体行为决策的影响，是揭示个体行为决策的重要基础理论。Mehrabian 和 Russell 在环境心理学的基础上对 SR 模型进行修正，引入有机体要素（O）并构成刺激—有机体—反应模型（SOR 模型），其将内在状态视为个体对外在刺激要素产生行为反应的"黑箱"。在 SOR 模型中，刺激 S 代表引发个体或有机体产生反应的各种刺激因素，既包含有形物体也包含无形介质；有机体 O 代表个体或有机体的内在心理状态，涉及认知评价和情感评估；反应 R 代表有机体接受刺激后的反应。因此，当个体或有机体接收到外部刺激因素时，会促发个体或有机体的认知评价和情感评估，从而影响其表现出接近或避免的行为响应。

由于个体或有机体对外在刺激因素的行为响应具有普适性和共同性，SOR 模型在市场营销、直播购物、服务管理和网络零售等领域得到广泛应用，并在危机管理领域也开始得到关注，具有跨情境、跨领域和跨学科的适用性和稳定性。同时，SOR 模型在旅游和酒店研究领域也被证实具有良好的适用性。例如，Choi 和 Kandampully 基于 SOR 模型，将酒店服务氛围、顾客满意度和顾客参与分别作为刺激要素、有机体要素和反应要素，实证检验了酒店服务氛围对顾客参与的影响作用，并揭示了顾客满意度的中介作用。不仅如此，SOR 模型也在不同研究情境中得到修正和拓展，以此提高对个体或有机体采取特定行为反应的解释力度。其中，企业有机论的观点指出，企业是一个能够充分适应环境变化的有机体组织，企业经营机制是企业有机体的内在机能，并能在生产力和生产关系等因素配置中产生高绩效结果。这表明，可以基于 SOR 模型来探索企业有机体对外在刺激因素的内在状态和行为结果响应。因此，本研究将基于拓展的 SOR 模型探索危机情境下，旅游企业韧性领导力的驱动、演化和效用结果。

二、危机生命周期理论

危机是指发生扰乱实体正常运作、威胁个体身心健康和组织生存状态的计划外事件。危机并不只是一个孤立的偶然事件，它的发生、发展、响应、管理和传播也是一个动态性和阶段性的生命演化过程。其中，危机管理三阶段模型指出，领导者应当在危机前开展风险预防，危机发生时制定合适的应对策略，在危机后制定恢复措施和挽救方案。Fink 提出的危机生命周期理论认为危机事件会经历征兆期、紧急期、延续期和解决期四个阶段，Robert 的研究指出危机事件的生命周期包括事故前、应急阶段、中间阶段和延续阶段。在旅游管理领域，Faulkner 基于危机和灾害管理理论提出了旅游灾害管理框架，认为旅游灾害管理应包括事前阶段、征兆阶段、紧急阶段、中间阶段、恢复阶段和解决阶段。

在危机情境下，领导力可以被理解为是一种集体性和动态性的行动过程，它需要领导者具有强大的感知和理解能力，以便在不同危机阶段制定适当的行动策略带领下属和员工处置危机。换言之，在危机事件发展的不同生命阶段，领导者应当采取差异化危机管理策略和领导策略，以缓解危机造成的负面影响、促进企业从危机中复苏。其中，韧性与危机管理这两个概念具有天然的联系。韧性衍生于危机或逆境，韧性有助于旅游企业识别并应对环境不确定性带来的机遇和挑战，从而促进企业的可持续发展。Prayag 研究也指出，韧性与危机管理这两个概念存在共生关系、具有内在关联，危机管理的目的在于消除或降低危机所带来的威胁和损失，而韧性思维提供了一种与危机管理相辅相成的视角。基于这一理念，Steen 和 Morsut 建构了包括韧性能力、预测能力、监控能力、反应能力和学习能力的危机管理框架，并强调了韧性对于灾害应对和组织恢复的重要性。因此，领导者在危机管理中往往需要表现出韧性相关的魅力特质和行动策略，以带领下属克服危机损失、适应危机冲击、促进企业恢复和发展，因此可从领导者在不同危机阶段的管理行动中归纳出韧性领导力的内涵结构和演化特征。目前，危机生命周期理论也被用于探索领导者在不同危机管理阶段所需要采取的响应策略和管理行动。基于此，本研究将基于危机生命周期理论来探索危机情境下韧性领导力的发展和演化机制。

第三节　研究设计与研究方法

一、研究方法

鉴于尚未有研究系统探索韧性领导力的动态演化机制，国内外研究对此也缺乏成熟的理论假设和相关研究成果，因此需要通过质性研究方法展开理论建构和逻辑演绎。其中，扎根理论是一种典型的质性研究方法，它能够帮助研究者对原始材料和实践现象展开逐步归纳，并立足于经验事实发现概念联系从而建构理论。Martin 指出扎根理论是一种比较科学有效的质性研究方法，因其细致严谨的理论建构过程，能避免实证研究范式下预设性理论模型的限制而得到广泛应用。因此，本研究遵循扎根理论的研究范式来建构和评估危机情境下，旅游企业韧性领导力的动态演化机制。

扎根理论由 Glaser 和 Strauss 首次提出，是在广泛经验资料和经验事实的基础上，寻找、提炼和抽象能够反映社会现象的核心概念，并通过分析这些概念间的逻辑关系自下而上建构实质理论。因此，扎根理论是一个"发现逻辑"而非"验证逻辑"的过程，其基本原则在于避免"先入为主"，鼓励研究者以开放的心态去分析经验资料，具有开放性、动态性、灵活性和有深度等特点。具体来说，扎根理论的分析过程主要包括 3 个层层递进的编码步骤。第一，开放式编码，对所搜集的原始材料和经验资料进行打乱、重组和初步概念化；第二，主轴式编码，对初步概念再次概念化和抽象化；第三，选择式编码，再次进行抽象、归纳和凝练，梳理和甄别出能够"统领"这些概念的主范畴。

本研究先后通过深度访谈、焦点小组访谈和网络文本搜集等多种方式搜集经验资料，而后展开扎根分析。其中，深度访谈是质性研究中搜集原始资料的一种重要方式，包括结构式和半结构访谈两种，通过与受访者的直接交谈了解他们对某一主题的态度、想法和经历。不仅如此，研究小组面向两家旅游企业展开实地考察和焦点小组访谈，获取旅游企业领导者在危机期间展开韧性响应的一手数据资料。还在网上搜集关于危机情境下旅游企业领导者的应对、发言和专访等二手文本材料，以生成丰富的原始经验资料。以上述材料为分析单位，本研究依据 Corbin 和 Strauss 提出的程序化扎根理论方法进行数据编码和分析，探索危机情境下韧性领导力的驱动、演化和效应结果。综上，程序化扎根理论研究的具体方法流程如图4.1所示。

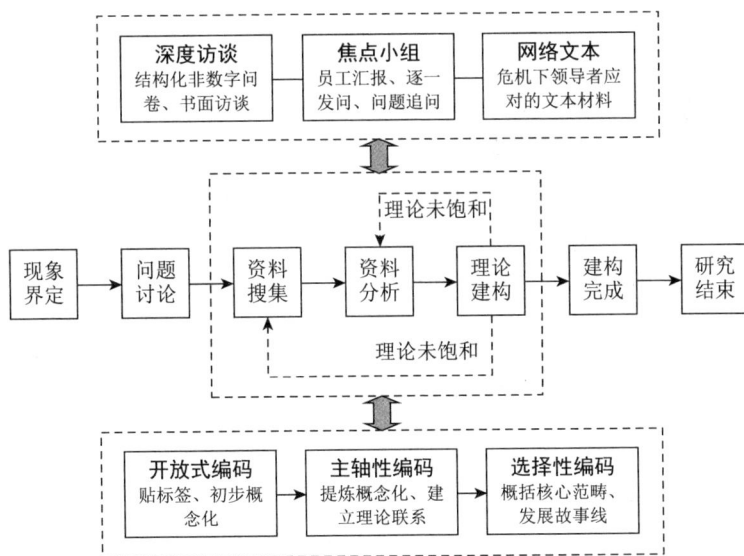

图 4.1　扎根理论研究的方法流程

二、数据来源

本研究通过三个阶段的定性数据采集来探索危机情境下旅游企业韧性领导力的动态演化机制。在第一阶段，以新冠感染疫情危机下的酒店企业中高层领导者作为深度访谈对象采集原始素材和基础资料；在第二阶段，采集典型危机情境下酒店、景区、游乐园、在线旅游平台、旅游集团企业等旅游企业领导者危机应对和韧性响应的网络文本材料；在第三阶段，针对景区、旅行社、游乐园和旅游集团企业的领导者进行深度访谈以获取理论饱和检验的文本素材。

在第一阶段，本研究基于疫情危机情境、对酒店企业中高层领导者进行深度访谈。选取酒店企业作为初始访谈案例对象的原因如下：第一，酒店对产业内部和自然、社会、政治、经济等外部因素的灾难性改变高度敏感，是最容易遭受危机和灾害冲击的旅游企业之一。因此，探索和识别酒店企业领导者对危机事件的韧性响应机制，将成为酒店企业开展有效危机管理策略和危机恢复策略的重要依据。第二，酒店属于典型的科层制企业，酒店各部门职能明确、业务分工明显、整体经营运作协调统一，且各层级领导者均有一定的数量规模，有利于采集到足够的访谈样本。在科层制组织管理模式下，危机事件发生后酒店领导者能够集中资源和权力展开韧性响应，并发挥威权指导、监督和控制员工应对危机事件。第三，酒店涉及住宿、餐饮、娱乐和旅游物业等多元业态和业务，对客服务工作既涉及前台一线服务部门的直接接触，也需要后台二线非服务部门的支持协作。它们既要按照各自的业务要求展开运营操作，又要进行任务协作以实现酒店整体服务绩效的提升。酒店领导者在危机情境下需要采取的韧性领导实践和领导策略较为多元。因此，酒店企业样本相比于其他旅游企业更具有综合性和代表性，选取酒店企业作为案例研究的访谈对象，有助于系统、全面地建构起探索旅游企业韧性领导力的动态演化机制。

第一阶段的访谈对象主要是酒店企业中高层领导者，研究采用了目的抽样和滚雪球抽样相结合的方式选择访谈对象。具体来说，本研究首先邀请酒店高层领导者或身居高位的酒店人力资源经理参与初步访谈，在访谈结束后让他们推荐同事和朋友参与访谈。本研究在初期访谈结束后即对访谈资料进行逐句编码。在对初期访谈资料整理过程中发现，韧性领导力的演化和影响过程中与组织氛围和环境动态性因素紧密相关，继而寻找相关文献以指导和丰富研究框架。同时，研究小组还对福建省两家四星级酒店进行了实地考察，结合非参与式观察和管理者开放式访谈，来识别和建构韧性领导力的动态演化机制。具体来说，研究小组首先观察了案例酒店前厅、客房、餐饮、安保、娱乐和人力等部门在疫情期间的应对管理，之后对酒店核心部门管理者开展焦点小组访谈，并以"管理人员汇报→研究人员发问→焦点问题追问"的方式获得对相关内容的深入理解。

在第二阶段，本研究基于多元危机情境采集旅游企业领导者危机应对策略和韧性响应实践的网络文本资料。为了使研究素材更具有行业代表性和典型性，本研究基于典型危机事件案例在网上采集旅游企业领导者危机应对的发言和专访的文本资料。文本资料的选择标准如下：第一，文字记录翔实全面，具有较高的浏览量，能够比较完整地体现危机情境下旅游企业领导者的韧性响应；第二，所选择的危机事件涵盖自然灾害、新冠感染疫情、暴力袭击、服务失败、卫生问题和设备安全事故等不同类别，以系统揭示多元危机情境下旅游企业韧性领导力动态演化机制；第三，所涉及的旅游企业包括酒店、景区、游乐园、在线旅游平台和旅游集团等不同企业类别，以便全面评估旅游企业韧性领导力的驱动和演化；第四，选取在主流媒体网站或者有影响力作者发布的文本资料，确保所搜集资料的可靠性。在对访谈资料和网络文本资料的数据分析过程中，研究者在资料搜集、数据分析、文献比对三者间不断来回往复，并通过撰写备忘录的形式加强与数据资料之间的互动，提高数据编码和范畴化的质量，厘清初始概念、次范畴与主范畴之间的联系。

在第三阶段，本研究基于新冠感染疫情危机情境，面向多个类别旅游企业的领导者展开验证性访谈，获取研究素材对理论建构的饱和性和有效性进行检验。在面向第一阶段和第二阶段的数据编码和理论建构结束后，本研究面向景区、旅行社、游乐园和旅游集团企业等8名领导者展开验证性深度访谈，以检验理论建构的饱和性。

三、数据搜集

本研究对酒店企业中高层领导者开展访谈调查。由于尚处于新冠感染疫情高发期，面对面的现场访谈可能存在疫情感染的风险，且韧性领导策略和管理实践反映了企业在危机情境下的生存状态和管理现状，对于企业和领导者来说可能是一个比较敏感的话题。因此，与第三章所采用的访谈方法相似，本研究采用了结构化的非数字问卷对领导者展开书面访谈，并依托问卷星平台在线搜集从而降低受访者隐藏真实想法的动机。

深度访谈中以新冠感染疫情引致的危机情境为案例背景展开研究设计。其中，访谈提纲包括与议题直接相关的开放式问题、人口统计学变量和企业基本特征变量。在获得酒店中高层领导者性别、婚姻、年龄、学历、所属部门、职业、平均月收入、工作年限、所在酒店星级概况和出租率恢复情况等基本信息后，让受访者在以下四个开放式问题中作答，包括：（1）在国内新冠感染疫情暴发初期（2020年1月23日—2月20日），自武汉封城开始，您采取了哪些措施来应对疫情带来的冲击和影响？（2）在国内新冠感染疫情持续期（2月21日—5月1日），新冠感染病例零星增长，政府开始提倡有序复工复产，您采取了哪些措施来应对疫情带来的冲击和影响？（3）在国内新冠感染疫情的缓解期（自5月1日后），北京下调疫情等级，酒店业恢复速度开始加快，您采取了哪些措施来应对新冠感染疫情带来的冲击和影响？（4）面对新冠感染疫情给酒店经营带来的危机，您采取的哪些措施最有效？为确保有足够原始资料进行编码分析和理论建构，本研究在第一阶段累计邀请了60名酒店中高层领导者参与书面访谈，平均访谈作答时长超过30分钟，样本特征如表4.1所示。

表4.1 韧性领导力动态演化机制的访谈样本

	类别	频率	百分比（%）		类别	频率	百分比（%）
性别	男	27	45.0	所属部门	前厅部	4	6.7
	女	33	55.0		餐饮部	2	3.3
婚姻	已婚	55	91.7		客房部	4	6.7
	未婚	5	8.3		康乐部	1	1.7
酒店星级	三星级酒店	12	20.0		保安部	2	3.3
	四星级酒店	30	50.0		厨房	1	1.7
	五星级酒店	18	30.0		财务部	1	1.7

续表

类别		频率	百分比（%）	类别		频率	百分比（%）
年龄	20~29 岁	1	1.7	所属部门	销售部	9	15.0
	30~39 岁	25	41.7		工程部	2	3.3
	40~49 岁	28	46.7		人力部	15	25.0
	50~59 岁	6	10.0		其他	19	31.7
职位	总经理	11	18.3	酒店出租率恢复比例	0~10	2	3.3
	总监	22	36.7		10~20	7	11.7
	部门经理	18	30.0		20~30	13	21.7
	主管	9	15.0		30~40	12	20.0
月收入	2500 元及以下	1	1.7		40~50	8	13.3
	2501~5000 元	11	18.3		50~60	4	6.6
	5001~10000 元	25	41.7		60~70	5	8.3
	10001~20000 元	14	23.3		70~80	7	11.7
	20001 元及以上	9	15.0		80~90	2	3.3
学历	初中	3	5.0	从业年限	1~3 年	4	6.7
	高中 / 中专	8	13.3		3~5 年	1	1.7
	专科	17	28.3		5~10 年	8	13.3
	本科及以上	32	53.3		10 年以上	47	78.3

在书面访谈资料分析的基础上，本研究发现韧性领导力的驱动演化过程与危机事件影响、组织氛围和环境动态性等因素紧密相关，继而开展实地考察和焦点小组访谈以获得更多数据资料丰富理论模型。关于焦点小组访谈的提纲围绕以下几个问题展开：（1）新冠感染疫情对酒店的影响主要表现在哪几个方面？（2）在国内新冠感染疫情发展的不同阶段，酒店领导者分别采取哪些策略来应对？（3）酒店领导者所采取的应对策略对员工、部门和企业整体有何影响？上述所有访谈问题经由 2 名教授和 4 名博士生组成的专家小组讨论后形成，能够引导受访者阐述他们对相关议题的态度、想法和经历。在经过受访对象的知情同意后，研究人员对 2 次焦点小组访谈全程进行录音，累计录音时长超过 2 小时，逐字转录后约有 3 万字的文本数据。

经由专家小组讨论后，本研究选取 2006 年香港迪士尼拒客风波、2010 年深圳东部华侨城太空迷航事故、2013 年东方之星沉船事故、2016 年北京如家和颐酒店女子遇袭事件、2017 年九寨沟地震、2017 年拉斯维加斯枪击事件、2018 年五星酒店卫生门事件以及 2019 年新冠感染疫情危机下携程、同程艺龙、途家和上航旅游集团作为典型危机应对案例展开网络文本搜集。目前，百度新闻是全球最大的中文新闻搜索平台，新闻源包括了全国 500 多个权威网站，平台信息来源广泛、质量可靠且内容丰富。因此，本研究以"公司 CEO/ 领导者 + 危机事件 + 规划 / 应对 / 指导 / 控制 / 关怀 / 恢复 / 成长 / 管理 / 响应"等作为关键词在百度新闻上进行搜索，并在旅游企业的官网补充查找相关的文本资料以形成案例数据库。数据搜集具体情况如表 4.2 所示，其中所搜集到的 11 个危机案例资料约有 16 万字，平均每个案例超过 1 万字，涉及多种危机类型和旅游企业类型。

表 4.2　典型危机案例数据情况

危机事件	旅游企业	数据类型	资料数量	字数
新冠感染疫情危机	携程、同程艺龙、途家和上航旅游集团	领导者发言、企业应对制度、领导者专访、新闻报道、杂志报道、署名文章等	43 篇	约 8 万
五星级酒店卫生门事件	璞麗酒店、康莱德酒店、香格里拉酒店、希尔顿酒店等	微博发言	15 篇	约 0.3 万
拉斯维加斯枪击事件	美高梅集团	新闻报道、杂志报道	5 篇	约 0.6 万
九寨沟地震	九寨沟景区、大九寨旅游集团	新闻报道、微博发言	7 篇	约 0.8 万
如家和颐酒店女子遇袭事件	如家集团	新闻报道、微博发言、领导者专访	7 篇	约 1.6 万
东方之星沉船事故	重庆东方轮船公司、人民健康保险公司等	领导者发言、领导者专访、新闻报道	5 篇	约 1.1 万
东部华侨城太空迷航事故	东部华侨城	领导者发言、领导者专访、新闻报道	11 篇	约 2 万

危机事件	旅游企业	数据类型	资料数量	字数
香港迪士尼拒客风波	迪士尼乐园	领导者发言、领导者专访、新闻报道	13篇	约1.5万

四、研究伦理和信度

本研究在深度访谈中严格遵守质性研究的伦理准则，在访谈开始前详细告知研究主题和研究目的，并强调访谈结果仅作学术之用，不涉及任何利益冲突，充分保证受访者的知情权和匿名权。同时，危机案例是在百度新闻和旅游企业官网中获取，所发布的信息都是明确授权开放和免费使用的。因此，本研究符合伦理原则。

本研究采用三角互证法和同行评论两种方式来提高数据编码的信度。其中，三角互证法是指研究者对同一研究议题运用从不同原始资料、数据搜集方法、研究对象或理论观念对得来的结果进行比较，确保数据分析结果的有效性。本研究采用了多种资料来源、研究对象和理论观念进行三角验证。本研究首先面向酒店各部门中高层领导者展开深度访谈，之后以具体案例酒店展开实地考察和焦点小组访谈，最后在网上搜索关于旅游企业韧性领导力的典型案例资料。在数据编码过程中，由两名研究人员，一名具有领导力研究背景，一名熟悉扎根理论研究方法，各自对原始数据和编码集的归类和范畴化过程进行归纳总结和文献比对。具体来说，一名研究人员先对原始资料进行编码、归类和提炼，另一名研究人员以封闭式的问题（同意或不同意）进行反馈，并针对二者的分歧展开讨论以提高编码和分类的效度。最终，两名研究人员在编码和分类的一致率超过90%，表明数据编码过程具有较高可靠性。此外，研究团队以研讨会的形式对从数据编码到理论建构的过程进行多次论证，并邀请同领域专家研讨以确保数据编码的有效性和理论建构的严谨性。

第四节　数据分析

一、开放式编码

开放式编码是指将原始资料中出现的词语、句子和段落进行初步概念化和抽象化，并通过持续性的比较和归类，使质性资料中的观点和意义浮现出来，进而发现范畴的过程。遵循"定义现象—发展概念—发掘范畴"的分析逻辑，本研究在开放式编码阶段利用贴标签的方式标注出与韧性领导力驱动、演化和效应结果相关的词语、句子和段落，并在此基础上进行初步概念化和抽象化。最终，本研究提炼出1810个初始概念标签，通过对这些标签进行细化凝练和归类处理，并基于概念标签间的类属关系抽象聚合成71个次范畴。开放性编码过程举例如表4.3所示。

表4.3　开放式编码：初步概念化和范畴化举例

访谈或网络文本资料	初始编码标签	次范畴
M6：香港迪士尼农历新年爆满，面对开幕以来最大危机（a1）	a1. 开幕以来最大危机	严重性
M1：当新冠病毒确定"人传人"消息发出后，我们不得不正视这将会是一场恶战（a2）	a2. 一场恶战	
M5：由于受到疫情影响，国内和国际旅游行业从今年2月以来就受到不少影响（a3）	a3. 国内和国际旅游行业遭受影响	旅游行业冲击
M1：旅游行业为全球贡献了超过10%的GDP，但在疫情中却成为受影响最大的行业之一（a4）	a4. 旅游行业受影响最大	
I62：由于疫情影响加上香港封关深圳基本无流动人员（a5）	a5. 旅游客源缺乏	
M7：景区安全管理部门应针对自然灾害多发期制定周全、合理的安全保护措施（a6），并配合各级旅游行政部门，针对景区可能遭受的自然灾害制定科学的、周密的紧急救援预案（a7）！确定周边最近的可用避灾场所！（a8）	a6. 预先制定安全保护措施 a7. 制定紧急救援预案 a8. 确定可避灾场所	应急规划
I36：酒店……制订应急预案（a9）和防疫操作流程，采购防疫物资，保障员工和宾客的安全	a9. 制定应急预案	

续表

访谈或网络文本资料	初始编码标签	次范畴
F60：与员工同甘共苦（a10），团结并关心员工，让他们在疫情期间坚持下来	a10. 与员工同甘共苦	角色示范
M1：我下了飞机，马上就想到南通分公司，去第一线，跟我们员工站在一起（a11）	a11. 与员工在第一线	
M1：孙洁对未来依旧充满信心（a12）。她表示，虽然短期会对一个季度、两个季度的收入有影响，但她认为未来旅游业会有报复性的增长（a13）	a11. 对未来充满信心 a12. 会有报复性增长	市场恢复信念
M10：消费者对美好生活的向往不会变（a14），长时间宅在家里，复工复产后大多数是两点一线的工作生活方式太单调（a15），很多人想出去散散心（a16）	a14. 向往美好生活 a15. 工作方式太单调 a16. 想出去散散心	
G1：员工敢打硬仗（a17）、随叫随到（a18），我们员工也在配合领导工作（a19）	a17. 敢打硬仗 a18. 随叫随到 a19. 配合酒店领导者	适应力
M5：鉴于海外市场开放遥遥无期（a20），跟团需求被进一步抑制（a21）	a20. 市场开放遥遥无期 a21. 跟团游需求被抑制	发展环境利空
F47：大环境不好，行业竞争更激烈（a22），恶性循环（a223）	a22. 行业竞争激烈 a23. 市场竞争恶性循环	

注：原始资料的开放编码内容较多，因篇幅所限仅呈现部分表格。

二、主轴式编码

主轴编码旨在对开放性编码生成的次范畴进行归类和提炼，寻求、发现并建立范畴间的理论联系。本研究主要根据因果、所属和并列等逻辑关系建立次范畴间可能存在的理论联系，进而实现次范畴归类和主范畴命名。因此，在对71个次范畴进行再次范畴化、提炼、归纳和聚合的基础上，最终得出6个主范畴，即危机事件、危机影响评估、韧性领导力、领导者赋能导向、企业韧性以及组织和环境因素。各主范畴与次范畴间的逻辑关系以及各范畴间的关系结构如表4.4所示。

表 4.4　主轴式编码

次范畴		再次范畴化	主范畴	联结
A1. 受害型危机	A3. 可预防型危机	危机类型	危机事件	刺激因素 S（危机事件驱动韧性领导力的前提条件和发生情境）
A2. 意外型危机				
A4. 严重性	A6. 不可控性	危机特征		
A5. 不可预见性	A7. 未知性			
B1. 经济环境下行	B2. 社会环境巨变	宏观影响评估	危机影响评估	中介因素 A（危机影响评估是驱动韧性领导力的中介过程和先期表现）
B3. 旅游行业冲击	B5. 旅游行业停滞	中观影响评估		
B4. 旅游行业损失	B6. 旅游形象冲击			
B7. 顾客身心冲击	B10. 企业股价下跌	微观影响评估		
B8. 企业绩效冲击	B11. 企业品牌受损			
B9. 企业生存压力				
C1. 应急规划	C3. 安全培训	变革规划	韧性领导力	状态因素 O（韧性领导力伴随着危机事件的发展呈现出不同的演化状态）
C2. 资源保障	C4. 洞察前瞻性			
C5. 应急处置	C7. 灵活应变	即兴应变		
C6. 积极应对	C8. 关注风险形势			
C9. 角色示范	C11. 团结凝聚	适应性指导		
C10. 统一指挥	C12. 信息共享			
C13. 制度管理	C15. 责任追究	权变控制		
C14. 监督检查				
C16. 关怀员工	C18. 社会关怀	应急关怀		
C17. 关爱顾客	C19. 应急沟通			
C20. 恢复企业经营	C23. 统筹调整与恢复	调节恢复		
C21. 恢复员工工作士气				
C22. 成本控制	C24. 制订恢复计划			
C25. 关注员工成长	C27. 创新培育	共同成长		
C26. 领导者成长	C28. 转型升级			

续表

次范畴		再次范畴化	主范畴	联结
D1.工作责任感	D2.企业危机责任	责任感赋予	领导者赋能导向	中介因素E（赋能导向是评估旅游企业韧性领导力有效性的个体心理中介过程）
D3.市场恢复信念	D5.企业成长信念	信念感赋予		
D4.危机度过信念				
D6.企业发展使命	D7.企业发展愿景	使命感赋予		
E1.员工抵抗力	E4.员工恢复力	员工韧性	企业韧性	结果因素R（企业韧性是韧性领导力作用结果）
E2.员工适应力	E5.员工成长力			
E3.员工支持力				
E6.团队能力跃进	E7.团队情感融洽	团队韧性		
E8.组织绩效恢复	E10.品牌资产提升	组织韧性		
E9.组织创新成长				
F1.发展环境利好	F3.市场环境新趋势	环境机会	组织和环境因素	调节因素M（组织和环境因素强化或削弱韧性领导力的驱动、演化和作用结果）
F2.危险与机遇共存				
F4.疫情感染风险	F6.旅游资金风险	环境风险		
F5.旅游项目风险	F7.发展环境利空			
F8.组织学习氛围		组织氛围		

三、选择式编码

选择式编码是指依据各主范畴间的逻辑关系和理论联结，挖掘出能够统领和概括各主范畴的核心范畴，发展出能够串联整个现象的故事线，并能够运用原始资料、所发展出的初步概念、次范畴和主范畴来细致解释该现象。核心范畴是对主范畴的高度概括和总结，本研究参考了Deery等学者的"聚合模型"来识别核心范畴，并发现危机事件、危机影响评估、韧性领导力、领导者赋能导向、企业韧性、组织和环境因素6个主范畴可由"韧性领导力的动态演化机制"这一核心范畴来概括和统领。其中，危机事件是驱动韧性领导力的前提条件和发生情境，危机影响评估是驱动韧性领导力的中介过程和先期表现；韧性领导力伴随着危机事件的发展呈现出不同的演化状态；赋能导向是评估韧性领导力有效性的个体心理中介过程，企业韧性是韧性领导力作用结果；而组织和环境因素强化削弱或优化调整了韧性领导力的驱动、演化和作用结果。综上，旅游企业韧性领导力动态演化机制的典型关系结构如图 4.2 所示。

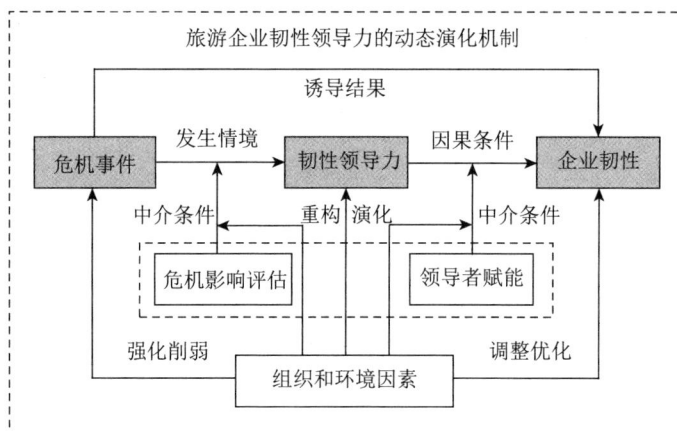

图 4.2　核心范畴的聚合模型

四、理论饱和检验

当所搜集的原始资料不再产生新的理论范畴后，即可判断定性分析结果基本达到理论饱和，也可不再继续搜集其他经验数据进行编码分析和理论建构。因此，研究者在编码分析和理论建构结束后，还重点面向 4 名旅游景区领导者、2 名旅游集团企业部门经理、1 名旅行社总监和 1 名游乐园主管等 8 名旅游企业领导者展开深度访谈。这 8 名领导者在旅游企业的人均工作年限超过 4 年，在新冠感染疫情期间带领员工和下属共同应对危机，并取得了良好的应对成效。本研究基于所获得访谈材料检验韧性领导力动态演化机制建构的理论饱和性，部分编码分析结果如下。

旅游集团企业领导者 A：疫情期间，我们积极响应号召，尽量减少人员聚集（C13 制度管理），只留极小部分人员值班，暂停营业（C5 应急处置），支付停职人员基本生活费（C16 关怀员工），尽量减少开支（C22 成本控制）。

但成效有限，企业经营还很困难（B8 企业绩效冲击）。领导者应当有耐心和韧性，具备抗压能力、综合协调能力和开拓创新能力（C26 领导者成长）。疫情持续时间长（A6 不可控性），需要领导者保持良好的心态（C6 积极应对），耐心等待复苏机会（C8 关注风险形势）。具体来说，很多前所未有的考验（A7 未知性），需要领导者有韧性，有抗压能力。面对现实存在的企业内部（B8 企业绩效冲击），外部种种问题（F7 发展环境利空），需要领导者具有综合协调能力，才能带领企业走出困境（C23 统筹调整与恢复）。要摆脱困难，唯有不断开拓创新（C27 创新培育），寻找适合自己企业发展的道路（C24 制订恢复计划）。针对带领下属，领导者要实事求是地把企业面对的困难告诉大家（C19 应急沟通），把员工的思想统一到企业经营管理层面（C10 统一指挥），共同面对（C9 角色示范）。抗压能力不足的员工酌情劝退（E1 员工抵抗力），能够留下来的适当照顾，保证企业和家庭能够存活（C16 关怀员工）。此外，及时掌握骨干员工思想动态（C16 员工关怀），调整工作任务，优先考虑完成力所能及的工作任务（C23 统筹调整与恢复），发挥骨干员工的主观能动性（E2 员工适应力）。鼓励员工开动脑筋（C25 关注员工成长），争取一切机会，争取现金流（C20 恢复企业经营）。关心员工及家人（C16 关怀员工），及时了解掌握员工的实际情况（C19 应急沟通）。下达一定的任务指标，给每位员工一定的工作任务（C14 监督检查）。稳定企业经营局面（C20 恢复企业经营），尽量减少对基层一线的冲击（B7 顾客身心冲击）。内部经营压力要消除（B8 企业绩效冲击），外部疫情压力要化解（F4 疫情感染风险）。只有企业领导者自己有足够的韧劲，才能带领企业坚守下去（C26 领导者成长）。

游乐园领导者 B：积极响应国家政府部门各项疫情防控要求，在疫情高峰阶段采取闭园措施（C5 应急处置），全体员工采取每日监控体温以及出行轨迹监管（C5 应急处置）。每日针对各场所、员工生活区域进行定时消杀（C5 应急处置）。在疫情恢复阶段开园运营（C20 恢复企业经营），游客入园量、项目承载量严格执行最大接待量的 50%~75%（C24 制订恢复计划），制定各项疫情防控常态化制度（C1 应急规划）。针对入园游客执行"三查一戴"，即查实名制、查绿码、查体温、戴口罩等举措（C5 应急处置）。园区各项目、各入口执行间隔排队、体验全程佩戴口罩引导提示（C5 应急处置）。园区免费提供各类消杀用品，如 75% 消毒酒精、免洗洗手液等（C17 关爱顾客）。员工上岗执行体温检测，佩戴口罩，确认无异常后方进入工作区域（B8 制度管理）。结合疫情防控情况，开展针对性疫情防控演练（C3 安全培训），强化员工疫情防控意识（C1 工作责任感）。全员开展核酸检测，积极申请疫苗接种工作推进（C6 积极应对）。针对室内场所项目，执行户外排队模式，体验中执行隔坐体验（C24 制订恢复计划）。闭园期间，园区无法营收时（B8 企业绩效冲击），执行节能降耗等措施，减少一切成本开支（C22 成本控制）。恢复运营后，采用各项政策，如年卡优化政策吸引客群（C24 制订恢复计划）。园区执行各项防疫措施至今，无一起感染病例，各级政府部门现场防疫检查，给予肯定（E10 品牌资产提升）。恢复运营期间，客流对比往年明显下降（B8 企业绩效冲击），虽采取各项政策，但大环境影响（F7 发展环境利空），营收下滑明显（B8 企业绩效冲击）。领导者应当实时关注国家疫情防控形势（C8 关注风险形势），针对企业能及时做好相关部署及调整（C23 统筹调整与恢复）。在疫情防控阶段，要懂大局，明职责，严格开展各项防疫措施（C13 制定管理），从专项疫情防控经费到落地，全程跟踪（C14 监督检查）。同时，不间断组织专题会议，研讨及落实各项疫情期间的工作部署（C23 统筹调整与恢复）。计划性前置（C1 应急规划），结合当下疫情问题，重新调整企业整体运营方向及思路（C28 转型升级）。在客流减少情况下（B8 企业绩效冲击），减少内耗，保障现金流（C22 成本控制）。稳定员工及思想实时做好调整，稳定骨干员工及管理干部，开展各项思想交流及座谈（C19 应急沟通）。提出更高的职责要求（D1 工作责任感），提升高度以及觉悟（D6 企业发展使命）。明确和宣导公司思路及方向（C19 应急沟通），做到统一思想（C10 统一指挥）。鼓励成长（C25 关注员工成长），组织开展内部学习及线上培训（F8 组织学习氛围）。信息宣导及时，掌握公司第一时间信息（C19 应急沟通）。树立企业责任（D2 企业危机责任），稳定整体企业发展（C20 恢复企业经营），保障人才稳定，建立员工信心及决心（D4 危机度过信念），明确未来方向及思路（C24 制订恢复计划）。

通过对这些访谈资料的编码分析发现，扎根理论分析结果并未得到关于旅游企业韧性领导力动态演化机制的新主范畴，也无法对现有的次范畴进行补充和拓展。由此可见，本研究判断扎根理论分析的结果基本达到饱和状态，所建构的旅游企业韧性领导力动态演化理论模型已经达到饱和状态。

第五节　研究发现和理论建构

基于拓展的 SOR 理论模型，本研究建构了旅游企业韧性领导力动态演化机制模型。如图 4.2 所示，本研究将旅游企业视为有机体，并对危机事件、危机影响评估、韧性领导力、领导者赋能导向、企业韧性成长、组织和环境因素六个主范畴的内涵及其相互作用关系进行描述，以此阐述危机情境下旅游企业韧性领导力的驱动、演化和作用机制。

一、危机事件刺激（S 模块）

根据 SOR 理论模型，刺激泛指能够引发有机体产生内在状态和行为反应的内外部情境要素。鉴于韧性衍生于对危机或逆境的积极适应和动态响应，强调个体或有机体成功抵御危机、战胜逆境、恢复稳定甚至从中实现成长与发展。因此，由危机类型和危机特征所构成的危机事件情境是催生韧性领导力状态和旅游企业韧性成长的原始动力。Coombs 研究指出，企业面临的危机类型可以划分成受害型危机、意外型危机和可预防型危机三类。旅游企业需要承担的危机责任在受害型危机中最低，意外型危机次之，可预防型危机最高，因此旅游企业应当根据不同危机责任采取最优的应对策略。

本研究所选择的危机案例均包含了上述三种危机类别，如"新冠感染疫情""九寨沟地震""东方之星游轮倾覆"等属于受害型危机，如"东部华侨城太空迷航事故""拉斯维加斯酒店枪击事件"等属于意外型危机，如"酒店卫生门事件""如家和颐酒店女子遇袭事件""香港迪士尼拒客风波"等属于可预防型危机。旅游企业领导者在不同危机类别下采取了差异化的应对策略。

例如，在酒店卫生门事件等可预防型危机下，领导者第一时间"重视此事"，并"向公众道歉，将对所有员工进行培训"，接下来会"确保卫生制度落实"，并承诺一如既往地"保障客人的安全与健康"（M3 酒店卫生门事件案例）。而在拉斯维加斯酒店枪击事件等意外型危机下，领导者"对上千名受害者提起诉讼，以避免任何形式的法律责任和经济赔偿"（M2 拉斯维加斯枪击事件案例）。此外，不同危机类型对旅游企业造成的冲击和影响存在差异。例如，新冠感染疫情是"突如其来的"，会让"整个旅游行业陷入绝境"，影响会"扩大至全国"，谁也不知道"要持续多久"（M11 途家案例）。危机结果的严重性、危机爆发的不可预见性、危机事件的未知性以及危机发生的不可控性塑造了危机冲击性情境，促使旅游企业领导者迅速展开应对、寻求生存和恢复发展。正如在原始材料中描述道，"但自新冠感染疫情暴发以来，旅游、餐饮、批发零售等多个行业受到了严重冲击……这一整个冬天都从未停止忙碌。他们所在的同程集团在应对疫情的同时，已经积极展开自救转型"（M5 同程艺龙案例）。谢晓非等和温芳芳等学者从严重性、可能性、未知性和不可控性等维度来评估个体对危机事件的风险认知，这也表明本研究对危机特征范畴提取的合理性。综上，危机类型反映了基础性的危机责任情境，危机特征体现了紧迫性的危机冲击情境，二者共同塑造的危机情境激活了韧性领导力状态并驱动了企业韧性成长。

二、韧性领导力状态（O 模块）

在 SOR 模型中，有机体内在状态作为连接刺激要素与行为反应的重要载体，是刺激要素发挥行为和结果影响的中间状态。在企业有机体中，企业经营体制和领导管理机制反映了企业的内在机能，也是企业对外部危机事件刺激的内部状态响应。由于危机和危机管理存在不同的发展阶段，韧性领导者在不同阶段中所呈现的管理策略和任务要素是存在差异的。如表 4.5 所示，综合 Fink 的危机四阶段生命周期、Robert 的灾害管理四阶段以及 Faulkner 的旅游灾害管理框架，本研究将危机生命周期划分成事故前、征兆期、紧急期、中间期、延续期和解决期 6 个阶段，并据此呈现韧性领导力的内在演化过程。

在事故前，领导者应当展开风险评估，预设潜在危机的发生原因和影响结果，并可通过开展安全培训、制定应急预案、准备应急资源等方式避免危机事件的发生，降低危机可能造成的威胁。在该阶段，旅游企业领导者展开了变革规划和预防管理，通过预先制定的应急管理规划和危机战略体系有效地把控了企业危机管理方向，并在风险评估、资源保障、风险预判和风险洞察的基础上，促进旅游企业抗风险能力和员工危机应对能力的提升。正如原始资料中所提到的，"旅游业遇到系统性风险时，抗风险能力很弱……拥有一整套完整的 SOS 预警机制，当发生危机事件时，可以快速响应"（M1 携程案例），而"此前的员工培训在这次紧急事件中起到了作用……每个员工都可以通过热线系统即时反馈投诉，有序地为需要帮助的游客提供服务"（M2 拉斯维加斯枪击事件案例）。可见，变革规划是领导者响应危机事件的起点，它在事故前提高了旅游企业对危机的抵抗能力。在征兆阶段，潜在危机诱因的渐变和量变促使危机变得不可避免，领导者应当成立危机应对小组，积极展开应对、动员和处置等系列响应策略。旅游企业领导者在该阶段展开了即兴应变，通过应急处置、积极应对、灵活应变并不断关注风险形势等全面认知并正视危机事件，试图将危机扼杀在萌芽阶段。例如，酒店领导者"成立防控新型冠状病毒感染肺炎领导小组，全面负责酒店疫情防控工作……负责酒店消毒物资的采购……新型冠状病毒感染防控措施"（F57 访谈）。旅游企业领导者的即兴应变为后续的危机应对和影响控制提供了响应基础。在紧急阶段，危机全面爆发并威胁到企业的生存发展，企业领导者应当采取紧急救援、医疗供给和通信保障等行动，降低或控制危机负面影响。在该阶段，旅游企业领导者既注重通过角色示范、团结凝聚、统一指挥和信息共享的方式为员工开展危机应对提供适应性指导，还通过制度管理、责任追究、权变奖励和监督检查的方式控制和管理员工的危机行动、确保危机响应成效。例如，酒店领导者在访谈中提出，要做到"严格落实各项防疫措施……检查和登记酒店所有员工的动向和身体状况"（F54 访谈）"继续执行政府的指导政策"（F43访谈），也要做到"信息及时公布"（F54 访谈）"全面做好疫情防控的指导"（F29 访谈），以促进企业绩效的"逐步恢复"（F11 访谈）。适应性指导和权变控制是推动旅游企业渡过危机的基础保障，并有助于危机后旅游企业的恢复和发展。

在中间阶段，企业应急管理应当统计危机造成的负面影响，并通过提供必要的服务和设施满足受影响群体的短期需求。因此，旅游企业领导者在该阶段充分展示了应急关怀，即关怀、尊重和理解员工的需求，关爱顾客和回馈社区，并与员工、顾客、社区和国家等利益相关主体展开关系维护和应急沟通。具体来说，酒店领导者在新冠感染疫情期间"响应国家号召居家隔离，（让）外地员工安心在家待岗，酒店发放待岗员工生活补贴工资（F34访谈），协助社区街道做好相关工作，做到防疫措施完善，给客人安心的入住环境（F48访谈）"。应急关怀是旅游企业领导者满足受影响员工或他人短期需求和心理需求的重要方式。在延续阶段，需要对危机造成的冲击性影响展开长期恢复，既包括企业生产经营秩序的恢复，也包括员工心理层面的恢复。为此，旅游企业领导者通过成本控制、恢复企业经营、制订恢复计划、恢复员工工作士气和统筹调整与恢复等来恢复和重建旅游企业的经营秩序、帮助员工消除心理阴影。例如，"为重振三亚旅游业，3月22日，携程集团总部高层一行到访三亚，探讨疫后三亚市旅游复兴、智慧旅游等相关合作事宜"，并在"新的复苏计划中，（已经）把'旅游乡村振兴'提升至公司战略层面……以为行业复苏做充足准备"（M1携程案例）。调节恢复是推动旅游企业经营秩序正常化的重要基础，也是危机后旅游企业实现恢复和发展的关键任务。在解决阶段，领导者应当对危机处置过程展开分析和总结，建立新常态并致力于危机管理能力的提升。因此，旅游企业领导者在该阶段通过"不断完善"和"不断锤炼"的方式鼓励员工和自身从危机应对中得到成长，并通过"开展产品创新活动""推出BOSS直播""尝试新业务的拓展"等创新培育计划推进企业的转型升级（M1携程案例），培育旅游企业的动态适应能力和危机抵抗能力，从而实现旅游企业的韧性成长。

因此，基于危机生命周期理论，韧性领导力是由规划力、应变力、指导力、控制力、关怀力、恢复力和成长力7个维度构成的生命周期模型，分别对应了变革规划、即兴应变、适应性指导、权变控制、应急关怀、调节恢复

和共同成长 7 个任务要素（如图 4.3）。由于不同韧性领导力的维度分别对应
危机管理的不同阶段，由此呈现出动态演化和循环往复的生命周期特征，并
能够在危机情境下帮助旅游企业员工、团队和组织成功抵御风险、战胜逆境、
恢复平衡，甚至实现韧性成长。此外，Wooten 等也基于 Mitroff 和 Pearson 的
危机管理五阶段模型指出领导者在不同危机管理阶段应当采取不同的领导实
践和领导策略。其中，在危机信号侦测阶段，观点获取和意义建构是领导者
的重要任务；在危机预防阶段，问题陈述、组织敏捷性和创造性是领导者的
关键策略；在危机控制阶段，决策、沟通和风险承担是领导者的核心行为；
在危机恢复阶段，领导者应当尝试提高组织韧性；在危机学习阶段，领导者
的学习取向有助于促进企业从危机中繁荣。这表明，从危机生命周期理论的
视角建构韧性领导力内涵和演化特征具有一定的合理性。此外，朱瑞博基于
危机生命周期理论指出领导者的公共危机管理能力在危机前表现为预警识别
力，在危机中是由迅速决策力、信息沟通力和资源配置力构成的快速反应力，
在危机后表现为学习反思力。这与本研究所建构的韧性领导力演化特征具有
一定的吻合之处，说明了本研究范畴提取和命名的合理性。

表 4.5　危机生命周期、企业管理策略与韧性领导力要素

危机阶段	Faulkner's（2001）旅游灾害管理框架	Fink's（1986）危机四阶段生命周期	Robert's（1994）灾害管理四阶段	韧性领导者任务要素	韧性领导力要素
事故前	风险评估，预设潜在灾害的影响，制订灾难应急计划	—	可以采取行动避免灾难的发生，制订计划减少潜在灾难的冲击	变革规划	规划力
征兆阶段	成立应对小组，展开应对、动员和行动	危机变得不可避免，潜在危机诱因开始渐变和量变	—	即兴应变	应变力
紧急阶段	指导救援，控制影响，提供医疗供给，保障通信系统	危机爆发，威胁到企业生存发展，主要目标在于降低危机损失	灾难的影响已经开始出现，需采取行动保护人和财产的安全	适应性指导与权变控制	指导力和控制力

危机阶段	Faulkner's（2001） 旅游灾害管理框架	Fink's（1986） 危机四阶段生命周期	Robert's（1994） 灾害管理四阶段	韧性领导者任务要素	韧性领导力要素
中间阶段	损害统计，清理修复，调整媒体传播策略	—	满足受影响人的短期需求，提供必要的服务和设施	应急关怀	关怀力
延续阶段	重新建设和重新评估，对灾害的冲击性影响展开长期恢复	清理、总结、自我分析和治愈治疗	长期恢复和调整，如修复设施、改进环境、吸引投资和改进管理	调节恢复	恢复力
解决阶段	分析和总结	提高危机管理能力，建立新常态	—	共同成长	成长力

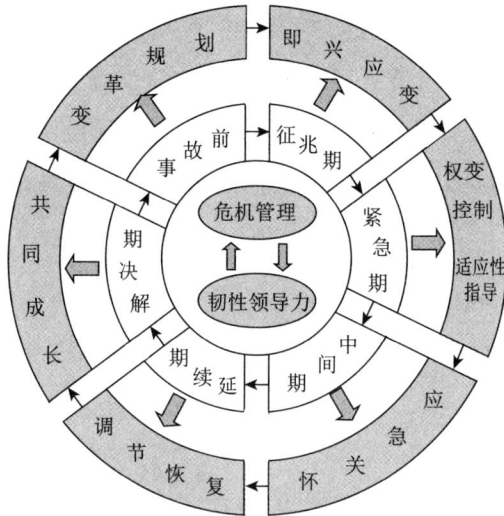

图4.3 旅游企业韧性领导力演化的生命周期模型

三、企业韧性反应（R 模块）

结合 SOR 模型，反应是指企业有机体在接收外部刺激因素后，最终表现出接近或避免的反应结果。危机事件发生所塑造的冲击性情境对于旅游企业具有综合性影响，其在给旅游企业生存发展造成威胁的同时，也为其转型升级、效能强化、产品优化和市场开发等不同方面带来积极影响。此外，旅游企业韧性领导力能够抵御和适应危机或不利情境，甚至获得成长和发展。因此，旅游企业能够对危机刺激因素产生积极的结果反应，领导者能够在危机应对中寻求转机，实现企业的复苏发展和韧性成长。

危机情境下旅游企业韧性成长涉及员工、团队和组织三个层面，具体表现为员工韧性、团队韧性和组织韧性，它们是旅游企业在危机事件和韧性领导力共同作用下的结果反应。员工韧性表现为员工对危机的抵御抵抗、积极适应、协作应对和抗逆复原，并最终从逆境中实现恢复和茁壮成长，涉及抵抗、适应、支持、恢复和成长等要素。具体来说，员工在危机情境下展示了"良好的抗压能力""积极乐观的心态""良好的身体素质"（G2 焦点小组），能够"敢打硬仗、随叫随到"（G1 焦点小组），甚至"不景气的情况下，仍能坚守"（G1 焦点小组）。换言之，危机塑造并强化了员工识别和抵御风险因素的能力，继而使员工在危机情境下保持理性思考、乐观心态和坚韧素质。员工的适应力在危机发生后就自然呈现出来，具体表现为员工根据复杂多变的危机情境进行自我调整和工作适应。正如在原始材料描述到，"当我们听到疫情的时候，首先员工就冲在第一线，很多员工的孩子那个时候都没人照顾，（员工）抱着孩子在接电话，非常感人"（M1 携程案例），"员工在接到公司指令后很快返回公司，放弃与家人团聚，坚守工作岗位至大年初二，始终无怨无悔"（M10 上航旅游集团案例）。此外，危机事件也促使员工与同事、领导者展开资源交换和任务协作，正如访谈中所提及（G1 焦点小组），要"齐心协力，团结和谐，互相尊重……配合领导抗疫"。员工也能够在成功应对危机后实现恢复和成长。其中，员工的恢复力主要表现为恢复工作状态，如"正常为客人提供服务、正常出勤、坚守岗位"，和恢复工作信心等，如"坚定信心、良好心态、更加珍惜岗位"（G1 焦点小组）。而成功应对危机后会使得员工在服务技能、专业技能、专业知识和职业素质等方面得到提升和增强。例如，员工在危机期间"尽最大努力提高工作质量和工作效率……提高了员工的消防技能和安全意识"（G2 焦点小组），"自我学习能力也在提升"（G1

焦点小组）。

团队韧性包括团队能力跃进和团队情感融洽两个层面。危机事件的发生促使团队成员不断开展互动协作和资源利用来控制危机影响，并寻求新的突破口以恢复企业经营，正如原始资料中所提到的，"团队内部多次推演分析，深捷旅最终将突破口放在了'惠出发'小程序上"（M5 同程艺龙案例），继而在危机应对中"提升（了）各部门的工作能力和工作效率"（F60 访谈）。且"团队也在市场复苏和反弹过程中获得了更大的成长"（M1 携程案例）。团队成员在危机应对和集体协作中也能够实现凝聚力和信任感的提升，并形成良好的团队协作氛围和团队情感承诺。在原始资料中，携程 CEO 孙洁表示"我为这次奋战在一线的员工感到非常骄傲……在这个过程当中我们也建立了很大的信任"（M1 携程案例）。同程艺龙 CEO 马和平指出"对于我们内部，大家能承受住这个压力（危机），能把全队的内功练得很好……因为有一段时间确实没啥事做，大家就内部培训，大家在线的会议多了，突然发现好久不见，见了感情还挺好的"（M5 同程艺龙案例）。且酒店领导者在访谈中也表示"提升团队内部的凝聚力，（可）为疫情结束后市场的恢复做准备"（F60 访谈）。而组织韧性涵盖了组织绩效成长、组织创新提升和组织品牌资产提升三个方面，它们是旅游企业成功应对危机后所获得的成长和发展。其中，组织绩效成长在原始资料中主要表现为营业收入增长、服务绩效提升、付费用户转化率提升等。组织创新成长主要表现为经营系统更新、自动化程度提高、企业规则重构和产品迭代升级等，组织品牌资产提升主要表现为品牌人气、品牌形象和品牌认可度的提升。在同程艺龙的案例中描述到，"受疫情影响，在旅游消费需求减少的情况下……同程艺龙已经实现较高程度的自动化，住宿订单有 90% 以上是无人触碰自动完成……同程艺龙是唯一两季度连续盈利的公司……通过此次品牌升级将更加清晰地聚焦目标客户，未来同程艺龙将更加聚焦年轻、时尚、个性的消费群体"（M5 同程艺龙案例）。综上，危机事件促进了员工韧性能力的提升，并在韧性领导力的共同作用下帮助团队和组织成功抵御风险、战胜逆境、恢复平衡状态，继而实现企业韧性整体成长。

四、组织和环境因素调节（M 模块）

尽管 SOR 模型在揭示有机体受到刺激后产生行为反应的中间过程具有较好的适用性和解释力，但缺乏对该过程边界条件和调节作用的阐述。粟路军和唐彬礼将个体特质、特征、制度、文化、政策和环境等因素作为调节因素（M）引入 SOR 模型中，并建构了 SORM 整合理论模型来揭示旅游地居民生活质量，弥补了 SOR 模型在精准性和科学性上的局限。这表明，可以将组织和环境因素作为调节变量引入 SOR 模型中，并构成 SORM 整合模型用于揭示企业有机体对刺激产生反应后的边界条件。不仅如此，组织和环境因素在旅游企业领导力的前因驱动和后果作用过程中的调节作用已经得到学者的理论探讨和实证检验。例如，Zhang 在新冠感染疫情危机情境下实证探索了环境风险性在酒店安全型领导力影响员工安全行为中的调节效应；Ling 等实证检验了服务氛围在酒店服务型领导力影响员工服务导向行为和服务绩效中的调节效应。基于此，本研究将组织和环境因素作为危机事件刺激（S）驱动韧性领导力状态（O）和企业韧性成长反应（R）的调节变量和边界条件（M）。

具体来说，调节韧性领导力驱动、演化及效用结果的组织和环境因素涉及组织外环境因素和组织内环境因素两类。其中，组织外环境因素主要包括环境风险性和环境机会性两种子环境类别，它们所代表的环境性质和环境特征存在差异性。旅游企业在危机情境中的生产经营过程面临着各种外部环境风险，且容易遭受各种不确定性损失，如旅游项目风险、资金风险、疫情感染风险和发展环境利空等。正如在原始材料中描述道，"这个游戏（项目）存在相当大的风险，国外现在已经禁止了。原因就是……从而造成很严重的伤亡事故"（M8 东部华侨城案例），"在商旅行业，TMC 为客户垫资是常见现象，然而垫资会导致坏账问题和资金风险"（M1 携程案例）。重大危机不仅会加剧旅游企业所面临的常规环境风险，还会使旅游企业的经营管理受到更多环境风险要素的侵袭和威胁。例如，"疫情暴发后携程电话呼入量增长了一二十倍，上亿人次退订，公司第一时间退款，垫资超 10 亿量级"（M1 携程案例），同时，"由于疫情具有较高的传染性，酒店又是公共场所，存在较高的感染风险"（F60 访谈），"从目前的防疫形势来看，2021 年旅游业全面恢复的可能性很小"（M10 上航旅游集团案例）。显然，这种风险要素加剧了旅游企业在危机情境中所面临的不确定性，冲击了领导者对危机的评估和应对，继而阻碍了韧性领导力对企业韧性的影响路径。

相反，外部环境在变化中也可能滋生出有吸引力的市场领域，带来新的发展机会并塑造有利的发展环境，而善于捕捉环境机会的旅游企业可能在外部环境变化中实现更好的绩效和发展。具体来说，尽管危机塑造了冲击性的外部环境，但也塑造了市场环境新趋势、危险与机遇共存和发展环境利好等新的环境机会。正如在原始资料中描述到的，"消费者的许多需求由线下转为线上……商旅行业的每一次变革，都有技术加持，未来更加智能化、人性化、定制化的商旅服务离不开技术的支撑"（M1 携程案例），"旅游行业将在五一黄金周开始回暖，暑期或许达到高峰，这是个非常利好的消息"（M11 途家案例）。而这种机会性要素促使旅游企业领导者关注到了威胁情境的"另一面"，帮助旅游企业领导者在危机响应和危机处置中建立属于自身的竞争优势和技术优势，继而强化韧性领导力对企业韧性的影响路径。

组织内环境因素是指组织氛围，在资料编码中具体表现为组织学习氛围。危机事件的发生促使旅游企业领导者塑造组织内部学习型的工作环境，反思经营管理中存在的缺陷，以避免类似事件的发生。例如，在酒店卫生门事件发生后，领导者"对员工进行品牌标准的全面培训"，甚至"每个季度都会对客房服务人员进行清洁标准及程序的再培训和认证……避免类似事件的再次发生"（M3 酒店卫生门案例）。领导者通过制定学习和培训相关政策管理措施来提升员工的经验性工作知识、工作技能和工作素质，预防类似危机的发生。在新冠感染疫情期间，旅游企业的经营活动处于停摆状态，因此塑造组织学习氛围和工作环境成为所有旅游企业领导者的重要任务。例如，"疫情当前，同程艺龙在保障用户和协同产业链'同舟共济'之外，还需要借机苦练'内功'，在公司上下形成优化产品流程、提升用户体验、修炼自我素养的氛围"（M5 同程艺龙案例），酒店领导者也强调疫情期间需要"苦练内功，塑造浓厚的学习氛围和交流氛围，对服务操作标准和工作流程进行培训"（F60

访谈）。此外，塑造良好的组织学习氛围充分发挥了领导者应对行为的有效性，为危机结束后的业务重启和业务创新积蓄力量。正如携程领导者在疫情期间所实施的"酒店充电计划"一般，"倡导平台上百万家供应商伙伴一同苦练内功，并免费开放了携程大学、携程酒店大学、携程旅游学院的 2000 门精品课程"，为所有的工作人员"充电"，为"业务重启积蓄力量"（M1 携程案例）。因此，在危机所造成的市场发展困境和生存困境下，领导者通过塑造组织学习氛围来修炼内功、优化产品质量并提高服务效率，这有助于旅游企业吸取经验、预防类似危机发生并促进企业和员工的发展，继而强化韧性领导力对企业韧性的影响路径。

五、危机事件驱动韧性领导力的评估中介路径（S-A-O 路径）

作为对 SOR 模型的拓展，本研究认为危机影响评估（A）是危机事件（S）驱动韧性领导力（O）的中介过程和中间状态。危机影响评估是指企业在危机发生时对其所造成的损失和可能产生的影响进行预测和评估，能为危机后企业制定应对策略、解决方案、恢复计划和发展战略提供决策依据。因此，危机影响评估可以理解为企业危机管理的先期表现和前置响应状态，它是旅游企业制定危机管理计划和韧性领导实践的前置过程，中介了危机事件对韧性领导力的驱动过程。

危机事件对旅游企业造成的影响可以从微观层面、中观层面和宏观层面三个层次来评估。其中，宏观影响主要表现为危机事件对整体社会环境、经济环境和旅游发展基础环境的影响和冲击。旅游企业领导者通过评估危机事件的宏观影响来了解危机风险形势、并制定企业整体的危机应对战略。正如在原始资料中描述道，"（疫情）会对世界的经济产生较大的影响，对旅游业的影响尤为明显，（在）'SARS'流行之际，世界旅游业减少了 500 万个就业机会"，因此"在经济下行压力之下，很多 TMC 都在积极进行客户梳理规划，除努力挖掘新客户外，也在不断整合产品及服务，全力留住老客户……在服务好老客户的同时，挖掘新客户将为 TMC 注入新的抗压能力"（M1 携程案例）。中观影响主要表现为危机事件对旅游行业的冲击，如造成旅游行业损失、产业发展停滞和形象受损等。中观影响评估为旅游企业领导者调整业务经营方向、寻找新客源市场和制订市场恢复计划提供了重要的决策支持。例如，在途家的疫情应对中，"疫情却让整个旅游行业陷入绝境，民宿行业也遭受了前所未有的冲击，（途家）针对各城市住宿供需做策略调整，推出最高5折的'过渡性短租'需求"（M11途家案例）。又如，同程艺龙CEO马和平阐述道，"2020年的新冠感染疫情，是全球旅游业遭遇过的最大冲击……我们整个团队在中国整个下沉市场开启了考察，发现它们本地消费很旺盛……发现了下沉市场的不同，同程艺龙迅速调集资源专攻下沉市场"（M5同程艺龙案例）。微观影响评估主要表现为危机事件对旅游企业经营绩效、品牌股价、员工和顾客身心健康的冲击和影响。旅游企业领导者据此推出了新的产品和服务、拓展了新的营销方式、并对员工和顾客展开应急关怀以降低危机影响，推动企业恢复经营。例如，酒店领导者在访谈中提及，"疫情期间，酒店陷入经营困境，但全员上下一心，特殊时期酒店不放弃亏待员工，员工复工后积极投入工作"，也可通过"打开多种外卖渠道，薄利多销"以恢复酒店经营绩效，并"制定多层面多渠道营销政策和措施，优惠老客户，吸引新客户……继续保持疫情各项防控措施，提供安全周到的服务，保证客人消费无后顾之忧"（F21访谈）。目前，旅游危机影响评估研究主要涉及宏观影响、中观影响和微观影响三个层面，且不同层面的评估要素与本研究质性分析结果的范畴划分基本一致，表明了范畴提取的合理性。由此可见，危机事件促使旅游企业领导者从宏观、中观和微观三个层次评估其影响，并据此激活和展示韧性领导力以降低和控制危机的负面影响。

六、韧性领导力驱动企业韧性的赋能中介路径（O-E-R路径）

作为对SOR模型的拓展，本研究指出领导者赋能导向（E）是韧性领导力（O）驱动企业韧性成长（R）的中间过程。赋能是指领导者为员工赋予动力和能量，在危机情境下注重对员工内在动机和心理资源的引导和强化，继而促成员工韧性、团队韧性和组织韧性。结合自我决定理论的观点，工作动机是领导力影响员工绩效的中介变量。资源保存理论也指出，员工在危机、冲突和挫折等压力及泛压力情境下会致力于维持、保护和建构有价值的资源（如心理资源）免受威胁和损害。领导者赋能保障了员工能够产生资源增量、心理资源不受危机威胁，它能支撑领导力对员工行为绩效的影响路径。因此，领导者赋能导向能够中介韧性领导力对员工韧性的驱动过程，并能够促成团队和组织韧性的成长。

旅游企业韧性领导力主要通过信念感赋予、责任感赋予和使命感赋予三种路径赋予员工动力和能量。危机情境下的信念感反映了员工对自己和组织有能力渡过危机、恢复经营绩效并实现稳定成长的信念。旅游企业领导者主要通过向员工传递危机度过信念、市场恢复信念和企业成长信念来赋予信念感。例如，同程艺龙 CEO 马和平表示，"旅游市场将在今年第二季度迎来复苏和爆发，届时市场格局也将进一步集中。所以我们长期很看好旅游行业的复苏，未来一定会爆发……这次疫情对于同程艺龙而言，不但是一次考验，也是团队练兵和强化管理能力的好机会。疫情会让市场上一部分同行被淘汰，市场份额也将进一步聚焦……同程艺龙能够在危机中抓住更多机会，在市场份额上进一步提升"（M5 同程艺龙案例）。责任感是指员工自觉承担自身的义务、角色和职责，并积极采取行动策略来应对和避免危机。旅游企业领导者基于员工个体和企业整体两个层面，鼓励和引导员工承担危机责任，推动危机快速平复和企业韧性响应。在东部华侨城太空迷航事故发生后，总经理曾辉说道，"我们作为国务院国资委旗下的中央企业，一直坚决履行央企的社会责任。对此事故，我们不回避、不躲闪，一定积极配合政府有关部门做好善后处理和事故原因查明等工作，承担所有我们该承担的责任"，并在今后"以更严格的标准和更高的要求做好旅游设施设备、游乐场所、旅游活动各个环节的安全检查工作，改善管理，提升服务"（M8 东部华侨城案例）。使命感是指员工感觉到自己工作存在的意义，并积极主动投身于工作当中以实现自我价值。危机为旅游企业的生存发展带来巨大威胁，但也成为旅游企业领导者践行价值使命、寻求发展转机并制定未来愿景的重要机遇。例如，在"后疫情时代危中有机，携程或许能更快问鼎全球第一在线旅游平台"（M1 携程案例），员工在危机中参与旅游企业价值使命和发展愿景的建设激起了他们的认同感、归属感和意义感，即使"面临困难和巨大损失，也要为当前坚决遏制疫情蔓延势头、确保游客和社会公众生命安全与身体健康，做出我们旅游人的应有贡献！"（M10 上航旅游集团案例）因此，员工在领导者使命感赋能的策略导向下会积极投身于工作中以寻求企业成长和自我价值提升。Boin 等研究指出，意义建构、意义创造和赋予责任是领导者带领员工应对危机、促进组织学习和韧性成长的关键任务，这表明本研究对赋能导向的归类和提取具有一定的合理性。综上，信念感、责任感和使命感是危机情境下驱动员工韧性响应的关键动力，韧性领导力经由信念感、责任感和使命感三种赋能方式驱动员工韧性响应，并以此为基础促成团队和组织的韧性成长。

七、理论模型建构

综上所述，本研究建构了旅游企业韧性领导力的动态演化机制模型（如表 4.6 和图 4.4 所示）。具体来说，危机事件发生后所产生的危机责任情境和危机冲击情境，迫使旅游企业领导者展开"自救型"应对，激活了韧性领导力状态并驱动了旅游企业的韧性成长。危机事件促使领导者从微观、中观和宏观三个层次评估其影响，它是领导者制订危机管理计划和韧性领导实践的前置过程和先期表现，中介了危机事件对韧性领导力的驱动过程。韧性领导力包含变革规划、即兴应变、适应性指导、权变控制、应急关怀、调节恢复和共同成长 7 个要素，并随着危机管理阶段的发展呈现出动态演化和循环往复的生命周期特征。韧性领导力能够帮助员工、团队和组织成功抵御风险、战胜逆境、恢复平衡状态，甚至实现韧性成长。韧性领导力经由信念感、责任感和使命感三种赋能路径赋予员工动力和能量，在驱动员工个体韧性响应的基础上实现团队和组织韧性的发展。组织和环境因素是影响危机情境下韧性领导力驱动、演化和效用结果的边界条件和调节变量。其中，发展环境利好、危与机共存、市场新趋势等环境机会能促进和优化韧性领导的驱动演化和效用结果；而发展环境利空、疫情感染风险、旅游项目风险和旅游资金风险等环境风险会削弱和抑制韧性领导的驱动演化和效用结果；组织学习氛围能够强化韧性领导力的效用结果，从而促进企业韧性成长。

表 4.6　旅游企业韧性领导力动态演化机制的关系结构

典型关系	关系结构的内涵	代表性原始资料
危机事件是韧性领导力的发生情境	危机类型和危机特征共同塑造了危机情境，从而激活韧性领导力状态	M1：通过这次"黑天鹅"事件，有必要把"商旅行业的危机管理"作为日常性工作以确立，不断完善应急管理体系。 M4：此次事件对企业而言是灭顶之灾，目前我们能做的就是全力配合做好搜救和安抚工作，并配合国务院工作组的调查
危机影响评估是韧性领导力的先期表现	危机促使旅游企业领导者从微观、中观和宏观三个层次评估影响，并据此展示韧性领导力状态	M1：面对企业用户的差旅计划取消或改变，短时间内涌入的海量退改订单，商旅企业需要极强的跟进政策的技术改造能力。 F60：疫情对整体的经济造成了巨大的冲击，社会环境氛围也不大乐观。由于疫情具有较高的传染性，酒店又是公共场所，存在较高的感染风险，因此前期主要还是遵从国家的防疫政策，制定防疫管理制度，时刻关注外部风险形势并向员工提供疫情防控的指导，避免疫情在酒店内的传播和扩散
韧性领导力驱动企业韧性	基于变革规划、即兴应变、适应性指导、权变控制、应急关怀、调节恢复和共同成长的韧性领导力能够帮助员工、团队和组织成功抵御风险、战胜逆境、恢复平衡状态，甚至实现韧性成长	F35：响应国家号召居家隔离，外地员工安心在家待岗，酒店发放待岗员工生活补贴工资；做好全面消杀、消毒清洁工作，进出人员严格测量体温等工作。 F22：情期间，酒店陷入经营困境，但全员上下一心，特殊时期酒店不放弃亏待员工，员工复工后积极投入工作
赋能导向中介韧性领导的效应	韧性领导力经由信念感、责任感和使命感三种赋能方式发挥作用，员工韧性心理响应是韧性领导力驱动企业韧性的个体基础	M5：当此危机时刻，我们除了要全力支持国家抗击疫情的工作外，还要认真履行好自己的责任，要考虑我们能为当下的危机做点什么。 M10：疫情客观上是压制着旅游消费者的潜在需求，但旅游市场的宏观总量不会发生根本性变化。
组织和环境因素调节韧性领导力驱动过程、促进韧性领导力演化、优化韧性领导力效应	基于发展环境利好、危与机共存、市场新趋势等的环境机会能促进和优化韧性领导力的驱动、演化和效用结果	M1：随着客户商旅需求的多元化和复杂化，TMC 需要通过技术投入、服务优化、产品升级不断为用户提供更多价值，也为行业赋予新的发展动力……保证行业长远且可持续发展

典型关系	关系结构的内涵	代表性原始资料
组织和环境因素调节韧性领导力驱动过程、促进韧性领导力演化、优化韧性领导力效应	基于发展环境利空、疫情感染风险、旅游项目风险和旅游资金风险等的环境风险会削弱和抑制韧性领导力的驱动、演化和效用结果	M10：目前国内疫情还处于防输入、防反弹的阶段，口罩还不能完全摘下的情况下，出于安全的顾虑，消费者的出行安全顾虑还是客观存在的。 M1：在商旅行业，TMC 为客户垫资是常见现象，然而垫资会导致坏账问题和资金风险，已成为制约 TMC 发展的一大问题
	组织学习氛围能够强化韧性领导力的效用结果，从而促进企业韧性成长	F60：塑造了良好的学习氛围，让员工的能力在疫情期间得到了提升。 M5：同程艺龙内部已形成了浓厚的学习氛围，上"网课"成为很多同程艺龙员工居家办公之余最重要的一件事情

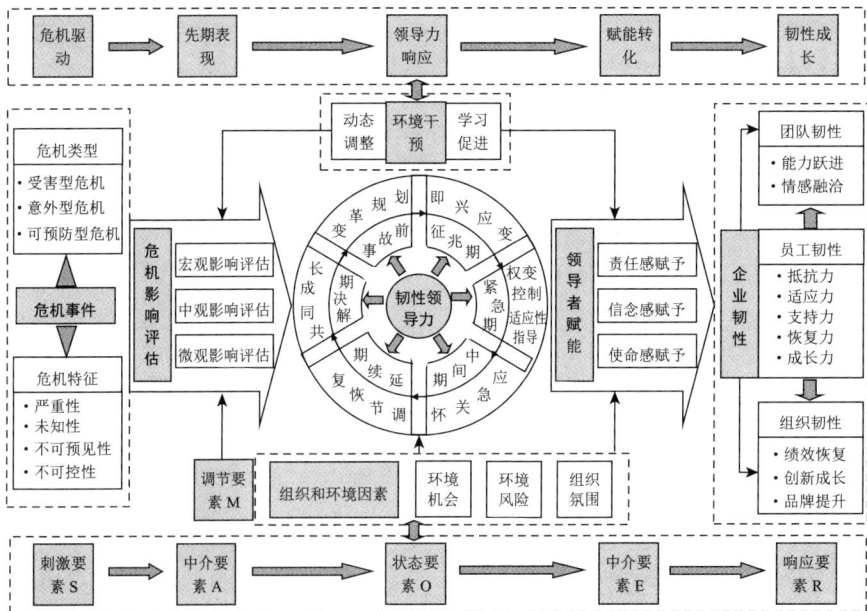

图 4.4　旅游企业韧性领导力的驱动、演化和作用机制模型

第六节　本章小结

一、章节结论

基于拓展的 SOR 模型和危机生命周期理论，本研究通过搜集旅游企业领导者访谈、焦点小组访谈和危机案例网络文本等数据展开质性研究和归纳分析，探索了危机情境下旅游企业韧性领导力的动态演化机制。基于扎根理论的研究范式，本研究提炼出危机事件、危机影响评估、韧性领导力、领导者赋能导向、企业韧性、组织和环境因素六个主范畴。基于对这些主范畴间逻辑联结和相互作用关系的深描和解析，本章节主要结论如下。

第一，危机事件是促动旅游企业韧性领导力和企业韧性的原始动力。具体来说，危机事件是韧性领导力发生的情境和前提条件，同时包括基于危机类型的危机责任情境和危机特征导致的危机冲击情境，并在基础上促进了企业的韧性成长。现有研究强调了危机事件及其引致的危机情境对旅游企业发展和成长的积极影响，这与本研究发现相一致。此外，本研究还指出旅游企业领导者需要根据不同的危机责任归因选取差异化的韧性领导策略，危机责任情境奠定了领导者危机应对的响应性基础。而在由危机结果严重性、危机爆发不可预见性、危机性质未知性和危机发展不可控性等特征塑造的冲击性情境下，旅游企业领导者必须快速展开紧急应对、寻求旅游企业恢复和发展。因此，由危机类型和危机特征共同塑造的危机事件情境激活了韧性领导力状态并促成了企业韧性结果。

第二，危机影响评估是危机事件驱动旅游企业韧性领导力响应的中间过程。危机事件发生后，危机影响评估能为领导者制定应对策略、解决方案、恢复计划和发展战略提供决策依据，主要涉及微观影响评估、中观影响评估和宏观影响评估三个层次，这与 Duan 等对危机事件影响结构的文献综述结果相一致。此外，在不同评估导向下，旅游企业韧性领导者可制订结构完整、体系完备的危机管理计划，并据此控制危机影响、促进企业恢复发展。由此可见，危机影响评估是旅游企业领导者开展危机管理的先期表现，它中介了危机事件对韧性领导力的影响路径。

第三，旅游企业韧性领导力是由规划力、应变力、指导力、控制力、关怀力、恢复力和成长力7个维度构成的生命周期模型，分别对应变革规划、即兴应变、适应性指导、权变控制、应急关怀、调节恢复和共同成长7个任务要素。结合危机生命周期理论，变革规划是旅游企业领导者开展危机管理的起点，即兴应变是领导者在危机征兆期的重要任务，适应性指导和权变控制在危机紧急期是推动危机快速平复的重要保障，应急关怀在危机中间期能够满足受影响群体的短期需求和心理需求，调节恢复是领导者在危机延续期推动企业经营秩序正常化的主要任务，最后在解决阶段建立新常态、促使共同成长。因此，旅游企业韧性领导力呈现出动态演化和循环往复的生命周期特征，并能够帮助企业成功抵御风险、战胜逆境、适应冲击、恢复平衡并实现成长。这是现有研究尚未得到理论建构和实证分析的重要发现。

第四，旅游企业韧性领导力通过信念感、责任感和使命感三种赋能路径驱动员工韧性响应，并促进旅游企业团队和组织的韧性响应。危机情境下领导者赋能的主要目的在于调动员工的工作信念感、工作责任感和工作使命感，它们代表了员工的内在动机和心理资源，是支撑领导力影响员工行为绩效的重要因素。因此，领导者赋能是危机情境下韧性领导力驱动员工和团队韧性的重要中介路径。鉴于员工韧性是衡量和驱动团队和组织韧性的个体基础，且组织不同层级韧性要素间的相互作用决定了组织韧性，因此领导者赋能也促成了团队韧性和组织韧性的响应。

第五，组织和环境因素是影响旅游企业韧性领导力驱动演化和效用结果的边界条件和调节变量，主要包括环境风险、环境机会和组织学习氛围三个方面。具体来说，环境风险性代表了组织外部环境对旅游企业生存发展造成危害或损失的可能性，它会加剧旅游企业所面临的不确定性，冲击领导者对危机的影响评估和应对响应，阻碍韧性领导力对企业韧性的影响路径。而环境机会代表了旅游企业从组织外部环境中获得利益、价值或有利形势的可能性，促使领导者在对危机的评估和应对中建立竞争优势，强化韧性领导力对企业韧性的影响路径。组织学习氛围表现为组织的政策管理措施对学习的支持和重视，并致力于塑造组织内部学习型工作环境，这能够引导企业和员工在危机中反思学习，继而强化了韧性领导力的效用结果。

二、章节讨论

第一，本研究为危机情境下旅游企业韧性领导力与企业韧性的响应提供了新的见解，丰富了韧性领导力研究的知识体系，为分析危机情境下旅游企业的韧性响应机制提供了理论依据。以往研究过分强调了危机事件所导致的负面影响，尽管有学者探讨了危机对员工绩效和企业成长所具备的正面效应，但危机与韧性领导力、企业韧性间的理论关系尚未得到充分探索。一方面，本研究从危机类型所指代的危机责任情境和危机特征所反映的危机冲击情境两个层面，对危机事件情境展开操作化和归纳，丰富了对危机事件影响和危机情境的理论认知，弥补了既有研究主要关注危机事件本身特征或危机类型单一视角的不足。另一方面，基于SOR理论框架和组织有机体论的基本内涵，本研究指出危机事件是驱动企业有机体展现韧性领导力和实现韧性成长的刺激要素，揭示了韧性领导力作为有机体内部状态是中介危机驱动企业韧性的核心变量，从而建构了危机情境下韧性领导力响应和企业韧性成长的核心聚合模型。由此可见，本研究探讨了危机事件、韧性领导力和企业韧性三者间的影响关系，既充实了危机事件影响效应的理论研究，也从领导力和企业整体两个层面拓展了旅游企业韧性的实证研究。

第二，本研究基于扎根理论建构了旅游企业韧性领导力的生命周期模型，完善了从危机生命周期理论和危机管理视角下对领导力的理论探索，这也是对这些理论在旅游领域的应用和拓展。目前，基于过程性和周期性视角的企业危机管理在旅游领域已经得到关注，部分学者也基于此识别了领导者在不同危机管理阶段应当具备的管理能力和领导职责。然而，相关实证探索仍然不足，尚未有研究系统揭示韧性领导力的动态演化过程及其生命周期特征。基于规范的扎根理论分析，本研究将韧性领导力中变革规划、即兴应变、适应性指导和权变控制、应急关怀、调节恢复、共同成长对应了危机生命周期中领导者在事故前、征兆期、紧急期、中间期、延续期、解决期应当采取的行动策略。本研究所建构的韧性领导力生命周期模型，细致描绘了韧性领导者在危机不同阶段的重点响应策略以促进企业韧性成长，为深化和理解韧性领导力概念内涵和维度结构贡献了新的知识，弥补了既有研究对韧性领导力理论分析和实证探索的不足，并从领导力视角重新定义了组织危机管理体系，有助于指导旅游企业领导者开展有效危机应对。

第三，本研究建构了危机情境下旅游企业韧性领导力驱动企业韧性的影响机制模型，进一步阐述了韧性领导力有效性发挥的心理中介机制和环境边界条件。目前，员工心理动机在领导力有效性发挥过程中的中介作用已经得到学界的广泛验证，同时组织和环境因素也被证实能够促进或削弱领导力的效能。然而，作为一种新型的领导力类别和领导风格，韧性领导力发挥有效性过程中的中介条件和边界条件还缺乏理论探索和实证归纳，危机情境下旅游企业韧性的影响因素和形成机制也有待于系统的理论建构。结合扎根分析结果，本研究将责任感、信念感和使命感识别为员工在危机情境下的心理动机状态，将组织学习氛围以及风险和机会共存的动态性环境识别为组织和环境因素，以员工、团队和组织三个层面的韧性作为结果变量，从而建构了韧性领导力与企业韧性的影响关系模型。一方面，该影响关系模型的建立对于韧性领导力的实证研究具有一定的推进，为危机情境下韧性领导力的塑造和强化提供了理论依据。另一方面，这也拓展了企业韧性影响因素的认识，诠释了危机情境下员工、团队和组织获得韧性成长的心理中介过程和环境边界条件，为分析危机情境下企业韧性的形成机制提供了实证基础和理论依据。

第五章　危机情境下旅游企业韧性领导力对企业韧性的影响机制

在第四章定性分析和理论建构的基础上，本章节的主要内容是定量检验危机情境下旅游企业韧性领导力影响企业韧性的过程机制、协同因素和边界条件。具体来说，本章节将面向酒店、旅游景区、旅行社、旅游集团和旅游交通等多类旅游企业展开规模性问卷调查，基于社会交换理论和社会学习理论分析韧性领导力影响员工韧性、团队韧性和组织韧性的直接路径，基于自我决定理论阐述员工责任感、信念感和使命感等动机变量在韧性领导力发挥有效性过程中的中介效应，并分析危机风险感知在韧性领导力影响过程中的前导驱动作用。此外，本章节还基于领导替代理论将环境动态性和组织学习氛围作为韧性领导力发挥有效性的重要替代变量，并对其调节效应展开检验。

第一节　问题提出

在当前充满动态性、不确定性和变革性的社会环境下，塑造韧性领导力并促进企业韧性成为所有旅游企业获取竞争优势的重要来源，在危机情境中更直接关系到旅游企业如何维持生存发展甚至实现逆势成长。由此可见，实证探索韧性领导力的效能机制和作用机制，对于科学指导旅游企业领导者带领员工、团队和组织"与危机共舞"并实现动态适应和韧性成长具有重要的实践价值和战略意义。不仅如此，在危机事件引致的负面威胁情境中，发挥韧性领导力的有效性、带领员工应对挑战、维持旅游企业的生存状态，并助推逆势成长是韧性领导者的核心任务和重要职责。因此，旅游企业在危机和多元逆境中想要获得持续性的竞争优势就必须塑造韧性领导力，并发挥其在促进旅游企业韧性中的效能和价值。

目前，领导力效能一直是学术研究重点关注的领域，学者对不同类别领导力的影响结果和作用机制展开了丰富的实证检验。文献综述发现，领导力的效用结果主要可以归纳为个体层面、团队层面和组织层面等。例如，基于对共享型领导力的文献综述，蒿坡和龙立荣指出共享型领导力对员工个体（如个体学习行为）、团队（如团队绩效和团队创造力）和组织（如企业绩效）分别产生积极作用。随着企业生存发展面临的情境特征日益多元化，众多新型领导力和领导风格（如平台型领导力、辱虐管理、谦逊型领导力等）逐渐被识别出来作为对组织管理中有价值领导实践的理论回应，领导力对各类新结果变量（如知识隐藏、建言行为、越轨行为和亲组织非伦理行为等）的影响作用日渐受到学界关注。作为一种新型的领导风格，韧性领导力的影响作用在旅游领域也得到检验。具体来说，危机情境领导者韧性特质和韧性行动能够帮助旅游企业克服逆境威胁，并对员工韧性和组织韧性具有正向影响作用。但总体上，现有关于韧性领导力影响机制的实证研究相对有限，较少有研究从过程视角对韧性领导力的前导影响因素和作用机制展开实证检验。

总体上，相关研究还存在以下不足。第一，危机情境下韧性领导力的形成机制缺乏实证探索。总体上，相较于领导力作用机制的实证研究，现有研究对领导力形成机制的实证探索还相对有限。同样地，较少有研究对韧性领导力的前导影响因素展开实证探索。从概念内涵来看，韧性衍生于对危机或逆境的积极响应和动态适应，韧性领导力强调了领导者在负面威胁情境下影响、指引和带领员工和团队抵抗风险、克服逆境、适应变革、恢复平衡甚至实现成长。因此，有必要在危机情境下对韧性领导力的形成机制展开实证检验，以此丰富韧性领导力的实证研究。此外，旅游企业的生存发展对危机事件以及外部环境的动态性变化高度敏感，在危机情境下识别韧性领导力的前导影响因素并据此促进领导者展示韧性领导力，对于旅游企业抵御危机侵害、快速从危机中恢复并获取韧性成长具有重要意义，但与此相关的实证研究仍然有限。第二，韧性领导力对员工工作态度和行为绩效的影响存在明显的理论争议。学者普遍认为，韧性领导行为抑或韧性领导特质对员工积极工作行为和工作绩效具有显著的正向影响，在旅游企业情境也得到明确的实证支持。然而，部分学者也指出组织管理中韧性与领导力的结合存在阴暗面。具体来说，韧性领导策略和韧性领导力能够塑造韧性导向的组织文化和企业价值观，并将韧性能力较低的员工贬低为"有缺陷"的人，也容易导致员工因频繁需要表现出韧性行为而产生心理厌烦和公民疲劳。Lombardi 强调了由韧性领导力所塑造的这种组织文化可能会抑制员工的帮助寻求行为，从而削弱他们在逆境中的动态学习和韧性成长。同样地，领导者对韧性的过度关注和鼓励可能会导致员工对风险逆来顺受，对危险和逆境过于宽容，如接受危险的工作条件、领导者的辱虐管理等，从而削弱员工对逆境中的积极响应。此外，过于韧性的员工可能会患上"虚假希望综合征"，即过度自信和乐观的员工会"明知不可为而为之"，继而浪费时间和精力在无意义的工作任务上。因此，对韧性领导力的影响作用展开更多的实证检验有助于回应这一争议。第三，危机情境下韧性领导力驱动企业韧性的心理中介机制有待于更多的理论分析和实证检验。旅游业属于综合性服务产业，员工在工作场所和服务情境中往往需要涉及高强度的身体劳动、情绪劳动和智力劳动，也普遍存在情绪耗竭严重、工作不安全感突出和工作压力大等负面心理知觉。因此，旅游企业员工常常处于心理资源耗损状态，他们在危机情境下也试图保护有价值的资源不受外来威胁的损害。然而，员工在危机和逆境中需要投入大量时间和精力以表现出动态适应性、坚韧抵抗性、恢复成长性等韧性行为表现，且在促动团队韧性和组织韧性的过程中更容易加速员工的心理资源耗损。其中，责任感、信念感和使命感分别代表了员工在危机情境下是否有义务、有能力和有使命帮助企业渡过难关并获取韧性成长的心理感受和动机状态，它们能够使得员工在危机情境避免陷入资源丧失螺旋，并保障个体有能力产生资源增量，是支撑韧性领导力发挥效能的重要动机变量和心理变量。尽管领导者韧性特质对员工韧性和组织韧性的直接影响关系已经得到验证，也有学者检验了责任感、信念感和使命感在领导力与领导有效性间的心理中介机制。然而，韧性领导力的实证研究还处于起步阶段，韧性领导力驱动企业韧性的心理中介机制尚缺乏明确的实证揭示。第四，韧性领导力发挥有效性过程中的边界条件缺乏实证研究。众所周知，环境和情境因素是阻碍或促进领导力发挥有效性的重要调节变量和边界条件，领导替代理论也强调组织和情境因素能够强化、削弱或替代领导力的有效性。换言之，韧性领导力发挥有效性的过程中必然也受到组织和情境因素的阻断或支持。从内部环境来看，危机情境下韧性领导者往往会通过采取抵抗、适应、恢复和成长导向的危机管理策略来鼓励员工积极应对逆境挑战，并强调塑造支持型、奖励型和容错型的内部学习环境引导员工将危机作为学习和成长的机会，从而促进旅游企业整体的韧性发展。从外部环境来看，危机事件对旅游企业生存发展具有综合性影响，其不仅塑造了冲击性、不确定性和不可预测性的负面威胁情境，但也生成了大量潜在的发展机会，善于抓住这些机会的旅游企业能够化危为安、获得韧性成长。因此，组织学习氛围和环境动态性反映了危机情境下影响韧性领导力发挥有效性的重要内部外情境因素，它们是影响韧性领导力驱动企业韧性的重要边界条件和调节变量。尽管组织氛围和环境动态性在领导力有效性发挥过程中的调节作用已经得到探索和验证，但它们在韧性领导力有效性发挥过程中的调节作用尚未得到实证检验，也鲜有学者对组织学习氛围、环境动态性在韧性领导力影响过程中的三项交互联合效应展开分析。而探索这一复杂调节机制可以更加全面、完整地对韧性领导力的影响机制作出预测和推论。

因此，本章节将实证检验旅游企业韧性领导力影响企业韧性的过程机制、协同因素和边界条件。本章节主要围绕以下三个研究问题展开：第一，危机风险感知在韧性领导力与企业韧性的影响关系之间存在何种前导影响效应？第二，韧性领导力影响企业韧性的过程机制是什么？第三，韧性领导力对企业韧性的影响关系存在何种边界条件和复杂调节机制？据此，本章节的主要研究目标在于：第一，探索危机风险感知对韧性领导力和企业韧性的影响关系，并分析韧性领导力的中介作用；第二，基于社会交换理论和社会学习理论，检验韧性领导力对员工韧性、团队韧性和组织韧性的影响关系，并基于自我决定理论验证员工责任感、信念感和使命感在上述影响关系间的中介效应；第三，基于领导替代理论，揭示环境动态性在韧性领导力前因驱动过程中的调节效应，并检验环境动态性和组织学习氛围在韧性领导力作用过程中的权变效应。本研究将揭示危机情境下旅游企业韧性领导力对企业韧性的影响机制，这对于旅游企业建立面向企业韧性成长导向的领导策略、提高疫情危机处置能力具有重要理论意义和实践价值。

第二节　理论基础

一、自我决定理论

自我决定理论由 Deci 和 Ryan 提出，该理论指出个体动机可以分为自主型动机和受控型动机两类。其中，前者表现为个体的行为活动是由于行为本身的挑战性、有意义或有吸引力而开展，涉及个体对行为价值的充分认可、有意志的行动和自主选择的能力。而后者则是个体受到外部刺激或为获取某种外部结果而开展的行为活动，涉及外部的制度性规范和个体的被迫参与。通常，个体的行为活动是自主型动机和受控型动机综合作用的结果，而促成个体内在动机的主要途径在于外在情境因素能否满足个体的自主、胜任和关系三种基本心理需求。因此，外在情境因素可以通过满足个体的这三个基本心理需求来增强自主型动机、促进受控型动机的内化，从而引导个体的行为响应。此外，自我决定理论指出个体的行为决策也会受到环境力量的支持或阻止。

目前，自我决定理论在不同文化背景下得到广泛应用，并较好地阐述了领导力影响员工工作行为的自我决定过程和心理中介过程。例如，段锦云和黄彩云从自我决定的视角，验证了内部动机在变革型领导力影响员工建言行为的心理中介作用；Li 等基于自我决定理论实证检验了，绿色内在动机和绿色外在动机在绿色变革型领导力与员工绿色创新行为间的中介效应。不仅如此，自我决定理论也在旅游服务情境中得到应用和拓展，并在领导力、员工工作动机、工作绩效和情境要素等变量间的影响关系中具有较强的解释力。例如，基于自我决定理论，Zhang 等以恢复信念为动机因素、以风险感知为情境要素探索了酒店安全型领导力影响员工安全行为的心理中介机制及其环境边界条件。Kim 等基于自我决定理论，实证分析了环境信念在酒店环境变革型领导力、组织环境政策和环境培训，对员工组织环境公民行为影响过程中的中介效应，并检验了组织环境支持的调节效应。同样地，本研究将以自我决定理论为基础，将员工责任感、信念感和使命感作为动机因素，将组织学习氛围和环境动态性作为内外部环境要素，探索危机情境下韧性领导力驱动员工韧性、团队韧性和组织韧性的前导效应、心理中介机制及其环境边界条件。

二、领导替代理论

领导替代理论由学者 Kerr 和 Jermier 提出，该理论指出员工个体特征、任务特征、组织特征和情境因素会对领导力的有效性产生影响。其中，员工个体特征主要包括个体能力和经验知识、职业定向、独立需要、不关心组织奖励 4 个因素，任务特征主要涉及任务清晰性常规性和方法不变性、任务完成反馈、内在满意度 3 个因素，组织特征涵盖了组织规范化、组织无弹性、完备的指导和员工职责安排、团结凝聚的工作团队、非领导控制的奖励、领导—下属空间距离 6 个因素。这些情境因素都能够影响、指导、激励和控制下属的工作行为，并在一定程度上"替代"领导力的有效性。

情境因素在领导效能中的替代作用主要可以归纳成三类：强化剂、中和剂和替代者。具体来说，替代变量可以扮演"强化剂"角色，即增强领导力的有效性，也可以扮演"中和剂"角色、削弱领导力对下属行为表现和工作绩效的影响，替代变量还可成为"替代者"，取代领导力的有效性或使领导行为无效。作为对领导权变理论的整合和发展，领导替代理论是组织行为管理和领导力研究领域备受关注的理论之一。在旅游和酒店管理领域，Ling 等实证发现服务氛围是影响酒店服务型领导力有效性的重要替代因素，它强化了中层服务型领导力对员工服务导向行为的影响关系，但削弱了高层服务型领导力对员工服务导向行为的影响关系。Zhang 等在危机情境下将员工对外部不确定性环境的风险感知作为影响酒店安全型领导力有效性的替代因素，并发现其削弱了安全型领导力对员工安全行为的影响作用。基于此，本研究将组织学习氛围和环境动态性作为危机情境下替代韧性领导力有效性的情境变量，它们分别是员工对组织内外部环境特征的感知。

第三节　相关概念界定

一、韧性领导力

领导力与企业绩效和企业成长紧密相关，相关研究主要实证探讨了不同领导力对企业韧性的影响关系。例如，Nguyen 等探讨了授权型领导力和权变奖励型领导力对员工韧性的正向影响，并检验了员工的主动型人格和乐观特质的调节效应；赵思嘉等面向中小型新创企业实证分析了组织韧性在创业型领导力对企业绩效影响过程中的中介效应。由于不同的领导力和领导风格包括广泛的行为元素，因此较难以判断领导者应当采取何种行动策略来促进企业韧性，也不足以回应当前高度不确定性和动态性环境下领导力如何有效驱动企业韧性成长的独特需求。

作为一种新型的领导力和领导风格，韧性领导力旨在帮助企业识别和应对 VUCA 环境带来的风险和挑战，促进员工、团队和组织在多元逆境中实现韧性成长，从而促进企业的可持续发展。鉴于旅游企业对危机和逆境高度敏感，韧性领导力成为旅游企业在危机或逆境中获得持续性发展和竞争优势的重要保障，更是防止旅游企业免受危机侵害的保护性因子和化危为机的促进性因子。韧性领导力具体表现为领导者在企业遭遇负面威胁情境或多元逆境中，为帮助组织及其成员抵御风险、战胜逆境、恢复平衡甚至实现成长和发展而发起影响下属工作行为的行动过程。当前，部分研究从领导者韧性特质的视角探索旅游企业对危机和灾害的适应和响应，从而促进企业的成长与发展。例如，Fang 等发现问题导向和情绪导向两种应对策略能够激活小型旅游企业领导者的心理韧性，以此助力旅游企业抵御灾害冲击、促进韧性成长。Prayag 等证实领导者心理韧性正向促进员工韧性、生活满意度和组织韧性。逐渐有学者从危机动态响应的视角去探索和揭示旅游企业韧性领导力。例如，Lombardi 建构了重大危机下酒店韧性领导力涉及准备与响应两个阶段，并由适应性韧性、反应性韧性、小型即兴发挥、有限即兴发挥和结构化即兴发挥五个要素构成。Prayag 等指出危机下韧性领导力包括愿景共享、任务领导和变革管理三个行为要素，并检验了其对员工韧性和组织韧性的影响关系。鉴于韧性源于对危机或逆境的动态响应，本研究从动态响应的视角去概念化韧性领导力，并包含变革规划、即兴应变、适应性指导、权变控制、应急关怀、调节恢复和共同成长七个维度。

二、企业韧性

根据 Sutcliffe 和 Vogus 的观点，企业韧性存在于企业内部员工和群体等多个层面，这些不同层面韧性要素的相互作用决定了企业整体的韧性水平。结合前文分析结果，本研究认为企业韧性主要包括员工韧性、团队韧性和组织韧性三个层面。其中，员工韧性是指员工对负面威胁情境的抵御抵抗、积极适应、协作支持、抗逆复原甚至实现成长的动态发展能力。团队韧性是员工韧性的集合和拓展，具体表现为团队成员或群体利用团队心理资源和社交资源积极适应多元逆境，并可以理解为包含团队成员共同认知、共同情感和共同动机的集体心理状态。例如，Morgan 等从群体结构、社会资本、掌握趋近和集体效能四个要素去评估团队韧性。从结果视角来看，组织韧性表现为企业组织在危机或多元逆境中保持良好的适应结果，甚至化危为机、借机成势，促成企业的可持续发展。

现有研究主要围绕员工和组织两个视角，探索旅游企业在逆境中寻求恢复和成长的韧性响应路径。鉴于旅游和酒店企业员工在日常服务工作中涉及高强度的身体劳动、情绪劳动和智力劳动，员工对辱虐管理、工作压力、顾客不当行为、恐怖袭击和新冠感染疫情等多元不利情境的韧性响应得到学者的重点关注。实证结果表明，韧性能够增强旅游企业员工的动态适应能力，对工作不安全感、情绪耗竭和离职意愿具有显著的负向影响，并对工作投入、创新绩效、生活满意度和心理幸福感具有显著的正向影响。此外，员工个体层面的知识、技术、能力和其他韧性特征的结合能够提升组织韧性，员工韧性也可通过生活满意度的中介作用正向影响组织韧性。从组织韧性响应来看，学者对危机情境下旅游企业组织韧性的内涵要素、影响因素及其作用结果展开实证检验。例如，Fang 等在地震危机情境下对小型旅游企业业主和管理者的深度访谈发现，旅游企业组织韧性包含适应性能力、创新能力、情境意识、社交网络和快速决策等要素，管理者基于问题导向和情绪导向的应对机制能够强化组织韧性。此外，领导者心理韧性、经营战略和变革挑战等因素，被证实对旅游企业组织韧性具有显著正向影响，组织韧性能够正向预测企业财务绩效、整体绩效和可持续发展。

三、危机风险感知

本研究从个体风险感知的视角，衡量旅游企业员工对危机事件特征及其影响的主观认知。其中，风险是指发生危险、伤害或损失的可能性和不确定性，因此风险感知可以被理解为，个体对风险事件发生可能性和后果严重性的主观评估和综合判断。在旅游和酒店领域，风险感知具体表现为，员工对工作场所中所接触到的内外部风险因素和风险状态的整体判断，是员工对客观风险环境和风险事件的主观认知。Xie 等研究指出，旅游和酒店员工属于高风险职业群体，员工对工作风险的感知来自人员、设备、内外部环境和组织管理等层面，并认为工作风险感知是一种消极的感知状态，容易对员工的认知、态度和行为造成持续性的负面影响。

目前，学界对风险感知的维度结构、影响因素和作用结果展开了丰富的理论探索和实证检验。其中，相关领域主要从性质、结果和来源等视角对风险感知的维度结构展开分析。基于性质视角，风险感知被认为是风险事件发生可能性和后果严重性的组合，从可能性和严重性两个维度来测量风险感知已经成为学界共识。温芳芳等在新冠感染疫情危机下对这一维度进行拓展，并从严重性、可能性、未知性和不可控性四个维度评估风险事件的性质结构以及公众的风险感知。基于结果视角，风险感知涉及绩效风险、财务风险、心理风险、时间风险、隐私风险、产品风险、身体风险、社交风险等要素。基于来源视角，Xie 等基于人—机—环—管模型指出酒店员工风险感知涉及人员风险、设备风险、环境风险和管理风险等维度。在旅游与酒店管理领域，员工面临的风险隐患既涉及顾客冲突、同事不当行为、职业病隐患和安全管理缺失等内部冲突及其失序状态，也承受疫情感染、自然灾害和暴力犯罪等外部环境压力。现有研究表明，旅游和酒店企业员工的风险感知与工作满意度呈显著负相关、与负面安全结果呈显著正相关，且风险感知在危机情境中始终存在于员工的领导力判断、恢复信念认知和安全行为决策当中。

四、领导者赋能导向

赋能是指赋予和强化员工工作动力和心理能量的行动过程。危机事件及其引致的高风险工作环境会削弱员工的工作动机和工作激情，并使员工产生较高的离职意愿。而领导者赋能能够保护员工工作动机和心理资源免受危机侵害，所塑造的支持性、鼓励性和发展性工作环境还能够使员工在逆境中维持较高的心理能量和动机水平。结合前文质性分析结果，危机情境下韧性领导者主要通过责任感、信念感和使命感三种路径赋予员工动力和能量。其中，责任感可以理解为员工对工作的负责任水平，也是员工完成工作任务、实现组织目标和维护组织利益的自觉性，在危机情境中表现为员工对自身是否有义务、有责任帮助组织渡过难关的一种心理知觉。信念感描述了员工对是否能完成某种活动所具有的能力判断、态度或主体的自我把握与感受，在危机情境中表现为员工相信自己或组织有能力执行某种行为并恢复工作场所安全性和稳定性的看法和判断。使命感是员工对自身工作具有发自内心的、强烈而富有意义的激情。具备工作使命感的员工往往以展现自身价值以及以他人为导向的价值观作为动力去践行工作角色，从而推进个人、企业和社会的共同发展。作为员工积极的心理知觉和心理体验，责任感、信念感和使命感在组织行为领域得到学界的广泛探索。

员工责任感源于西方学者对人格特质理论的研究。其中，Costa 和 McCrae 将责任感纳入大五人格特质模型中，并将其描述成一种亲社会、尽责性人格特质，并与高工作绩效紧密联系，代表了员工有组织、负责任和公正严谨。此外，基于行为和态度视角的员工责任感研究也得到学者关注。行为视角下员工责任感被概念化成员工发自内心的、自觉的甚至超越组织要求的工作行为，并往往能够产生高绩效的结果导向。Peabody 和 Raad 从工作条理性、尽职尽责、勤勉努力和冲动控制四个维度来描述员工责任感。而态度视角下员工责任感表现为员工对履行角色任务和工作义务的高度自觉，也是对自己当前工作的负责任程度，同时包含了事后问责和事前意识两个层面。其中，前者具有委派性特征，具体表现为事件发生后的回溯归因和责任追究，后者则具有自愿性特征，具体表现为员工产生假定的责任义务并主动承担。本研究沿用态度视角下员工责任感的概念内涵。在现有实证研究中，授权型领导力、命令型领导力、自我牺牲式领导力、领导—成员交换关系、组织支持感、薪酬制度等因素，对员工责任感的影响关系得到学界的重点探索，且员工责任感对工作绩效、越轨创新、前瞻行为、建言行为和组织公民行为具有显著的正向影响。

员工信念感源于自我信念和自我效能的概念，具体表现为员工在工作中完成某种行为或达成特定成就的行为倾向和心理判断。根据计划行为理论的观点，个体拥有大量与行为相关的信念，而在特定情境下被个体获取的突显信念是态度、主观规范和感知行为控制的认知和情感基础，继而预测个体的行为决策。其中，信念包含信念强度和价态评估两个层面，前者是指人们对于行为发生可能性的判断和期望，后者表现为个体对行为结果是积极抑或消极的预期。在危机或负面威胁情境下，拥有较高信念感的个体对于恢复到危机前状态的行为意愿更强。同时，个体在危机情境下也会进入"角色延伸"，并主动采取亲社会行为和适应性行为促进组织从危机中恢复，提高组织的安全绩效。因此，Zhang 等结合自我信念和行为信念的概念在新冠感染疫情危机情境下提出了恢复信念的概念，即相信自身或组织克服逆境挑战、恢复常态化的心理预期，高恢复信念的员工愿意采取适应性行为来帮助企业快速从危机中复苏。不仅如此，恢复信念代表了员工在危机情境中持有的积极心理资源，高恢复信念的员工对危机带来的资源损失和负面威胁具有更强的抵抗能力，因此能在企业社会责任对员工安全绩效的影响过程中发挥支撑作用。

近年来，员工使命感作为一个正在复苏的前沿议题获得管理实践和理论研究的重视。从概念演进的视角来看，工作使命感研究从早期仅指向宗教神职人员的神圣化视角转变为如今适用于所有寻求自身价值和社会贡献个体的世俗化视角。在新古典主义视角下，工作使命感既强调工作对于自我价值的实现，也关注其对于社会价值的贡献。例如，Bunderson 和 Thompson 指出员工对工作使命感的认知包含命中注定、工作激情和生命意义等要素，Dik 等也从生命意义、引导力量和亲社会动机三个方面概念化员工的工作使命感。从概念测量来看，谢宝国等基于变量的构成是单维度还是多维度、工作领域是指向特定职业还是面向所有职业，将工作使命感的测量工具归类成 4 个象限 8 个类别。尽管这些量表对工作使命感本质特征和内容要素的认知存在差异，但均具有良好的信效度，并在一定程度上促进了工作使命感的实证研究。其中，个人因素（如主动性人格、个人意义等）和组织因素（如组织支持、领导力等）被识别为工作使命感的前导影响因素，工作使命感也会给员工和企业带来积极的结果效应，如正向影响员工工作绩效、主动行为、工匠精神、满意度、组织承诺和组织公民行为等。

五、组织学习氛围

组织氛围是指能够被组织员工共同感受到的组织稳定特质，是员工对组织政策、管理实践和奖励系统的共同感知。作为组织氛围的子集，组织学习氛围被定义为员工对组织政策、管理实践和奖励系统是否重视、促进和支持员工的学习行为，并有效引发组织内部学习型工作环境的共同看法。因此，组织学习氛围往往能够诱发组织内部的学习行为、保证组织发展的有效性。同样的，员工也将个体、团队和组织的学习成长作为首要任务，以更好地适应组织内部的学习环境。

目前，学界普遍认为组织学习氛围是一个复杂的多维度概念。Bartram 等指出组织学习氛围包含管理风格、足够时间、自主和授权、团队风格、发展机会、工作指导和工作满意 7 个要素。基于对前人研究的总结，Nikolova 等指出组织学习氛围包含支持型、奖励型和容错型学习氛围 3 个维度，并开发出了具有良好信度和效度结构的组织学习氛围量表。其中，支持型学习氛围是指组织提供足够的资源和机会来支持和促进员工学习，奖励型学习氛围表现为组织对员工学习行为的奖励水平和激励程度，而容错型学习氛围具体表现为组织容忍与学习相关的错误，并鼓励员工从错误和失败中学习。同时，组织学习氛围往往具有积极的结果导向，其被证实对员工学习态度、创新行为、工作投入、工作绩效和工作满意度具有显著的正向影响，对员工离职意愿、工作压力和情感诉求具有显著的负向影响，并在员工和组织行为的预测中发挥调节效应。

六、环境动态性

变化性和动态性是当前社会环境的典型特征，危机情境下旅游企业面临着更加复杂且充满不确定性的外部经营环境。作为体现外部环境特征的重要变量，环境动态性描述了企业所处外部环境变化的频率、速度、不稳定性和不可预测性。此外，外部环境的动态性变化也可从技术变革速度、行业竞争程度和市场动荡水平三个方面归纳。其中，技术变革速度描述了企业所处行业技术变革和更新的速度，行业竞争程度反映为企业所属行业和产业的竞争激烈程度和垄断水平，而市场动荡水平则表现为企业目标市场和顾客需求变化的动荡性和不稳定性。据此，Jaworski 和 Kohli 从市场动荡性、行业竞争强度和技术变革性三个维度去评估环境动态性。

目前，环境动态性被认为是影响企业经营活动和经营绩效的重要权变因素，其发挥影响的过程也存在环境威胁视角和环境机会视角两种相异的观点。其中，环境威胁视角指出环境动态性促使企业在生产经营中面临的不确定性和风险性增强，容易腐蚀企业竞争力并威胁企业生存发展。与之相反，环境机会视角强调环境动态性生成了大量机遇和潜在窗口，善于抓住和利用这些机会的企业往往能够塑造核心竞争力，并快速走向成功。可见，环境动态性塑造了威胁性的压力情境和机遇性的成长环境，现有研究大多将其作为情境变量和调节变量实证探索其在企业绩效成长过程中的影响作用。而企业的领导活动和领导实践必然是嵌入特定的社会环境中，领导力和领导风格应当与外部环境特征相匹配才能发挥其有效性并促成企业的成长和发展。从实证研究来看，环境动态性也被证实在变革型领导力、交易型领导力、授权型领导力、魅力型领导力、开放式和闭合式领导力对员工、团队和组织行为绩效的影响关系中具有正向调节作用。

第四节　理论模型与研究假设

一、危机风险感知与企业韧性的影响关系

危机事件对旅游企业具有综合性的影响。一方面，危机事件会冲击旅游企业的营业绩效，甚至对员工和顾客的生命健康造成威胁。例如，Goodrich分析了"9·11"事件对美国酒店业的直接影响，发现危机后美国所有酒店的预订量下降了20%~50%，赌场接待人数降低了50%，超过5000家酒店通过房价大幅度下调等营销策略来吸引顾客。另一方面，危机会给旅游企业在短期和长期带来积极影响。具体来说，危机在短期内能够帮助旅游企业降低经营成本、识别经营管理缺陷、引入新的管理技术并提高管理效能等，在长期内能够帮助旅游企业拓展新市场、开发新产品、提高服务质量和优化产品结构等。因此，危机事件在给旅游企业造成生存威胁的同时，也为其转型发展带来了新的机会。本研究从员工个体风险感知的视角评估危机事件特征及其影响，并认为其对旅游企业韧性具有正向促进作用。

韧性衍生于危机或逆境，它在组织管理中具体表现为员工、团队或组织在面对危机或逆境时的积极适应和动态响应。因此，危机或逆境是员工、团

队或组织韧性的发生情境，危机事件能够驱动员工、团队和组织的韧性响应，即风险感知正向影响员工韧性、团队韧性和组织韧性。本研究从严重性、可能性、未知性和不可控性四个维度评估危机风险感知。其中，严重性是指危机事件所导致后果的严重程度，可能性是指危机事件发生的概率，未知性反映为个体对危机事件的认知存在局限性，而不可控性主要是指危机事件的负面影响很难通过人为努力进行控制和干预。当员工认为危机事件发生的可能性高、后果严重性且不可控、危机局势不明朗、危机对自身利益造成的威胁大，就会采取抵抗性和适应性的韧性响应策略来降低或缓解危机事件造成的负面影响，甚至通过学习来强化自身应对和度过危机的能力。根据保护动机制论的观点，个体会从严重性和可能性两个方面对外在风险因素展开威胁评估，并在此基础上采取保护自身安全、维护自身利益的适应性行为。因此，危机风险感知正向影响员工韧性。

而当员工个体韧性聚合并拓展到团队层面，团队成员间共有的应对信念、集体效能和韧性状态，将会促动群体层面的人际协作和社会互动，并导致团队韧性的生成。此外，对危机严重性、可能性、未知性和不可控性的感知，将促使团队成员展开危机协作、信息共享和资源交换，以此形成集体和团队层面的韧性响应。同样地，危机和负面威胁情境也会促使组织通过立场感知、情境整合、战略制定和执行等方式建立组织韧性。具体来说，危机情境下组织会对自身优势条件和劣势短板展开自我评估，并据此调动优势资源应对组织劣势、克服逆境冲击。情境整合强调了组织整合利用人力资源和环境资源应对外部威胁，而战略制定和执行关注了组织通过建立韧性导向的应对战略和灾害管理模式来帮助企业化危为机、实现逆势增长。因此，危机风险感知正向影响团队韧性和组织韧性。尽管学界鲜有研究实证检验风险感知对旅游企业韧性的影响作用，但学者普遍认为危机、风险和逆境是激发员工韧性、团队韧性和组织韧性的重要情境条件。基于此，提出如下假设：

H1：严重性（H1a）、可能性（H1b）、未知性（H1c）和不可控性（H1d）正向影响员工韧性

H2：严重性（H2a）、可能性（H2b）、未知性（H2c）和不可控性（H2d）

正向影响团队韧性

H3：严重性（H3a）、可能性（H3b）、未知性（H3c）和不可控性（H3d）正向影响组织韧性

二、危机风险感知与韧性领导力的影响关系

韧性领导力是一种动态适应导向的领导风格，危机或多元逆境是韧性领导力的发生情境，能够促成韧性领导力的建立和形成。结合 Faulkner 的旅游灾害管理框架以及本研究建构的韧性领导力生命周期模型，旅游企业领导者需要在危机不同阶段采取针对性的韧性响应策略以实现有效应对。具体来说，领导者在危机前需要展开变革规划，即兴应变是领导者在征兆期的重要任务，在紧急阶段开展适应性指导和权变控制，在中间期采取应急关怀、满足员工和他人的身心需求，并在延续期通过调节恢复推动企业经营秩序正常化，在解决阶段建立新常态、促进共同成长。此外，外部环境条件对领导力的影响作用也得到学界的一致认可，如环境不确定性、文化背景、制度环境和大众媒体舆论等环境变量被识别为领导力的重要前置影响变量。鉴于旅游企业的危机敏感特质，学界也越来越关注危机或逆境对旅游企业韧性领导力的激活和促动。例如，Fang 等从问题导向和情绪导向两个层面归纳了地震灾害情境下旅游企业领导者采取的韧性应对机制；Lombardi 等发现新冠感染疫情危机激活了酒店领导者持续准备和危机学习两种核心韧性响应策略，从而促进企业的快速恢复。基于此，提出如下假设：

H4：严重性（H4a）、可能性（H4b）、未知性（H4c）和不可控性（H4d）正向影响韧性领导力

三、韧性领导力与企业韧性的影响关系

社会交换理论指出，当一方为另外一方提供帮助和支持后，对方也就有了回报的义务，该理论的核心在于双方通过各自持有资源的交换而达到互利互惠的目的。在组织管理中，领导者对员工的支持行为会促使员工通过积极的工作行为来回报。而韧性领导力在危机情境下对员工的适应性指导、权变

控制、应急关怀和调节恢复会增强员工对领导者的心理认同和情感承诺，进而促使员工表现出韧性响应。社会学习理论指出，个体既可以通过直接经验的方式获得习得复杂行为，也可以通过学习模范者态度、价值观和行为的方式获得行为的反应模式。通常，领导者是组织的学习模范，下属和追随者也热衷于学习和模仿领导者的行为表现。其中，领导者会通过规划、应变、指导、控制、关怀等韧性行动带领企业应对危机或逆境，并鼓励员工、团队和组织从逆境中实现恢复、调整、发展和成长。这种以韧性响应为导向的领导实践和领导风格会促动员工的韧性响应。因此，韧性领导力正向影响员工韧性。

社会认同理论指出，个体通过自我归类和群体比较来完成身份价值定义，并将自己所属社会群体的特质、规范和价值观纳入自我概念当中，从而导致群体内部态度和行为表现上的同质性。作为员工个体韧性在群体层面的聚合，团队韧性反映了团队成员积极利用个体或群体资源实现对压力和威胁情境的动态性适应，因此员工韧性是团队韧性产生的个体基础和资源基础。这表明，韧性领导力对员工韧性的影响关系会经由团队成员间的资源调配、人际交互和协作互动拓展至团队层面。同时，韧性领导力作为一种情境资源能够调动团队内部成员和团队整体积极的认知、情绪和动机，引导团队成员在人际互动中产生协作信任、凝聚力和集体效能，从而促进团队韧性的建构和产生。此外，领导者的韧性实践也会促动团队内部的效仿行为，有利于团队迅速适应逆境并从中恢复。因此，韧性领导力正向影响团队韧性。

组织韧性来源于员工和群体等层面的互动作用，因此韧性领导力对组织韧性的影响也会经由员工和团队拓展到组织层面。此外，韧性领导力对组织韧性的影响作用可通过能力、行动和情境三个层面来实现。在能力层面，组织韧性水平的高低与领导者的韧性能力息息相关，尤其是与领导者的应变能力、适应能力、快速决策能力和变革能力。换言之，组织韧性的提升需要拥有韧性特质和持续变革导向的领导者，因此韧性领导力是增强组织韧性的重要力量。从行动视角来看，韧性领导者能够在危机事件发生前制订危机管理计划、储备应急管理资源，能够在危机事件发生后展开应急处置和即兴应变，并通过适应性指导、权变控制和应急关怀维持员工的集体效能、促进组织快速适应危机情境，这对于组织韧性的提升具有重要作用。在情境层面，韧性领导者能够敏锐察觉到企业外部的负面威胁情境，并针对多元逆境展开变革规划、保持组织的强健性和坚韧性，还能够围绕危机事件展开积极反思、通过建立反馈机制来培育和增强组织韧性。因此，韧性领导力正向影响组织韧性。

当前，多元领导力对员工、团队和组织韧性的影响关系得到学者的广泛验证。从员工韧性来看，Nguyen 等实证发现授权型领导力和权变奖励型领导力对员工韧性具有正向影响；诸彦含等揭示了谦逊型领导力对员工韧性的影响机制。从团队韧性来看，孙谋轩等从意义建构的视角实证分析了变革型领导力影响团队韧性的中介和调节机制。从组织韧性来看，赵思嘉等实证探索了创业型领导力、组织韧性和新创企业绩效三者间的影响关系。此外，韧性领导力具体表现为领导者在负面威胁情境下指引和带领员工、团队和组织维持动态适应性并寻求发展和成长，其对旅游企业韧性的影响关系也得到部分学者的实证讨论。例如，Prayag 等实证发现领导者心理韧性对旅游企业员工韧性和组织韧性具有显著正向影响；Fang 等基于对旅游企业管理者和业主的访谈建构了危机情境下领导者心理资本、应对机制和组织韧性间影响关系的理论框架。Prayag 等检验了韧性领导力对员工韧性和组织韧性的影响关系。综上，提出如下假设：

H5：韧性领导力正向影响员工韧性（H5a）、团队韧性（H5b）和组织韧性（H5c）

四、韧性领导力的中介效应

危机情境下，韧性领导力能够降低危机对旅游企业所造成的负面威胁，促进员工、团队和组织对逆境的韧性响应，并促使旅游企业化危为机、实现逆势成长。在常态情境中，领导者在企业组织管理中扮演着协调矛盾冲突、激发员工热情、建构信任关系和获取广泛支持的组织角色，对于组织文化、组织承诺、组织认同和组织韧性的建立发挥关键作用。在危机情境中，韧性领导者既要采取即兴应变、权变控制和适应性指导来缓解危机的负面影响，还要实施应急关怀来安抚员工的负面情绪，更需要制订恢复和应对计划来维持员工、团队和组织对危机的动态适应性。因此，韧性领导力在企业韧性的生成和建构中发挥重要作用。

根据刺激—有机体—反应（SOR）理论框架，当有机体接收到外部刺激时，会促发有机体的内在状态响应，并进一步引发有机体接近或避免的行为结果响应。换言之，有机体内在状态在外在刺激与行为结果的影响关系间发挥中介作用。根据企业有机体论的观点，企业是一个能够适应外在环境变化的有机体组织，企业的经营机制、组织架构和管理体制是企业有机体的内在机能。因此，可将 SOR 理论框架用于解释企业有机体对于外在刺激因素的内在状态和行为结果响应。在本研究中，危机事件所塑造的负面威胁情境是企业有机体面临的外在刺激因素，韧性领导力可以反映为企业有机体的内在机能，而企业韧性可以作为有机体对外部刺激因素的结果响应。因此，危机事件的严重性、可能性、未知性和不可控性等刺激因素会激活旅游企业的韧性领导力状态，并驱动旅游企业的韧性响应。换言之，危机风险感知通过韧性领导力的中介作用对员工韧性、团队韧性和组织韧性产生影响。既有研究也实证检验了领导力在外部环境感知与企业结果响应间的中介效应。例如，郑俊巍和谢洪涛指出，建设工程创新要求通过变革型领导力和交易型领导力的部分中介作用影响员工创新行为。基于此，提出如下假设：

H6：韧性领导力中介了严重性（H6a）、可能性（H6b）、未知性（H6c）和不可控性（H6d）对员工韧性的影响关系

H7：韧性领导力中介了严重性（H7a）、可能性（H7b）、未知性（H7c）和不可控性（H7d）对团队韧性的影响关系

H8：韧性领导力中介了严重性（H8a）、可能性（H8b）、未知性（H8c）和不可控性（H8d）对组织韧性的影响关系

五、韧性领导力与员工责任感、信念感和使命感的影响关系

结合自我决定理论的观点，责任感、信念感和使命感反映了员工在危机

情境下的三种动机状态。其中，责任感在危机情境下是指员工对自身有义务、有责任帮助企业渡过难关的一种心理知觉，高责任感的员工认为自身应该付出建设性努力来抵抗危机冲击、促进企业从危机复苏，即"我该"。信念感在危机情境下是指员工对自身和组织有能力克服负面威胁的心理判断，高信念感的员工对自身和组织恢复到危机前的工作和经营状态充满信心，即"我能"。使命感是员工对工作本身及其社会价值具有发自内心的强烈认同并富有激情，高使命感的员工在危机情境下仍愿意投身于工作中以寻求工作价值、企业绩效和自我意义的提升，即"我愿"。

领导力和领导风格在危机情境下具有动机诱导作用。韧性领导力中的适应性指导、应急关怀、共同成长等维度涉及价值导向和意义选择的动机要素，能够激发员工的自主型动机，而即兴应变、权变控制和调节恢复等维度涉及物质奖励和规范压力的动机要素，能够激发员工的受控型动机。因此，危机情境下韧性领导力能够强化员工与责任感、信念感和使命感等有关的自主型和受控型动机要素。同时，结合社会学习理论的观点，领导者在威胁情境下基于积极承担责任、即兴开展危机管理、关注员工心理需求并致力于推进企业繁荣发展的韧性领导策略会激发员工的效仿动机、积极承担自身岗位责任（责任感），以积极的态度投身到工作中，也对企业渡过危机难关信心满满（信念感）。不仅如此，工作使命感强调了员工在工作中获得工作意义、实现自我价值和生命意义，领导者在危机情境下提供的关怀指导和共同成长指引能够维持员工的工作激情、激发员工的工作认同并实现员工的自我价值和生命意义。因此，韧性领导力在危机情境下对员工的责任感、信念感和使命感具有显著的正向影响。现有实证研究结果也相继表明，安全型领导力、变革型领导力和自我牺牲式领导力对员工责任感、信念感和使命感具有显著的正向影响。基于此，提出如下假设：

H9：韧性领导力正向影响员工责任感（H9a）、信念感（H9b）和使命感（H9c）

六、员工责任感、信念感和使命感的中介效应

责任感、信念感和使命感分别反映了员工不同类别的动机响应状态，员工在这些动机要素的驱动下，会为企业从危机中恢复甚至取得逆势成长付出建设性努力和有利于组织福祉的行为响应。具体来说，高责任感、信念感和使命感的员工在负面威胁情境中依然能够保持强劲的坚韧性，并充分利用各种资源展开工作调整和动态适应，甚至采取适应性和建设性行为来抵御危机冲击、促进企业恢复。同时，员工也会与团队成员展开人际互动和危机协作，分享和利用个体或群体资源以实现对危机的动态响应，并最终发展成为组织危机应对的集体合力和资源基础。因此，责任感、信念感和使命感对员工韧性、团队韧性和组织韧性具有正向促进作用。

结合资源保存理论的观点，危机和压力情境下个体想要努力维持、保护和建构的有价值资源主要包括了实体资源（如汽车、房屋）、条件资源（如朋友、权力）、人格特质（如自我信念、自尊）和能量资源（如精力、技术能力）等。它们不仅满足了个体的内在需求，而且帮助员工准确地认知自我及其社会取向。在危机情境下，员工和团队的韧性响应需要员工内在能量资源的支撑，而领导者基于责任感、信念感和使命感的赋能路径，能够使员工避免因采取韧性行动和适应性响应而陷入资源丧失螺旋，并保障个体能够产生资源增量、促成组织韧性。因此，责任感、信念感和使命感是支撑韧性领导力影响员工韧性、团队韧性和组织韧性的重要动机变量和心理变量。此外，结合自我决定理论，自主需要、胜任需要和归属需要是员工的三种基本心理需求。当这三种基本心理需求得到满足后会增强员工的内部动机、促进外部动机的内化，并诱导员工建设性行为的产生。而领导者在危机情境下带领员工展开即兴应对、为员工提供适应性指导并鼓励员工成长，满足了员工的能力胜任和职业成长需求，对员工的应急关怀满足了员工的归属需求，基于变革规划、权变性奖励和调节恢复所提供的资源支持满足了员工的自主需求，这些有助于激发员工的内部动机，并促成个人、团队和组织的韧性响应。事实上，员工责任感、信念感和使命感在领导力与领导有效性间的心理中介过

程也得到学者丰富的实证检验。基于此，提出如下假设：

H10：员工责任感（H10a）、信念感（H10b）和使命感（H10c）中介了韧性领导力对员工韧性的影响关系

H11：员工责任感（H11a）、信念感（H11b）和使命感（H11c）中介了韧性领导力对团队韧性的影响关系

H12：员工责任感（H12a）、信念感（H12b）和使命感（H12c）中介了韧性领导力对组织韧性的影响关系

七、组织学习氛围的调节效应

根据领导替代理论，组织特征因素能够为员工提供指导、关怀和积极感受，因此可以影响和替代领导行为的有效性。具体来说，组织特征因素可能扮演"强化剂"的角色增强领导力的有效性，也可能扮演"中和剂"的角色削弱领导力的有效性，还可能成为"替代者"使组织领导行为无效。其中，组织学习氛围是员工对组织促进内部开展有效学习行为的工作环境的共享认知，它是增强领导力有效性的重要情境变量。

组织学习氛围还反映为领导者所塑造的支持型、奖励型和容错型的内部学习环境。在危机情境下，组织学习氛围鼓励员工将危机和挑战作为学习和成长的机会，引导员工在危机应对中通过表现出更多的责任感、信念感和使命感去应对危机挑战，增强员工面对挫折的韧性，并促进员工、团队和组织实现抗逆复原和韧性成长。在高组织学习氛围中，员工和团队对逆境的韧性响应和反思学习通常受到组织和领导者的认可，也被倡导为有益于促进组织韧性的有效学习行为。因此，员工在高组织学习氛围中倾向于将对危机或逆境抵抗、适应、学习和成长解读为受到组织重视、符合领导者期许的高价值行为实践。当员工在危机情境下感受到领导者对自身的鼓励、支持、指导、控制和关怀，以及领导者对危机事件的变革规划和即兴应对时，他们会拥有更强的责任感、信念感和使命感去帮助企业应对逆境、克服挑战、恢复平衡甚至实现成长，也会基于社会交换的原则投领导者所好、表现出符合领导者期许的韧性行动，并最终促进组织韧性的提升。相反，在低组织学习氛围中，

在危机中学习和成长可能未受到组织的重视，员工也倾向于将逆境中的学习和成长解读为不受领导者关注的低价值行为实践。因此，尽管受到韧性领导力的正向驱动，员工在低组织学习氛围中对危机展开韧性响应的责任感、信念感和使命感相对较弱，也较难以有效激发员工、团队和组织的韧性表现。现有研究实证结果也显示，组织氛围是影响领导力有效性的重要替代变量，它是领导力影响员工信念、态度和行为的重要调节变量。基于此，提出如下假设：

H13：组织学习氛围在韧性领导力对员工责任感（H13a）、信念感（H13b）和使命感（H13c）的影响关系中具有正向调节作用

H14：组织学习氛围在韧性领导力对员工韧性（H14a）、团队韧性（H14b）和组织韧性（H14c）的影响关系中具有正向调节作用

八、环境动态性的调节效应

根据社会认知理论的观点，个体行为决策在快速变化的环境中具有复杂性和多元性，受到个体认知因素和环境因素的交互影响。换言之，危机情境下韧性领导力受到领导者对危机事件的认知和外部动态环境的交互影响。其中，风险感知代表领导者和员工对危机事件特征及其影响的主观判断，具体表现为对危机发生可能性、结果严重性、性质未知性及其演化不可控性等特征因素的认知判断。而环境动态性描述了危机情境下企业外部竞争环境、市场需求和技术条件变化的速度和不可预测性，是领导者采取韧性响应实践时应当重点考虑的权变因素。因此，韧性领导力是危机风险感知与环境动态性交互影响的结果。结合风险的社会放大框架，风险事件与心理、社会、环境、制度和文化等因素间的相互作用，会增强个体的风险认知及其风险应对决策。因此，在危机情境下，相较于低环境动态性，高环境动态性所指代的市场、技术和社会等环境因素的不可预测性，会通过风险社会放大框架干扰个体对危机事件特征的认知判断，从而影响领导者在危机情境下的韧性领导力响应。此外，韧性衍生对逆境和负面威胁情境的动态响应，韧性领导力也是一种动态适应导向的领导风格，复杂多变、不可预测、威胁和机遇共存的外部环境

会强化韧性领导者对逆境的响应程度，并削弱危机事件及其风险特征对韧性领导力响应造成的负面影响。换言之，环境动态性促进了韧性领导力对危机和逆境的正向响应、削弱了韧性领导力对危机和逆境的负向响应。基于此，提出如下假设：

H15：环境动态性在严重性（H15a）、可能性（H15b）、未知性（H15c）和不可控性（H15d）对韧性领导力的影响关系中具有调节作用

根据领导替代理论的观点，组织面临的环境不确定性和环境风险性是影响领导力有效性的权变因素和替代变量。在本研究中，环境动态性代表了危机情境下员工和领导者对外部环境变化程度和不可预测水平的知觉，而韧性领导力强调了领导者对多元逆境和不确定风险环境的积极响应。因此，当旅游企业处于动态复杂的外部环境下，韧性领导者更能发挥其变革规划和即兴应变的优势，通过适应性指导、权变控制、应急关怀等方式增强员工韧性响应的责任感、信念感和使命感，以此应对环境动态变化带来的负面威胁，并促成员工、团队和组织的韧性成长。

同时，环境机会视角强调环境动态性塑造了促进员工、团队和组织成长的机会窗口，而韧性领导者的即兴应变、适应性指导和共同成长等行动策略能够发现动态环境中的机遇要素，甚至形成应对外部环境的动态能力，将环境挑战转变成环境机会。因此，随着环境动态性的提升，韧性领导力对员工和组织的影响作用将会得到放大，环境动态性可能扮演了"强化剂"的角色，强化了韧性领导力的影响结果。不仅如此，在低动态性环境中，企业所处的外部行业竞争、市场需求和技术变化相对稳定或容易预测，企业在危机情境中所面临的多为结构性或内生性问题，因此对员工责任感、信念感和使命感等动机状态的激活水平较低，对企业韧性能力的要求不高，韧性领导力所产生的影响作用相对有限。但在高动态性环境中，韧性领导者必定需要建构应变能力、适应能力和动态能力，要促动员工的工作动机以实现对不确定性环境的积极适应，要促进员工、团队和组织的韧性响应以提高企业生存能力和维持企业竞争优势。现有研究也表明，环境动态性是影响领导力有效性的重要替代变量和边界条件。基于此，提出如下假设：

H16：环境动态性在韧性领导力对员工责任感（H16a）、信念感（H16b）和使命感（H16c）的影响关系中具有调节作用

H17：环境动态性在韧性领导力对员工韧性（H17a）、团队韧性（H17b）和组织韧性（H17c）的影响关系中具有调节作用

九、韧性领导力、组织学习氛围和环境动态性的三项交互效应

鉴于旅游企业在危机中面临的内外部情境要素复杂多元、不同情境要素也可能存在相互影响作用，学者也有探讨不同情境因素在领导力和领导行为影响过程中的联合效应。例如，王欣和徐明实证分析了变革型领导力和组织创新氛围对企业创新绩效的影响关系，并在此基础上检验了环境动态性的调节效应，以此阐述了变革型领导力、组织创新氛围和环境动态性对企业创新绩效的联合影响效应。王年欣建构包含企业家创业精神、创新氛围、环境动态性和员工创新行为的影响机制模型，数据结果支持了创新氛围在企业家创业精神影响过程中的中介作用以及环境动态性的调节效应，由此分析了创新氛围、环境动态性和企业家创业精神对员工创新行为的联合影响效应。由此可见，本研究认为组织学习氛围和环境动态性在韧性领导力的影响过程中也可能存在联合效应。

结合领导替代模型的观点，组织内部环境和组织外部环境均是影响领导力有效性的重要替代变量，本研究也认为组织学习氛围和环境动态性均是可能影响韧性领导力发挥有效性的重要调节变量和权变因素。从环境适配性的观点来看，韧性领导力的影响作用应当与内外部环境相匹配和相适配才能发挥最高的影响效能。鉴于韧性衍生于危机和逆境，韧性领导力的概念属性和实践内涵均强调领导者在动态性、紧急性、不确定性和不可预测性的情境下通过采取变革规划、即兴应变、适应性指导、权变控制、应急关怀、调节恢复和共同成长等多元化策略以助推企业克服威胁和实现逆势成长。从这两个替代变量的概念内涵来看，环境动态性强调了企业外部产业环境、市场环境和技术环境变化的速度和不可预测性，并同时呈现了威胁性和机遇性的环境要素，这与韧性领导力的理论内涵高度一致。而组织学习氛围是指企业通过

制定组织政策、管理制度和奖励机制来建立组织内部学习型工作环境，并鼓励员工将危机和挑战作为成长的机会，这与韧性领导力在危机处于解决期的实践内涵具有一定的相似性。由此可见，环境动态性与韧性领导力的匹配性和适配度高，而组织学习氛围仅在于危机处于恢复期或解决期时与韧性领导力相匹配。从资源基础观的视角来看，企业往往被认为是各种资源要素的集合体，企业获取竞争优势和成长发展是建立在对资源合理配置、协调控制和适应性重构的基础上。危机情境下领导者在应对动态性环境和塑造组织学习氛围中同时涉及对资源的配置、控制和重构，不同的配置方式可能会产生差异化的绩效结果导向，这还可能与危机事件所处的具体发展阶段紧密相关。因此，在不同的动态性环境（高或低）和组织学习氛围（强或弱）条件下，旅游企业需要合理配置资源以维持竞争优势、获得适应性成长，而差异化的配置方式将导致不同韧性领导力效能。鉴于环境动态性与韧性领导力的适配度高，配置更多的资源在应对环境动态性能够更好地释放韧性领导力的效能，反之则有可能会降低抑或中和韧性领导力的效能。综上，本研究认为组织学习氛围、环境动态性和韧性领导力的三项交互联合影响责任感、信念感、使命感、员工韧性、团队韧性和组织韧性。基于此，提出如下假设：

H18a：组织学习氛围与环境动态的交互项在韧性领导力与领导者赋能的影响关系中存在调节效应

H18b：组织学习氛围与环境动态的交互项在韧性领导力与企业韧性的影响关系中存在调节效应

综上，本章节所提出的研究假设和概念模型如图5.1所示。

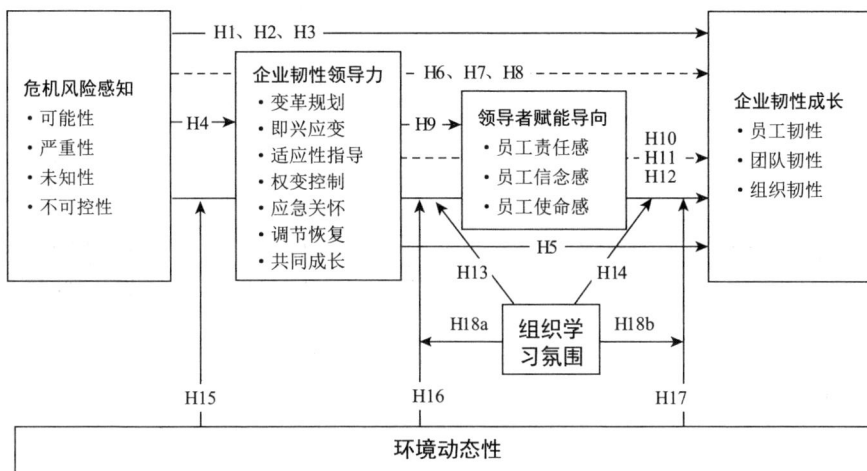

图 5.1　韧性领导力影响企业韧性的概念模型

第五节　研究设计

一、问卷设计

（一）问卷设计原则和过程

问卷设计的规范性是保障调查结果科学性和模型验证有效性的基本前提。本研究遵循以下原则进行问卷结构和量表题项的设计：第一，一般性原则，在题项设计中避免使用专业术语、学术名词或缩略词等，确保调查对象清楚理解各题项的基本含义；第二，准确性原则，避免使用双重否定、多重复合选择和隐含歧义等表述，避免设置与研究目标和调查对象无直接关联的题项，便于调查对象快速有效作答；第三，非诱导性原则，避免设计具有价值取向、主观臆测、诱导提示和威胁敏感等特征的题项，确保调查对象在作答过程中的独立性和客观性；第四，逻辑性原则，问卷量表和题项顺序按照变量间的逻辑关系、问题的难易程度进行呈现，将隶属同一主题的相关题项放在一起，将人口统计信息和企业基本特征信息放在问卷最后；第五，隐私性原则，在问卷设计中详细表明研究目的、确保调查对象的匿名性，并强调答案没有对错之分。

表 5.1　变量测量及说明

变量类型	变量名称	维度和题项	操作化及内涵说明	量表来源
协同变量	危机风险感知	4 个维度、16 个题项	基于个体风险感知的视角，从严重性、可能性、未知性和不可控性四个要素进行测量	Rimal 和 Real；温芳芳等
自变量	韧性领导力	7 个维度、29 个题项	从变革规划、即兴应变、适应性指导、权变控制、应急关怀、调节恢复和共同成长七个层面进行测量	本研究自行量表开发
中介变量	责任感	1 个维度、5 个题项	员工对自身有义务、有责任帮助组织渡过难关的一种心理知觉	Liang 等
	信念感	1 个维度、5 个题项	员工相信自身或组织克服逆境挑战、恢复常态化的心理预期	Zhang 等
	使命感	1 个维度、5 个题项	员工对自身工作及其社会价值具有发自内心的强烈认同，并富有意义的激情	Bunderson 和 Thompson
因变量	员工韧性	1 个维度、6 个题项	员工克服、适应逆境并实现恢复和成长的动态发展能力	Näswall 等；Prayag
	团队韧性	1 个维度、5 个题项	团队从失败、挫折、冲突或任何威胁到团队成员幸福感体验的不利情境中恢复的能力	Meneghel 等
	组织韧性	1 个维度、3 个题项	组织在运营和战略上对新环境条件的适应和恢复，并与外部环境达成平衡甚至取得发展	Melián–Alzola 等
调节变量	组织学习氛围	3 个维度、6 个题项	员工对旨在促进员工学习行为的组织政策和管理实践的共同看法，涉及支持型、奖励型和容错型学习氛围三个层面	Nikolova 等
	环境动态性	1 个维度、5 个题项	外部环境变化的频率、速度、不稳定性和不可预测性，主要表现为市场动荡、行业竞争和技术革新等	Jaworski 和 Kohli

变量类型	变量名称	维度和题项	操作化及内涵说明	量表来源
控制变量	人口统计学特征	7个题项	虚拟变量：性别、婚姻、年龄、学历、平均月收入、职位、工作年限	—
	企业基本特征	2个题项	虚拟变量：企业类别、企业性质	—

本章节在问卷设计中主要包括危机风险感知、韧性领导力、责任感、信念感、使命感、员工韧性、团队韧性、组织韧性、组织学习氛围和环境动态性10个核心变量，各变量的测量要素、基本含义和文献依据如表5.1所示。其中，除韧性领导力外，本研究所选择的测量量表均来自国内外核心期刊文献，其信效度也在前人研究中得到验证。针对测量量表的跨文化、跨情境和跨产业的适用性问题，本研究邀请2名旅游企业管理教授和4名博士研究生组成专家小组结合旅游企业情境、危机情境和前文定性分析结果对部分测量题项进行修正和优化。同时，专家小组对量表中所涉及的英文题项进行翻译校对，确保测量题项在中文情境下使用的有效性。

所有的变量均采用李克特七级量表尺度予以测量，数字大小代表同意程度，从1代表"完全不同意"到7代表"完全同意"。此外，问卷还设置了员工性别、婚姻、年龄、学历、平均月收入、职位、工作年限等人口统计学变量和企业类型、企业性质等企业特征变量。本问卷要求旅游企业各层级员工对新冠感染疫情危机的基本特征进行评价（严重性、可能性、未知性和不可控性），根据新冠感染疫情危机情境下领导者应对策略（韧性领导力）、自身动机状态（责任感、信念感和使命感）和企业恢复适应（员工韧性、团队韧性和组织韧性）情况进行填写，并评价企业内部的学习氛围（组织学习氛围）和外部环境的变化特征（环境动态性）。

（二）危机风险感知的测量

风险是危机事件发生可能性和后果严重性的组合，因此从风险可能性和风险严重性两个维度评估风险感知已经成为学界共识，并在旅游企业情境得到应用和检验。例如，Zhang 等从可能性和严重性两个维度测量酒店员工的风险感知，两个维度的 Cronbach's α 系数均大于 0.8、呈现出良好的内部一致性。在此基础上，温芳芳等在疫情危机情境下从严重性、可能性、未知性和不可控四个层面衡量公众的风险感知，量表整体的 Cronbach's α 系数为 0.820，能够较好地反映个体对危机事件特征及其影响的感受和认知。因此，本研究从严重性、可能性、未知性和不可控性四个维度来评估个体对危机事件的感知，具体测量题项如表 5.2 所示。

表 5.2　危机风险感知的测量题项

变量	维度	编码	描述
危机风险感知	严重性	SE01	新冠病毒是一种传染性强的病毒
		SE02	新冠病毒是一种可以致命的病毒
		SE03	如果感染了新冠病毒，我会遭遇严重的负面后果
		SE04	如果感染了新冠病毒，会严重危害到我的生命健康
	可能性	SU01	我在工作中存在感染新冠病毒的风险
		SU02	我在工作中有一定的概率感染新冠病毒
		SU03	我在工作中可能会接触到新冠病毒的感染者
		SU04	每个人都存在感染新冠病毒的风险
	未知性	UK01	此次新冠感染比以往的肺炎（如"非典"）更严重
		UK02	此次新冠感染是一种新发疾病
		UK03	此前，人们对新冠病毒的认知是陌生的
		UK04	到目前为止，新冠病毒还有许多未知
	不可控性	UC01	此次新冠感染很难完全医治康复
		UC02	此次新冠感染的流行和传播是很难控制的
		UC03	新冠感染对整个社会而言是很难完全控制的
		UC04	新冠感染在境外部分国家的蔓延呈现不可控的趋势

（三）韧性领导力的测量

韧性领导力的测量采用论文第三章所开发的韧性领导力问卷，主要包括变革规划、即兴应变、适用性指导、权变控制、应急关怀、调节恢复和共同成长 7 个维度。其中，变革规划和即兴应变各有 5 个测量题项，适应性指导、应急关怀、调节恢复和共同成长各有 4 个测量题项，权变控制有 3 个测量题项，总共构成了 29 个测量题项的旅游企业韧性领导力量表。韧性领导力的具体题项如表 5.3 所示。

表 5.3　韧性领导力的测量题项

变量	维度	编码	描述
韧性领导力	变革规划	RL01	领导者有制定突发事件的应急预案
		RL02	领导者有制订应对重大危机的工作计划
		RL03	领导者有组建突发事件应急领导小组
		RL04	领导者具备提前应对危机或环境变化的能力
		RL05	领导者有储备应急资源以应对危机的发生
	即兴应变	RL06	疫情暴发后，领导者能密切关注外部风险形势
		RL07	疫情暴发后，领导者能保持乐观心态应对变化
		RL08	疫情暴发后，领导者能从容应对工作难题
		RL09	疫情暴发后，领导者能不断提出解决问题的方案
		RL10	疫情暴发后，领导者能根据环境变化调整应对策略
	适应性指导	RL11	疫情期间，领导者能向员工分享防疫安全知识
		RL12	疫情期间，领导者能在疫情防控中为员工树立榜样
		RL13	疫情期间，领导者能牵头并指导员工防控疫情
		RL14	疫情期间，领导者能促进信息在组织内部的共享
	权变控制	RL15	领导者能制定疫情防控制度和行为准则
		RL16	领导者会奖励积极参与疫情防控的员工
		RL17	领导者会表彰防疫工作表现突出的员工
	应急关怀	RL18	疫情期间，领导者能关心员工的工作和家庭生活
		RL19	疫情期间，领导者能帮助员工解决困难
		RL20	疫情期间，领导者能帮助顾客和回馈社区
		RL21	疫情期间，领导者能与员工维持良好的人际关系
	调节恢复	RL22	领导者能想办法维持企业在疫情期间的生存发展
		RL23	领导者在疫情期间能及时调整工作重心和工作计划
		RL24	领导者能探索疫后市场发展方向以寻求转机
		RL25	领导者能制订疫后市场恢复计划

变量	维度	编码	描述
韧性领导力	共同成长	RL26	领导者会鼓励员工将疫情作为学习和成长的机会
		RL27	领导者会鼓励员工自己独立破解难题
		RL28	领导者会在疫情应对中不断学习专业知识和领导技能
		RL29	领导者重视并促进疫后企业的转型升级

（四）责任感、信念感和使命感的测量

责任感在危机情境下描述了员工对自身有义务、有责任帮助组织渡过难关的一种心理知觉，其概念内涵在企业面临的不同情境中也得到应用和拓展。具体来说，在组织面临不确定性和权变性的情境下，Morrison 和 Phelps 基于责任感提出了建设性变革责任感来描述员工愿意为改进组织中存在的问题、促进组织发展、带来建设性改变的义务和责任，并提出包含 5 个测量题项的员工建设性变革责任感量表，Cronbach's α 系数为 0.800。此外，该量表具有跨文化情境的有效性，其信效度及对员工积极工作行为预测效用也在中国组织管理情境中得到验证。本研究据此发展出 5 个题项来测量员工责任感。

信念感在危机情境下具体表现为员工相信自己或组织能够克服逆境威胁、恢复常态经营的心理预期。其中，Zhang 等在新冠感染疫情引致的重大危机情境下面向旅游企业员工发展出包含 4 个题项的恢复信念感量表。他们的实证结果表明，该量表的 Cronbach's α 值为 0.880，具有良好的内部一致性、聚合效度和预测效度，并中介了安全型领导力对员工安全行为的正向影响路径。同时，该量表在疫情危机情境下的信效度及其对员工行为绩效的预测效用也得到其他学者的实证检验。据此，本研究发展出 5 个测量题项来评估员工的信念感。

使命感的概念内涵存在具有浓烈宗教色彩的古典主义观点，也存在强调个体在职业选择过程中的意义感、自主权和自我实现的现代主义观点，还存在同时聚焦于个人重要性和社会重要性的新古典主义观点。由于新古典观点更加符合使命感的本意，既关注个体在职业过程中对工作意义感的寻求，也重视工作本身所产生的社会价值，因此得到学者的广泛认同。本研究基于新

古典主义观点对员工使命感进行测量。其中，Bunderson 和 Thompson 指出员工使命感包含工作激情、生命意义和天生注定等要素，并立足于新古典主义视角开发了包含 6 个题项的使命感量表。该量表的 Cronbach's α 系数值为0.900，具有良好的内部一致性，本研究据此发展出 5 个题项来测量员工的使命感。综上，本研究对疫情危机情境下旅游企业员工责任感、信念感和使命感的具体测量题项如表 5.4 所示。

表 5.4　责任感、信念感和使命感的测量题项

变量	维度	编码	描述
责任感	责任感	SR01	疫情期间，我觉得我有义务来帮助企业渡过难关
		SR02	疫情期间，我应该尽力想办法来帮助企业渡过难关
		SR03	疫情期间，我有责任提出建设性意见帮助企业渡过难关
		SR04	疫情期间，我应该尽我所能确保企业的生存发展
		SR05	疫情期间，我愿意付出个人的时间来促进企业恢复
信念感	信念感	SF01	我相信企业能够从疫情中恢复过来
		SF02	我相信企业有足够的能力去应对疫情
		SF03	我对企业渡过疫情难关信心满满
		SF04	我相信疫情过后旅游市场会迎来反弹
		SF05	我相信疫情过后企业会变得更强大
使命感	使命感	SM01	我对我现在从事的工作具有很强的使命感
		SM02	有时候我觉得我自己命中注定要做现在的工作
		SM03	做好我现在的工作将是我生命中的一部分
		SM04	我觉得现在所从事的工作很适合我
		SM05	我对我现在从事的工作有很高的热情

（五）员工韧性、团队韧性和组织韧性的测量

员工韧性是指员工克服挑战、适应逆境并实现恢复成长的动态发展能力。目前，学界已经发展出了具有不同概念内涵和属性内容的员工韧性测量量表。其中，Connor-Davidson 韧性量表（CD-RISC）、性格韧性量表（DRS）、自我韧性量表（ERS）和心理韧性量表（RS）等从特质视角衡量个体韧性，并

在不同职业情景中得到改编和应用以测量员工韧性。Näswall 等基于能力视角面向新西兰白领员工开发了由 9 个测量题项构成的员工韧性量表（EmpRes），其在旅游企业情境中得到应用并具有良好的信效度。例如，Prayag 等采用该量表来测量自然灾害危机情境下旅游企业员工韧性，修订和调试后量表的 Cronbach's α 系数值为 0.859，这表明该量表在旅游危机和旅游企业情境中具有良好的适用性和可靠性。基于此，本研究结合案例背景对该量表进行调整以测量旅游企业员工韧性，具体如表 5.5 所示。

Meneghel 将团队韧性定义成团队从失败、挫折、矛盾、冲突或任何威胁到团队成员幸福感体验的不利情境中恢复的能力，并在组织管理情境下基于 Mallak 提出的韧性实施原则提出了包含 7 个题项的团队韧性量表。与前人研究中所建构的团队韧性量表相比，该量表是针对组织环境中的团队协作专门设计开发的，能够较好地阐述团队成员利用个人或团体资源，积极适应多元逆境并从中寻求恢复和发展的社会心理过程，并有效预测团队的角色内绩效和角色外绩效。同时，该量表在组织行为领域也得到应用和拓展，并被证实具有良好的信效度。例如，张雨等采用该量表实证探索了团队韧性在团队认同和关怀型伦理氛围，对团队工作绩效影响过程中的中介效应。他们的数据分析结果显示，团队韧性量表的 Cronbach's α 值为 0.869，具有良好的内部一致性，但其中某一题项的标准化因子载荷系数为 0.484（小于 0.5），表明需要对该量表进行调试和修正。基于此，本研究结合新冠感染疫情危机和旅游企业情境对该量表进行优化和调试，并用于测量旅游企业团队韧性，具体如表 5.5 所示。

组织韧性直接关系到企业组织在动态性和不确定性的内外部环境中，如何维持生存、寻求恢复甚至实现发展。基于对企业管理领域组织韧性研究的系统性文献综述，学者张公一从直接测量法和间接测量法两个方面来对组织韧性进行操作化，并据此归纳了组织韧性的测量要素。由于直接测量法操作简单、能够从多种视角对组织韧性进行测量，因此直接测量法是组织韧性实证研究中的主流测量方法，并在旅游企业情境中得到应用。例如，Sobaih 等基于能力视角从计划和适应两个维度测量小型酒店企业组织的韧性水平，并在危机情境下实证检验了组织韧性对企业绩效和可持续发展的影响关系。此外，Melián-Alzola 等面向旅游企业提出了测量组织韧性的整体模型，并基于结果视角从适应新环境、达到新平衡以及经营秩序恢复 3 个要素予以测量，变量的组合信度值为 0.917。鉴于本研究将组织韧性作为旅游企业韧性领导力的响应结果，因此采用 Melián-Alzola 等所设计的组织韧性量表并结合案例背景进行修订和调试，具体如表 5.5 所示。

表 5.5　员工韧性、团队韧性和组织韧性的测量题项

变量	维度	编码	描述
员工韧性	员工韧性	ER01	疫情期间，我能胜任长时间的高工作量
		ER02	疫情期间，我能够从容地处理工作中的难题
		ER03	疫情期间，我能从错误中学习，并改进我的工作方式
		ER04	疫情期间，当我需要特定资源时，我会寻求帮助
		ER05	疫情期间，当我需要上级支持时，我会去找他们
		ER06	疫情期间，我将工作上的挑战当作成长的机会
团队韧性	团队韧性	TR01	疫情期间，我的团队 / 部门试图寻找积极的一面
		TR02	疫情期间，我的团队 / 部门积极适应环境变化，并变得更强
		TR03	疫情期间，我的团队 / 部门拥有足够的资源克服挫折和困难
		TR04	疫情期间，我的团队 / 部门成员互相支持
		TR05	疫情期间，我的团队 / 部门即使缺少个别成员也能正常工作
组织韧性	组织韧性	OR01	我的企业通过适应外部环境变化来实现新的组织平衡
		OR02	我的企业在战略和经营层面得到恢复和加强
		OR03	我的企业积极适应新的环境条件

（六）组织学习氛围和环境动态性的测量

组织和环境因素主要包括组织学习氛围和环境动态性两个变量。其中，组织学习氛围反映为员工对旨在促进员工学习行为的组织政策和管理实践的共同看法。基于对组织学习氛围的维度和测量的文献综述，Nikolova 等指出现有研究对组织学习氛围的测量倾向于使用大量题项，他们强调需要一个简短的、经过验证的且具有良好心理测量特征的组织学习氛围量表。因此，

Nikolova 等面向荷兰工薪阶层的异质性样本，提出了一个包含支持型要素、奖励型要素和容错型要素三个维度、9 个测量题项的组织学习氛围量表。其中，这三个维度的 Cronbach's α 系数值分别为 0.890、0.840 和 0.750，三因素结构呈现出良好的信度和效度。基于此，本研究结合案例背景对该量表进行翻译和修订，并基于中国语境遴选出 6 个题项来测量组织学习氛围。

环境动态性主要反映为企业所处行业的竞争程度、市场动荡水平以及技术变革速度等。前人研究既有将环境动态性作为包含上述三个层面的多维度概念，也有将这些要素作为题项内容来测量环境动态性。例如，Jaworski 和 Kohli 认为环境动态性包含市场动荡性、行业竞争强度和技术变革性三个维度。Jansen 等认为环境动态性是包含 5 个题项的单维度量表，其 Cronbach's α 系数为 0.870。该量表也在中国情境下得到应用，并被证实具有跨文化的一致性和有效性。例如，罗瑾琏等采用 Jansen 等编制的量表测量环境动态性，其 Cronbach's α 值为 0.790。本研究据此发展出包含 5 个题项的环境动态性量表，并结合案例背景进行调试和优化。组织学习氛围和环境动态性的测量量表具体如表 5.6 所示。

表 5.6　组织学习氛围和环境动态性的测量题项

变量	维度	编码	描述
组织学习氛围	支持型学习氛围	OLC01	我的组织提供足够的资源来支持员工学习成长
		OLC02	我的组织会为员工安排他所需要的培训
	奖励型学习氛围	OLC03	我的组织会奖励和表彰不断提高自己专业水平的员工
		OLC04	我的组织会给专业能力突出的员工更多职业晋升机会
	容错型学习氛围	OLC05	在我的组织中，员工包容彼此的弱点和缺陷
		OLC06	在我的组织中，人们公开讨论错误，以便从中学习
环境动态性	环境动态性	ED01	当地旅游市场环境的变化快
		ED02	顾客经常对我们企业的产品和服务提出新的要求
		ED03	当地的旅游市场中的产品和服务变化速度快且频繁
		ED04	旅游行业市场竞争激烈
		ED05	旅游行业技术变化日新月异

二、预调研

由于本研究所采用的部分量表，如组织学习氛围、环境动态性等，均未在旅游企业和新冠感染疫情危机情境下得到实证检验。因此，为了测试这些量表在本研究情境中的适用性并在此基础上进行优化和提升，本研究在 2020 年 10 月展开预调研，累计回收 172 份有效问卷。研究分别对严重性、可能性、未知性、不可控性、韧性领导力、责任感、信念感、使命感、员工韧性、团队韧性、组织韧性、组织学习氛围和环境动态性等变量进行信度和效度检验。数据结果显示，问卷总体的 Cronbach's α 系数为 0.985，各变量的 Cronbach's α 系数分别为 0.816、0.921、0.817、0.891、0.984、0.975、0.919、0.945、0.925、0.931、0.925、0.955 和 0.929，均大于 0.7 的临界标准，表明各量表具有较好的可靠性。效度分析结果表明，各变量的 KMO 值分别为 0.753、0.828、0.718、0.807、0.949、0.901、0.842、0.903、0.904、0.849、0.714、0.878 和 0.883，均大于 0.7，表明各量表具有较好的效度结构。此外，除严重性的第一个题项外（SE01），所有题项的共同度和因子载荷值均大于 0.5 的临界标准。综上，本研究所使用的测量量表具有良好的适用性和可靠性，并可用于正式调研。

三、正式调研

本研究在 2021 年 10 月下旬展开正式调研来验证所提出的研究假设和概念模型。由于此时新冠感染疫情在全国呈现高发态势，因此本研究依托问卷星制作成网络问卷，通过便利抽样和滚雪球抽样相结合的方式，面向中国多个地区超过 40 家旅游企业进行问卷调查。其中，所搜集的样本数据覆盖了中国东部（福建、江苏、山东等）、中部（安徽、湖南、江西等）和西部（甘肃、贵州等）等地。本研究首先委托旅游企业高层管理者向员工推送和扩散问卷链接，并委托地方旅游行政管理部门向所在地区旅游企业的中高层管理推送问卷链接，继而邀请企业各层级员工参与问卷调查。为确保问卷回收质量，研究小组在问卷链接上详细告知研究目的、确保匿名性，并强调答案没有对错之分。本研究共回收问卷 1300 份，有效问卷 1068 份，有效回收率

82.15%，有效样本统计特征如表 5.7 所示。

表 5.7　有效样本结构

类别		频率	百分比（%）	类别		频率	百分比（%）
性别	男	430	40.3	婚姻	已婚	860	80.5
	女	638	59.7		未婚	208	19.5
月收入	2500 元及以下	289	27.1	年龄	20 岁以下	19	1.8
	2501~5000 元	554	51.9		20~29 岁	195	18.3
	5001~10000 元	185	17.3		30~39 岁	397	37.2
	10001~20000 元	32	3.0		40~49 岁	286	26.8
	20001 元及以上	8	0.7		50 岁及以上	171	16.1
学历	初中及以下	184	17.2	企业类型	旅行社	41	3.8
	高中/中专	353	33.1		旅游餐饮＆住宿	195	18.3
	专科	279	26.1		旅游景区	576	53.9
	本科	238	22.3		旅游交通	13	1.2
	硕士及以上	14	1.3		旅游购物	4	0.4
企业性质	国有企业	732	68.5		旅游娱乐	13	1.2
	民营企业	254	23.8		旅游集团	174	16.3
	外资企业	12	1.1		其他	52	4.9
	混合所有制	70	6.6	工作年限	小于 1 年	68	6.4
职位	普通员工	768	71.9		1~3 年	145	13.6
	主管	136	12.7		3~5 年	187	17.5
	部门经理	126	11.8		5~10 年	223	20.9
	总监	22	2.1		10 年以上	445	41.7
	总经理	16	1.5				

第六节　数据结果分析

一、描述性统计分析

有效样本的描述性统计分析结果如表 5.8 所示。具体来说，旅游企业韧性领导力各题项的均值介于 6.165~6.484，表明在新冠感染疫情危机下旅游企业领导者采取了高强度的韧性领导策略，以此降低疫情危机对企业带来的负面影响、促进企业从中恢复和成长。从协同因素来看，危机风险感知各题项的均值介于 4.263~6.682，其中严重性和未知性的均值相对较高，可能性和不可控性的均值相对较低。这表明新冠感染疫情是一场影响巨大、前所未见的重大危机事件，但其影响后果和影响范围已经得到一定的控制。

从动机因素来看，责任感、信念感和使命感的均值介于 5.645~6.481，其中责任感和信念感的均值相对较高，这表明危机情境下员工具有较强的责任意识和自我信念去帮助企业渡过难关，但同样也表现出不低的工作使命感。从响应结果来看，员工韧性、团队韧性和组织韧性的均值介于 5.571~6.400，其中团队韧性的均值相对较高。这表明，危机情境下员工、团队和组织均表现出了较高水平的韧性响应，其中企业部门或团队内部的韧性响应水平最高。此外，组织学习氛围和环境动态性的均值介于 5.596~6.129，这表明旅游企业在疫情危机期间塑造了浓厚的内部学习氛围来鼓励员工学习成长，且外部经营环境也呈现出动态性和不确定性的发展趋势。从正态性检验结果来看，除了严重性的一个题项外（SE01），所有题项偏度绝对值的最大值小于 3、峰度绝对值的最大值小于 10，这表明样本具有正态分布特征。因此，本研究将题项 SE01 予以删除。

表 5.8 描述性统计分析结果

维度	题项	均值	标准差	偏度（<3）	峰度（<10）	维度	题项	均值	标准差	偏度（<3）	峰度（<10）
变革规划	RL01	6.410	1.070	−2.397	7.154	责任感	SR01	6.383	0.906	−1.382	1.196
	RL02	6.388	1.025	−2.153	5.865		SR02	6.326	0.959	−1.451	2.120
	RL03	6.466	0.956	−2.336	7.140		SR03	6.310	0.960	−1.399	1.760
	RL04	6.370	1.024	−1.952	4.689		SR04	6.345	0.936	−1.518	2.558
	RL05	6.348	1.032	−1.935	4.631		SR05	6.184	1.071	−1.412	2.099
即兴应变	RL06	6.484	0.942	−2.462	8.218	信念感	SF01	6.481	0.881	−1.956	4.748
	RL07	6.254	1.171	−2.122	5.505		SF02	6.445	0.904	−1.803	3.884
	RL08	6.356	1.016	−1.997	5.293		SF03	6.463	0.902	−1.869	3.777
	RL09	6.338	1.040	−1.946	4.686		SF04	6.290	1.071	−1.868	4.389
	RL10	6.396	0.992	−2.041	5.361		SF05	6.322	1.037	−1.695	3.022
适应性指导	RL11	6.460	0.912	−2.098	5.982	使命感	SM01	6.391	0.919	−1.651	3.082
	RL12	6.390	0.990	−1.990	4.976		SM02	5.645	1.445	−1.032	0.740
	RL13	6.463	0.932	−2.149	5.885		SM03	6.097	1.140	−1.436	2.598
	RL14	6.420	0.955	−2.058	5.604		SM04	5.954	1.142	−0.913	0.516
权变控制	RL15	6.421	0.953	−2.042	5.543		SM05	6.203	1.009	−1.243	1.447
	RL16	6.214	1.139	−1.651	3.043	严重性	SE01	6.682	0.682	−2.775	11.292
	RL17	6.209	1.176	−1.823	3.823		SE02	6.234	1.198	−1.864	3.566
应急关怀	RL18	6.201	1.134	−1.533	2.361		SE03	5.881	1.461	−1.415	1.520
	RL19	6.220	1.117	−1.545	2.440		SE04	6.122	1.316	−1.666	2.460
	RL20	6.241	1.087	−1.589	2.827	可能性	SU01	5.097	1.744	−0.679	−0.245
	RL21	6.272	1.084	−1.698	3.244		SU02	4.977	1.739	−0.592	−0.344
调节恢复	RL22	6.330	1.060	−1.909	4.376		SU03	5.087	1.706	−0.632	−0.260
	RL23	6.346	1.032	−1.870	4.282		SU04	5.767	1.470	−1.255	1.294
	RL24	6.282	1.088	−1.759	3.522	未知性	UK01	6.370	0.992	−1.801	3.711
	RL25	6.313	1.059	−1.791	3.766		UK02	6.392	0.982	−1.933	4.499
共同成长	RL26	6.282	1.075	−1.764	3.778		UK03	5.863	1.532	−1.469	1.632

维度	题项	均值	标准差	偏度（<3）	峰度（<10）	维度	题项	均值	标准差	偏度（<3）	峰度（<10）
共同成长	RL27	6.165	1.130	−1.587	2.900	未知性	UK04	6.057	1.221	−1.547	2.749
	RL28	6.302	1.046	−1.835	4.246	不可控性	UC01	4.508	1.904	−0.297	−0.971
	RL29	6.192	1.136	−1.549	2.551		UC02	4.263	1.945	−0.161	−1.084
员工韧性	ER01	5.571	1.301	−0.763	0.574		UC03	4.404	1.926	−0.249	−1.022
	ER02	5.881	1.097	−0.719	0.156		UC04	5.445	1.520	−0.925	0.496
	ER03	6.074	1.004	−1.056	1.494	组织学习氛围	OLC01	6.065	1.102	−1.068	0.828
	ER04	6.059	0.981	−0.810	0.434		OLC02	6.038	1.136	−1.159	1.342
	ER05	6.063	1.042	−1.066	1.254		OLC03	5.921	1.198	−1.047	0.929
	ER06	6.088	1.045	−1.094	1.240		OLC04	5.759	1.266	−0.913	0.666
团队韧性	TR01	6.228	0.969	−1.205	1.373		OLC05	5.596	1.370	−1.128	1.431
	TR02	6.252	0.972	−1.424	2.742		OLC06	5.726	1.263	−0.929	0.757
	TR03	6.179	1.036	−1.275	1.784	环境动态性	ED01	5.855	1.125	−0.804	0.586
	TR04	6.400	0.883	−1.583	3.137		ED02	5.799	1.111	−0.498	−0.712
	TR05	5.516	1.481	−1.024	0.748		ED03	5.721	1.160	−0.501	−0.508
组织韧性	OR01	6.018	1.131	−1.172	1.474		ED04	6.129	1.026	−1.044	0.767
	OR02	5.987	1.130	−1.006	0.731		ED05	6.023	1.067	−0.854	0.078
	OR03	6.137	1.024	−1.032	0.680						

二、共同方法偏差

本研究通过保障匿名性、强调答案没有对错之分和设置反向题项等方式确保问卷的回收质量，在程序上预先控制数据的同源方差。然而，此次问卷调查是在一定时期内、由同一评价者在相同的测量环境下进行的。因此，本研究在数据回收后采用 Harman 单因素检验法进行共同方法偏差检验。具体来说，本研究将所有题项纳入未旋转的因子分析，结果显示整个问卷的 KMO 值为 0.975，且第一个主成分的方差解释率为 40.169%，小于 50% 的临界值。此外，本研究检验了回归方程中的方差膨胀因子（VIF）（如表 5.10），结果显示各变量的 VIF 值的最大值为 2.355，均小于 3，因此不存在共线性问题。综上，本研究较好控制了数据的同源误差问题。

三、信效度检验

本研究采用 AMOS 21.0 软件提供的结构方程模型展开验证性因子分析，以检验各个变量的信度和效度水平。其中，验证性因子分析采用最大似然估计法，采用题项标准化因子载荷大于 0.5、变量平均方差抽取值大于 0.5 和组合信度大于 0.7 作为检验指标判断变量的聚合效度，并结合模型修正建议和拟合优度指标对预设模型进行调试和优化。因此，在删除 UK03、TR05 和 ED05 等 3 个题项后，本研究得到了稳定的模型结构和良好的模型拟合优度指标：$\chi=8577.262$，$df=3048$，$\chi/df=2.814$（$1<$，<5），SRMR $=0.039$（<0.08），RMSEA $=0.041$（<0.08），NFI $=0.909$（>0.9），CFI $=0.939$（>0.9），TLI $=0.935$（>0.9），IFI $=0.939$（>0.9），RFI $=0.903$（>0.9），GFI $=0.822$（>0.8），PNFI $=0.855$（>0.5）。该模型拟合指数满足了 Hooper 等推荐的拟合标准，表明预设模型与有效样本数据拟合情况较好。

本研究将韧性领导力作为由变革规划、即兴应变、适应性指导、权变控制、应急关怀、调节恢复和共同成长 7 个维度构成的二阶因子结构。验证性因子分析结果显示（如表 5.9 所示），各维度题项的标准化因子载荷值介于 0.705~0.956，均大于 0.5 的临界标准，各维度的平均方差抽取值（AVE）介于 0.7685~0.8837，且各维度的组合信度（CR）介于 0.9357~0.9682，表明各维度具有良好的聚合效度。此外，变革规划、即兴应变、适应性指导、权变控制、应急关怀、调节恢复和共同成长等一阶因素在韧性领导力二阶因素的因子系数分别为 0.919、0.927、0.960、0.939、0.966、0.968 和 0.961，均大于 0.5 的临界标准、在 p<0.001 的水平上显著成立，且二阶变量的 AVE 大于 0.5、CR 大于 0.7，表明韧性领导力二阶因子模型具有良好的信度和效度结构。此外，严重性、可能性、未知性、不可控性、责任感、信念感、使命感、员工韧性、团队韧性、组织韧性、组织学习氛围和环境动态性等一阶变量题项的标准化因子载荷值均大于 0.5，各变量 AVE 均大于 0.5、CR 大于 0.7，表明这些变量

也具有良好的聚合效度。

表 5.9　可靠性分析和验证性因子分析结果

变量类型	变量名称	题项数	因子载荷区间	Cronbach's α	AVE	CR
协同变量	严重性	3	0.635~0.867	0.794	0.5826	0.8048
	可能性	4	0.618~0.947	0.893	0.6960	0.8996
	未知性	3	0.609~0.768	0.729	0.5043	0.7514
	不可控性	4	0.562~0.927	0.847	0.6212	0.8638
自变量	变革规划	5	0.800~0.947	0.956	0.8020	0.9528
	即兴应变	5	0.705~0.948	0.940	0.7685	0.9426
	适应性指导	4	0.900~0.937	0.955	0.8475	0.9569
	权变控制	3	0.879~0.933	0.918	0.8292	0.9357
	应急关怀	4	0.919~0.937	0.966	0.8682	0.9634
	调节恢复	4	0.926~0.956	0.969	0.8837	0.9682
	共同成长	4	0.887~0.951	0.958	0.8534	0.9588
中介变量	责任感	5	0.810~0.896	0.936	0.7458	0.9361
	信念感	5	0.652~0.942	0.920	0.7155	0.9252
	使命感	5	0.588~0.838	0.883	0.5586	0.8617
因变量	员工韧性	6	0.628~0.823	0.889	0.5622	0.8843
	团队韧性	4	0.809~0.893	0.902	0.7045	0.9050
	组织韧性	3	0.749~0.895	0.860	0.6798	0.8637
调节变量	组织学习氛围	6	0.505~0.913	0.892	0.5910	0.8934
	环境动态性	4	0.680~0.818	0.879	0.5990	0.8560

四、相关性分析

各个变量的相关性分析结果如表 5.10 所示。其中，除可能性和不可控性外，各变量间均存在显著的相关关系。具体来说，严重性和未知性与韧性领导力具有显著的正相关关系，严重性、可能性和未知性与员工韧性、团队韧性和组织韧性具有显著的正相关关系，而不可控性仅与组织韧性具有显著的正相关关系。此外，韧性领导力与责任感、信念感和使命感具有显著的正相关关系，韧性领导力与员工韧性、团队韧性和组织韧性具有显著的正相关关系。此外，各变量 AVE 平方根的最小值（0.710）大于相关系数的最大值（0.662），因此各个变量具有良好的区分效度。

表 5.10　均值分析和相关性检验

变量	1	2	3	4	5	6	7	8	9	10	11	12	13
1.RL	(0.949)												
2.SR	0.653**	(0.864)											
3.SF	0.662**	0.639**	(0.846)										
4.SM	0.523**	0.639**	0.636**	(0.747)									
5.SE	0.124**	0.166**	0.162**	0.171**	(0.763)								
6.SU	−0.053	0.031	0.009	0.043	0.362**	(0.834)							
7.UK	0.137**	0.208**	0.240**	0.193**	0.466**	0.457**	(0.710)						
8.UC	−0.048	−0.036	−0.049	−0.028	0.340**	0.403**	0.372**	(0.788)					
9.ER	0.394**	0.512**	0.391**	0.467**	0.222**	0.186**	0.360**	0.108**	(0.750)				
10.TR	0.492**	0.535**	0.516**	0.508**	0.188**	0.102**	0.320**	0.037	0.651**	(0.839)			
11.OR	0.550**	0.526**	0.605**	0.506**	0.199**	0.077**	0.275**	0.042	0.522**	0.672**	(0.824)		
12.OLC	0.564**	0.480**	0.542**	0.491**	0.115**	0.025	0.186**	−0.035	0.446**	0.582**	0.629**	(0.769)	
13.ED	0.407**	0.363**	0.369**	0.369**	0.204**	0.204**	0.316**	0.146**	0.423**	0.427**	0.509**	0.541**	(0.774)
均值	6.329	6.310	6.400	6.058	6.079	5.232	6.273	4.655	5.956	6.265	6.047	5.851	5.876
标准差	0.917	0.863	0.838	0.945	1.118	1.452	0.862	1.517	0.869	0.850	0.968	0.988	0.923
VIF	2.355	2.476	2.486	2.107	1.386	1.448	1.713	1.334	2.033	2.308	–	2.108	1.654

注：RL 代表韧性领导力，SR 代表责任感，SF 代表信念感，SM 代表使命感，SE 代表严重性，SU 代表可能性，UK 代表未知性，UC 代表不可控性，ER 代表员工韧性，TR 代表团队韧性，OR 代表组织韧性，OLC 代表组织学习氛围，ED 代表环境动态性。

五、直接效应假设检验

本研究通过 SPSS 中 PROCESS 宏插件进行直接效应和中介效应检验，

具体使用了 model 4 对假设模型中的直接效应和中介效应进行整体检验。其中，PROCESS 宏插件采用偏差矫正非参数估计百分比 Bootstrap 进行中介效应检验。危机风险感知的直接效应结果如表 5.11 至表 5.14 所示，在控制了性别、婚姻、年龄、学历、平均月收入、从业年限、职位、企业类别和企业性质等统计变量的影响后，严重性（β=0.109，p<0.001）和未知性（β=0.152，p<0.001）对韧性领导力具有显著正向影响，但可能性（β=-0.031，p>0.05）和不可控性（β=-0.023，p>0.05）对韧性领导力的影响不显著，因此假设 H4a 和 H4c 得到支持，但假设 H4b 和 H4d 没有得到支持。在控制韧性领导力的影响后，严重性（β=0.140，p<0.001）、可能性（β=0.118，p<0.001）、未知性（β=0.306，p<0.001）和不可控性（β=0.070，p<0.001）对员工韧性具有显著正向影响。同时，严重性（β=0.095，p<0.001）、可能性（β=0.070，p<0.001）、未知性（β=0.245，p<0.001）和不可控性（β=0.033，p<0.001）对团队韧性具有显著正向影响。此外，严重性（β=0.110，p<0.001）、可能性（β=0.070，p<0.001）、未知性（β=0.224，p<0.001）和不可控性（β=0.050，p<0.01）对组织韧性具有显著正向影响，因此假设 H1、H2 和 H3 得到支持。

表 5.11　危机严重性的直接效应结果

因变量 自变量	韧性领导力	员工韧性		团队韧性		组织韧性	
	β	β	β	β	β	β	β
性别	0.000	−0.039	−0.039	−0.016	−0.015	−0.040	−0.040
婚姻	0.145	−0.033	−0.084	0.044	−0.021	0.102	0.019
年龄	0.079*	−0.020	−0.048	0.010	−0.025	0.073	0.027
学历	−0.035	0.044	0.057*	0.003	0.019	−0.001	0.019
平均月收入	0.027	0.050	0.040	0.025	0.013	0.118*	0.103*
从业年限	−0.046	0.070**	0.086***	0.054*	0.074**	−0.008	0.018
企业类别	0.010	0.036**	0.033**	0.030*	0.025*	0.034*	0.028*
企业性质	−0.019	0.038	0.045	0.005	0.013	−0.044	−0.033
职位	0.174***	0.053	−0.008	0.019	−0.060	−0.038	−0.138***

续表

自变量＼因变量	韧性领导力 β	员工韧性 β	β	团队韧性 β	β	组织韧性 β	β
严重性	0.109***	0.179***	0.140***	0.144***	0.095***	0.173***	0.110***
韧性领导力			0.352***		0.449***		0.573***
R^2	0.049	0.090	0.221	0.051	0.274	0.058	0.338
F	5.411***	10.412***	27.279***	5.664***	36.28***	6.515***	49.018***

表 5.12 危机可能性的直接效应结果

自变量＼因变量	韧性领导力 β	员工韧性 β	β	团队韧性 β	β	组织韧性 β	β
性别	0.006	−0.022	−0.024	−0.003	−0.006	−0.025	−0.029
婚姻	0.153	0.007	−0.052	0.071	−0.001	0.132	0.041
年龄	0.080*	−0.028	−0.059	0.005	−0.032	0.068	0.020
学历	−0.035	0.027	0.040	−0.008	0.009	−0.012	0.009
平均月收入	0.019	0.065	0.057	0.031	0.022	0.124*	0.112**
从业年限	−0.039	0.067**	0.082***	0.054*	0.072**	−0.007	0.017
企业类别	0.011	0.034**	0.029*	0.029*	0.023*	0.033*	0.026*
企业性质	−0.027	0.020	0.031	−0.009	0.004	−0.060	−0.044
职位	0.169***	0.049	−0.016	0.014	−0.065	−0.044	−0.144***
可能性	−0.031	0.107***	0.118***	0.055**	0.070***	0.051*	0.070***
韧性领导力			0.385***		0.470***		0.596***
R^2	0.034		0.228		0.273	0.024	0.333
F	3.673***		28.306***		36.035***	2.651**	47.890***

表 5.13 危机未知性的直接效应结果

自变量＼因变量	韧性领导力 β	员工韧性 β	β	团队韧性 β	β	组织韧性 β	β
性别	0.000	−0.044	−0.044	−0.021	−0.021	−0.043	−0.043

续表

因变量 自变量	韧性领导力	员工韧性		团队韧性		组织韧性	
	β	β	β	β	β	β	β
婚姻	0.155	−0.020	−0.071	0.054	−0.012	0.116	0.030
年龄	0.078*	−0.022	−0.048	0.008	−0.025	0.070	0.027
学历	−0.034	0.049	0.060*	0.007	0.022	0.003	0.022
平均月收入	0.019	0.033	0.026	0.010	0.002	0.103*	0.092*
从业年限	−0.053*	0.049	0.067**	0.036	0.059**	−0.025	0.004
企业类别	0.009	0.034	0.031**	0.028*	0.024*	0.033*	0.027*
企业性质	−0.034	0.009	0.020	−0.020	−0.005	−0.071*	−0.052
职位	0.176***	0.063	0.004	0.027	−0.049	−0.031	−0.130***
未知性	0.152***	0.357***	0.306***	0.311***	0.245***	0.310***	0.224***
韧性领导力			0.334***		0.431***		0.560***
R^2	0.051	0.161	0.279	0.113	0.319	0.094	0.361
F	5.731***	20.262***	37.067***	13.475***	44.879***	10.910***	54.169***

表 5.14　危机不可控性的直接效应结果

因变量 自变量	韧性领导力	员工韧性		团队韧性		组织韧性	
	β	β	β	β	β	β	β
性别	0.012	−0.040	−0.045	−0.010	−0.016	−0.035	−0.043
婚姻	0.156	−0.004	−0.063	0.064	−0.008	0.128	0.035
年龄	0.071	−0.005	−0.032	0.015	−0.019	0.081*	0.038
学历	−0.039	0.041	0.056	−0.001	0.017	−0.005	0.018
平均月收入	0.024	0.049	0.040	0.023	0.012	0.116*	0.102*
从业年限	−0.040	0.071**	0.086***	0.057*	0.076***	−0.005	0.018
企业类别	0.011	0.036**	0.032**	0.030*	0.025*	0.034*	0.028*
企业性质	−0.026	0.019	0.029	−0.008	0.004	−0.061	−0.045
职位	0.171***	0.042	−0.023	0.011	−0.069*	−0.047	−0.149***

续表

因变量 自变量	韧性领导力	员工韧性		团队韧性		组织韧性	
	β	β	β	β	β	β	β
不可控性	−0.023	0.062***	0.070***	0.022	0.033*	0.036	0.050**
韧性领导力			0.380***		0.467***		0.594***
R2	0.033	0.048	0.204	0.017	0.262	0.022	0.328
F	3.577***	5.385***	24.628***	1.806	34.148***	2.352*	46.886***

韧性领导力的直接效应结果如表5.15所示。具体来说，在控制了性别、婚姻、年龄、学历、平均月收入、从业年限、职位、企业类别和企业性质等变量的影响后发现，韧性领导力对员工责任感（β=0.609，p<0.001）、信念感（β=0.615，p<0.001）和使命感（β=0.542，p<0.001）具有显著的正向影响，因此假设H9a、H9b和H9c得到支持。在进一步控制了责任感、信念感和使命感的影响后发现，韧性领导力团队韧性（β=0.143，p<0.001）和组织韧性（β=0.224，p<0.001）具有显著的正向影响，但对员工韧性（β=0.068，p>0.05）没有显著的影响作用，因此假设H5b和H5c得到支持，H5a没有得到支持。不仅如此，在控制了韧性领导力的影响后发现，员工责任感和使命感对员工韧性具有显著的正向影响，员工责任感、信念感和使命感对团队韧性和组织韧性具有显著的正向影响。这表明，员工责任感、信念感和使命感在韧性领导力对员工韧性、团队韧性和组织韧性的影响关系间可能存在中介效应。

表5.15　韧性领导力的直接效应结果

因变量 自变量	责任感	信念感	使命感	员工韧性		团队韧性		组织韧性	
	β	β	β	β	β	β	β	β	β
性别	0.029	0.075	0.037	−0.030	−0.047	−0.009	−0.034	−0.032	−0.068
婚姻	−0.013	−0.004	−0.064	−0.071	−0.053	−0.012	0.003	0.030	0.041
年龄	0.026	0.043	0.022	−0.051	−0.064*	−0.028	−0.044	0.025	0.003
学历	0.073	−0.029	−0.011	0.053	0.033	0.016	0.008	0.016	0.019

因变量 自变量	责任感	信念感	使命感	员工韧性		团队韧性		组织韧性	
	β	β	β	β	β	β	β	β	β
平均月收入	0.004	0.110***	0.087*	0.037	0.016	0.010	−0.024	0.100*	0.049
从业年限	0.018	−0.031	−0.001	0.092***	0.087***	0.078***	0.080***	0.023	0.032
企业类别	0.007	0.018*	0.020	0.033**	0.026*	0.026*	0.018	0.029*	0.019
企业性质	−0.012	−0.015	−0.020	0.034	0.042	0.006	0.014	−0.042	−0.032
职位	0.028	−0.131***	−0.068	−0.017	−0.010	−0.066*	−0.038	−0.145***	−0.093**
韧性领导力	0.609***	0.615***	0.542***	0.376***	0.068	0.465***	0.143***	0.591***	0.224***
责任感					0.308***		0.206***		0.127**
信念感					0.015		0.169***		0.361***
使命感					0.205***		0.170***		0.125***
R	0.439	0.462	0.281	0.190	0.322	0.259	0.380	0.322	0.437
F	82.705***	90.677***	41.376***	24.722***	38.529***	36.948***	49.722***	50.248***	62.893***

六、中介效应假设检验

中介假设路径及其检验结果如表 5.16 所示。结合表 5.11 的数据结果，在不加入中介变量的情况下，严重性对员工韧性（$\beta=0.179$，$p<0.001$）、团队韧性（$\beta=0.144$，$p<0.001$）和组织韧性（$\beta=0.173$，$p<0.001$）具有显著的正向影响，而在加入中介变量（韧性领导力）之后，严重性对员工韧性（$\beta=0.140$，$p<0.001$）、团队韧性（$\beta=0.095$，$p<0.001$）和组织韧性（$\beta=0.110$，$p<0.001$）仍具有显著的正向影响，但影响效应值降低了。同时，Bootstrap 中介效应检验结果显示，韧性领导力在严重性对员工韧性（$\beta=0.038$；CI：0.021，0.058）、团队韧性（$\beta=0.049$；CI：0.027，0.074）和组织韧性（$\beta=0.062$；CI：0.034，0.094）的影响关系中存在显著的中介效应。这表明，

韧性领导力部分中介了严重性对员工韧性、团队韧性和组织韧性的影响关系，假设 H6a、H7a 和 H8a 得到支持。

结合表 5.13 的数据结果，在不加入中介变量的情况下，未知性对员工韧性（β=0.357，p<0.001）、团队韧性（β=0.311，p<0.001）和组织韧性（β=0.310，p<0.001）具有显著的正向影响，而在加入中介变量（韧性领导力）之后，未知性对员工韧性（β=0.306，p<0.001）、团队韧性（β=0.245，p<0.001）和组织韧性（β=0.224，p<0.001）仍具有显著的正向影响，但影响效应值降低了。同时，Bootstrap 中介效应检验结果显示，韧性领导力在未知性对员工韧性（β=0.051；CI：0.027，0.081）、团队韧性（β=0.066；CI：0.036，0.102）和组织韧性（β=0.085；CI：0.050，0.126）的影响关系中存在显著的中介效应。这表明，韧性领导力部分中介了未知性对员工韧性、团队韧性和组织韧性的影响关系，假设 H6c、H7c 和 H8c 得到支持。

此外，可能性和不可控性对韧性领导力的影响关系不显著，且 Bootstrap 中介效应检验结果显示韧性领导力在可能性对员工韧性（β=-0.012；CI：-0.024，0.001）、团队韧性（β=-0.014；CI：-0.030，0.002）和组织韧性（β=-0.018；CI：-0.038，0.002）的影响关系以及在不可控性对员工韧性（β=-0.009；CI：-0.023，0.004）、团队韧性（β=-0.011；CI：-0.027，0.006）和组织韧性（β=-0.014；CI：-0.035，0.007）的影响关系中不存在显著的中介效应。因此，假设 H6b、H7b、H8b 以及假设 H6d、H7d 和 H8d 没有得到支持。

结合表 5.15 的数据结果，在不加入中介变量的情况下，韧性领导力对员工韧性（β=0.376，p<0.001）、团队韧性（β=0.465，p<0.001）和组织韧性（β=0.591，p<0.001）具有显著的正向影响，而在加入中介变量（责任感、信念感和使命感）之后，韧性领导力对员工韧性（β=0.068，p>0.05）的影响不显著，对团队韧性（β=0.143，p<0.001）和组织韧性（β=0.224，p<0.001）仍具有显著的正向影响，但影响效应值降低了。同时，Bootstrap 中介效应检验结果显示，责任感（β=0.188；CI：0.131，0.247）和使命感（β=0.111；CI：0.071，0.154）在韧性领导力对员工韧性的影响关系中存在显著的中介

效应，信念感在韧性领导力对员工韧性的影响关系不存在显著的中介效应
（β=0.009；CI：-0.050，0.075）。这表明，责任感和使命感完全中介了韧性
领导对员工韧性的影响关系，假设 H10a 和 H10c 得到支持、假设 H10b 没有
得到支持。

同时，责任感（β=0.126；CI：0.059，0.183）、信念感（β=0.104；CI：
0.026，0.197）和使命感（β=0.092；CI：0.043，0.143）在韧性领导力对团
队韧性的影响关系中存在显著的中介效应。同样地，责任感（β=0.077；CI：
0.016，0.149）、信念感（β=0.222；CI：0.126，0.326）和使命感（β=0.067；
CI：0.023，0.114）在韧性领导力对组织韧性的影响关系中存在显著的中介效
应。这表明，责任感、信念感和使命感部分中介了韧性领导力对团队韧性和
组织韧性的影响关系，假设 H11 和 H12 由此得到支持。

表 5.16　中介效应检验结果

假设	中介路径	效应值	Boot SE	BootLLCI	BootULCI
风险感知→韧性领导力→企业韧性					
H5a	严重性→韧性领导力→员工韧性	0.038	0.009	0.021	0.058
H6a	严重性→韧性领导力→团队韧性	0.049	0.012	0.027	0.074
H7a	严重性→韧性领导力→组织韧性	0.062	0.015	0.034	0.094
H5b	可能性→韧性领导力→员工韧性	-0.012	0.007	-0.024	0.001
H6b	可能性→韧性领导力→团队韧性	-0.014	0.008	-0.030	0.002
H7b	可能性→韧性领导力→组织韧性	-0.018	0.010	-0.038	0.002
H5c	未知性→韧性领导力→员工韧性	0.051	0.014	0.027	0.081
H6c	未知性→韧性领导力→团队韧性	0.066	0.017	0.036	0.102
H7c	未知性→韧性领导力→组织韧性	0.085	0.019	0.050	0.126
H5d	不可控性→韧性领导力→员工韧性	-0.009	0.007	-0.023	0.004
H6d	不可控性→韧性领导力→团队韧性	-0.011	0.008	-0.027	0.006
H7d	不可控性→韧性领导力→组织韧性	-0.014	0.011	-0.035	0.007
韧性领导力→赋能导向→企业韧性					
	韧性领导力→赋能导向→员工韧性	0.308	0.035	0.242	0.379
H10a	韧性领导力→责任感→员工韧性	0.188	0.029	0.131	0.247

假设	中介路径	效应值	Boot SE	BootLLCI	BootULCI
H10b	韧性领导力→信念感→员工韧性	0.009	0.032	−0.050	0.075
H10c	韧性领导力→使命感→员工韧性	0.111	0.021	0.071	0.154
	韧性领导力→赋能导向→团队韧性	0.321	0.034	0.259	0.391
H11a	韧性领导力→责任感→团队韧性	0.126	0.031	0.059	0.183
H11b	韧性领导力→信念感→团队韧性	0.104	0.044	0.026	0.197
H11c	韧性领导力→使命感→团队韧性	0.092	0.025	0.043	0.143
	韧性领导力→赋能导向→组织韧性	0.366	0.045	0.288	0.459
H12a	韧性领导力→责任感→组织韧性	0.077	0.034	0.016	0.149
H12b	韧性领导力→信念感→组织韧性	0.222	0.051	0.126	0.326
H12c	韧性领导力→使命感→组织韧性	0.067	0.023	0.023	0.114

七、调节效应假设检验

本研究使用 SPSS 软件 PROCESS 宏插件中的 model 3 进行组织学习氛围和环境动态性在韧性领导力影响过程中的联合调节效应分析。为避免因个体差异造成变量间影响关系的因果误差，本研究在调节效应分析时对性别、婚姻、年龄、学历、平均月收入、从业年限、职位、企业类别和企业性质等变量进行控制，之后检验自变量与两个调节变量间的交互项对因变量的影响关系。本研究将两个调节变量划分成低组织学习氛围和低环境动态性、低组织学习氛围和高环境动态性、高组织学习氛围和低环境动态性、高组织学习氛围和高环境动态性等四种联合情况，分别进行韧性领导力影响效应的简单斜率估计并绘制调节效应图，联合调节效应分析结果如表5.17和图5.2至图5.7所示。

针对在韧性领导力与员工责任感影响关系中的调节效应，数据结果显示"韧性领导力 * 环境动态性 * 组织学习氛围"的三项交互项对员工责任感的影响系数显著（ $\beta = -0.090$ ，$p < 0.001$ ），这表明韧性领导力、环境动态性和组织学习氛围的三项交互联合影响员工责任感，即三个变量间的联合效应显著。具体来看，在组织学习氛围处于低值水平时，环境动态性正向强化了韧性

领导力对责任感的影响关系（β=0.126，p<0.001）；而在组织学习氛围处于高值水平时，环境动态性在二者关系间的调节效应变为不显著（β=-0.053，p>0.05），假设H16a得到支持。同时，当环境动态性处于低值时，组织学习氛围正向强化了韧性领导力对责任感的影响关系（β=0.048，p<0.05）；而在环境动态性处于高值时，组织学习氛围负向削弱了韧性领导力对责任感的影响关系（β=-0.118，p<0.001），假设H13a得到支持。进一步来看，在低组织学习氛围和高环境动态性情境下，韧性领导力对员工责任感的影响系数最强（β=0.742***，p<0.001）。这表明，在旅游企业内部低组织学习氛围和外部高度不确定性环境中，韧性领导力能够催生更高水平的员工责任感。

　　针对在韧性领导力与员工信念感影响关系中的调节效应，数据结果显示"韧性领导力＊环境动态性＊组织学习氛围"的三项交互项对员工信念感的影响系数显著（β=-0.038，p<0.01），这表明韧性领导力、环境动态性和组织学习氛围的三项交互联合影响员工信念感，即三个变量间的联合效应显著。具体来看，不论组织学习氛围处于低值水平（β=0.018，p>0.05）还是高值水平（β=-0.057，p>0.05）时，环境动态性在韧性领导力对信念感影响关系间的调节效应均不显著，假设H16b没有得到支持。同时，当环境动态性处于低值时，组织学习氛围在韧性领导力与信念感间的调节效应不显著（β=-0.034，p>0.05）；而当环境动态性处于高值时，组织学习氛围削弱了韧性领导力对信念感的影响关系（β=-0.105，p<0.001），假设H13b没有得到支持。进一步来看，在低组织学习氛围和高环境动态性情境下，韧性领导力对员工信念感的影响系数最强（β=0.541***，p<0.001）。这表明，在旅游企业内部低组织学习氛围和外部高度不确定性环境中，韧性领导力能够催生更高水平的员工信念感。

　　针对在韧性领导力与员工使命感影响关系中的调节效应，数据结果显示"韧性领导力＊环境动态性＊组织学习氛围"的三项交互项对员工使命感的影响系数轻微显著（β=-0.029，p<0.1），这表明韧性领导力、环境动态性和组织学习氛围的三项交互联合影响员工使命感，即三个变量间的联合效应轻微显著。具体来看，在组织学习氛围处于低值水平时，环境动态性正向强化了

韧性领导力对使命感的影响关系（β=0.102，p<0.01）；而在组织学习氛围处于高值水平时，环境动态性在二者关系间的调节效应变为不显著（β=0.046，p>0.05），假设 H16c 得到支持。同时，不论环境动态性处于低值水平（β=−0.021，p>0.05）还是高值水平（β=−0.074，p>0.05）时，组织学习氛围在韧性领导力对使命感影响关系间的调节效应均不显著，假设 H13c 没有得到支持。进一步来看，在低组织学习氛围和高环境动态性情境下，韧性领导力对员工使命感的影响系数最强（β=0.526***，p<0.001）。这表明，在旅游企业内部低组织学习氛围和外部高度不确定性环境中，韧性领导力能够催生更高水平的员工使命感。

针对在韧性领导力与员工韧性影响关系中的调节效应，数据结果显示"韧性领导力＊环境动态性＊组织学习氛围"的三项交互项对员工韧性的影响系数显著（β=−0.087，p<0.001），这表明韧性领导力、环境动态性和组织学习氛围的三项交互联合影响员工韧性，即三个变量间的联合效应显著。具体来看，在组织学习氛围处于低值水平时，环境动态性正向强化了韧性领导力对员工韧性的影响关系（β=0.081，p<0.05）；而在组织学习氛围处于高值水平时，环境动态性负向削弱了韧性领导力对员工韧性的影响关系（β=−0.092，p<0.05），假设 H17a 得到支持。同时，当环境动态性处于低值时，组织学习氛围正向强化了韧性领导力对员工韧性的影响关系（β=0.080，p<0.001）；而在环境动态性处于高值时，组织学习氛围负向削弱了韧性领导力对员工韧性的影响关系（β=−0.081，p<0.05），假设 H14a 得到支持。进一步来看，在低组织学习氛围和高环境动态性情境（β=0.317，p<0.001）以及在高组织学习氛围和低环境动态性情境下（β=0.327，p<0.001），韧性领导力对员工韧性的影响系数处于较高水平。这表明，在旅游企业内部低组织学习氛围和外部高度不确定性环境中，抑或在内部高组织学习氛围和外部稳定有序环境中，韧性领导力能够催生更高水平的员工韧性响应。

针对在韧性领导力与团队韧性影响关系中的调节效应，数据结果显示"韧性领导力＊环境动态性＊组织学习氛围"的三项交互项对团队韧性的影响系数显著（β=−0.079，p<0.001），这表明韧性领导力、环境动态性和组织

学习氛围的三项交互联合影响团队韧性，即三个变量间的联合效应显著。具体来看，在组织学习氛围处于低值水平时，环境动态性正向强化了韧性领导力对团队韧性的影响关系（β=0.153，p<0.01）；而在组织学习氛围处于高值水平时，环境动态性在二者关系间的调节效应变为不显著（β=-0.003，p>0.05），假设H17b得到支持。同时，当环境动态性处于低值时，组织学习氛围在韧性领导力与团队韧性间的调节效应不显著（β=0.006，p>0.05）；而当环境动态性处于高值时，组织学习氛围削弱了韧性领导力对团队韧性的影响关系（β=-0.139，p<0.001），假设H14b没有得到支持。进一步来看，在低组织学习氛围和高环境动态性情境下，韧性领导力对团队韧性的影响系数最强（β=0.475***，p<0.001）。这表明，在旅游企业内部低组织学习氛围和外部高度不确定性环境中，韧性领导力能够催生更高水平的团队韧性响应。

　　针对在韧性领导力与组织韧性影响关系中的调节效应，数据结果显示"韧性领导力＊环境动态性＊组织学习氛围"的三项交互项对组织韧性的影响系数显著（β=-0.063，p<0.001），这表明韧性领导力、环境动态性和组织学习氛围的三项交互联合影响组织韧性，即三个变量间的联合效应显著。具体来看，在组织学习氛围处于低值水平时，环境动态性正向强化了韧性领导力对组织韧性的影响关系（β=0.094，p<0.01）；而在组织学习氛围处于高值水平时，环境动态性在二者关系间的调节效应变为不显著（β=-0.031，p>0.05），假设H17c得到支持。同时，不论环境动态性处于低值水平（β=-0.061，p<0.01）还是高值水平（β=-0.178，p<0.001）时，组织学习氛围均显著削弱了韧性领导力对组织韧性的影响关系，假设H14c没有得到支持。进一步来看，在低组织学习氛围和高环境动态性情境下，韧性领导力对组织韧性的影响系数最强（β=0.458***，p<0.001）。这表明，在旅游企业内部低组织学习氛围和外部高度不确定性环境中，韧性领导力能够催生更高水平的组织韧性响应。综上，韧性领导力、组织学习氛围和环境动态性的三项交互联合效应基本显著成立，在低组织学习氛围和高环境动态性联合情境下，韧性领导力的影响和效能最强，假设H18a和H18b得到支持。

表 5.17　三项交互效应的简单斜率估计

条件状态	路径	效应值	标准误差	t 值	95% 的置信区间	
					下限	上限
低组织学习氛围，低环境动态性	韧性领导力→责任感	0.510***	0.030	16.957	0.451	0.569
	韧性领导力→信念感	0.507***	0.029	17.686	0.451	0.564
	韧性领导力→使命感	0.337***	0.037	9.039	0.264	0.411
	韧性领导力→员工韧性	0.168***	0.035	4.798	0.099	0.237
	韧性领导力→团队韧性	0.193***	0.031	6.138	0.131	0.254
	韧性领导力→组织韧性	0.284***	0.033	8.602	0.220	0.349
低组织学习氛围，高环境动态性	韧性领导力→责任感	0.742***	0.053	14.117	0.639	0.845
	韧性领导力→信念感	0.541***	0.050	10.798	0.443	0.640
	韧性领导力→使命感	0.526***	0.065	8.064	0.398	0.654
	韧性领导力→员工韧性	0.317***	0.061	5.184	0.197	0.437
	韧性领导力→团队韧性	0.475***	0.055	8.661	0.367	0.582
	韧性领导力→组织韧性	0.458***	0.058	7.931	0.345	0.572
高组织学习氛围，低环境动态性	韧性领导力→责任感	0.605***	0.051	11.934	0.506	0.705
	韧性领导力→信念感	0.440***	0.048	9.079	0.345	0.535
	韧性领导力→使命感	0.296***	0.063	4.705	0.173	0.420
	韧性领导力→员工韧性	0.327***	0.059	5.535	0.211	0.443
	韧性领导力→团队韧性	0.205***	0.053	3.877	0.101	0.309
	韧性领导力→组织韧性	0.165**	0.056	2.950	0.055	0.274
高组织学习氛围，高环境动态性	韧性领导力→责任感	0.508***	0.052	9.837	0.407	0.609
	韧性领导力→信念感	0.334***	0.049	6.784	0.238	0.431
	韧性领导力→使命感	0.380***	0.064	5.935	0.255	0.506
	韧性领导力→员工韧性	0.158***	0.060	2.627	0.040	0.276
	韧性领导力→团队韧性	0.200***	0.054	3.702	0.094	0.305
	韧性领导力→组织韧性	0.107	0.057	1.891	−0.004	0.219

注：*p<0.05；**p<0.01；***p<0.001。

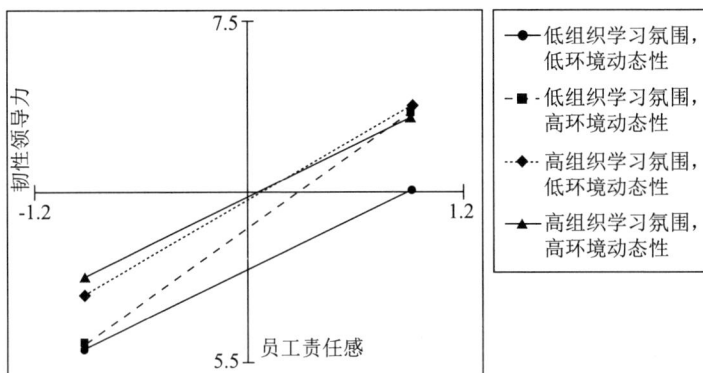

图 5.2 三项交互项对员工责任感的联合影响

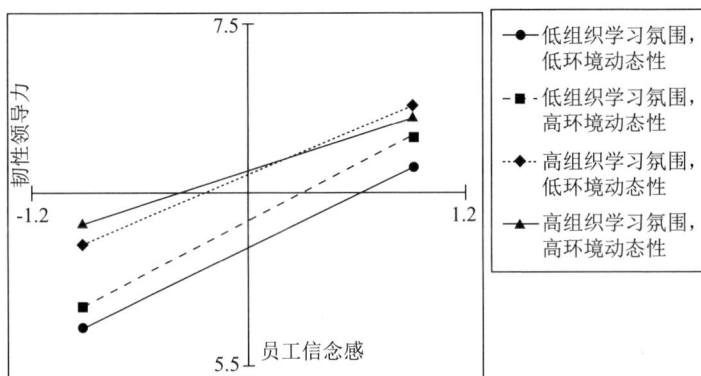

图 5.3 三项交互项对员工信念感的联合影响

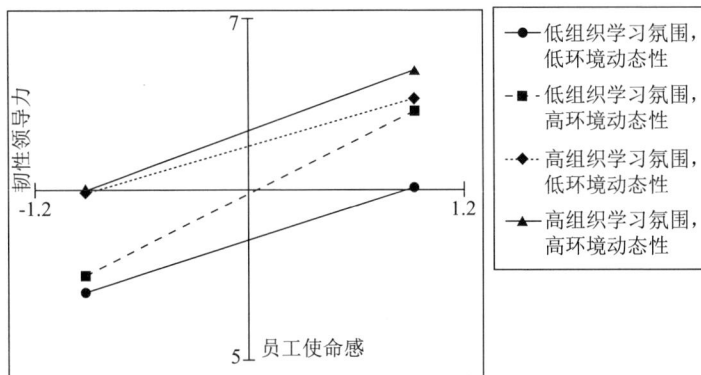

图 5.4 三项交互项对员工使命感的联合影响

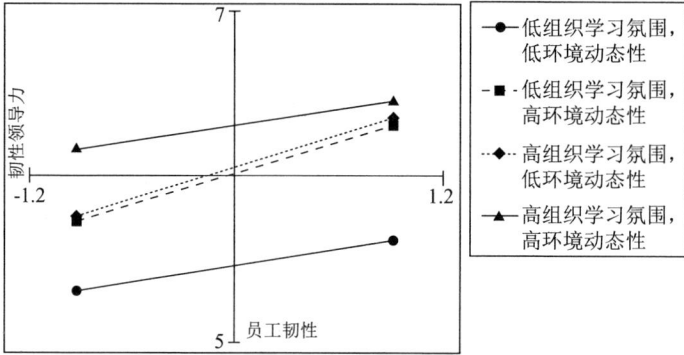

图 5.5　三项交互项对员工韧性的联合影响

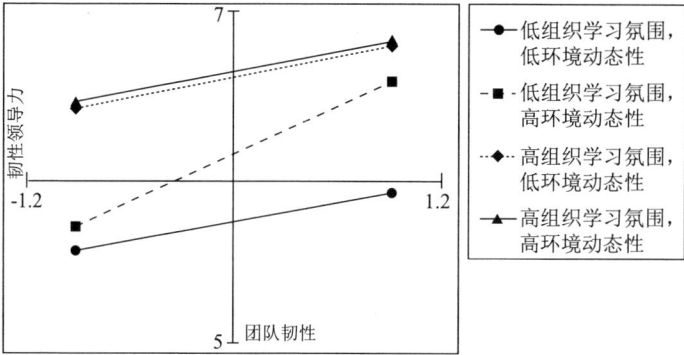

图 5.6　三项交互项对团队韧性的联合影响

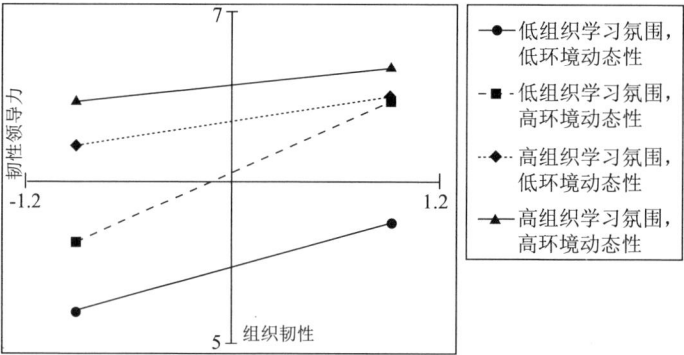

图 5.7　三项交互项对组织韧性的联合影响

环境动态性的调节效应数据结果如表 5.18 所示。其中，严重性与环境动态性的交互项（β=-0.018，p>0.05）、未知性与环境动态性的交互项（β=0.003，p>0.05）对韧性领导力的影响关系不显著，这表明环境动态性在严重性和未知性对韧性领导力的影响关系间不存在显著的调节效应。但针对可能性和不可控性，在加入环境动态性后，可能性（β=-0.139，p<0.001）和不可控性（β=-0.106，p<0.001）对韧性领导力的影响关系由之前的不显著转变成现在的显著负向影响，且可能性与环境动态性的交互项（β=0.113，p<0.001）、不可控性与环境动态性的交互项（β=0.079，p<0.001）对韧性领导力具有显著的负向影响。这表明，环境动态性在可能性和不可控性对韧性领导力的影响关系间存在显著调节效应。本研究基于调节变量的正负一个标准差绘制环境动态性的调节效应图，具体如图 5.8 和图 5.9 所示。调节效应结果显示，随着环境动态性的增强，可能性和不可控性对韧性领导力负向预测作用呈现逐渐减弱的趋势，表明环境动态性削弱了可能性和不可控性对韧性领导力的影响效应，即环境动态性削弱了韧性领导力对危机和逆境的负向响应。综上，假设 H15b 和 H15d 得到支持，假设 H15a 和 H15c 没有得到支持。

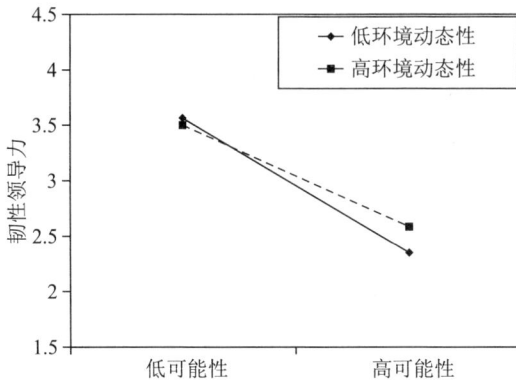

图 5.8　环境动态性在可能性与韧性领导力间的调节效应

表 5.18　环境动态性在风险感知与韧性领导力间的调节效应结果

变量		韧性领导力							
		模型 1	模型 2	模型 3	模型 4	模型 5	模型 6	模型 7	模型 8
		β	β	β	β	β	β	β	β
控制变量	性别	0.033	0.032	0.035	0.034	0.034	0.034	0.044	0.045
	婚姻	0.061	0.061	0.056	0.055	0.063	0.063	0.059	0.060
	年龄	0.081*	0.079*	0.086*	0.095*	0.081*	0.081*	0.061	0.067
	学历	−0.061	−0.062	−0.053	−0.045	−0.062	−0.062	−0.066	−0.064
	平均月收入	−0.013	−0.012	−0.030	−0.031	−0.014	−0.014	−0.018	−0.022
	从业年限	−0.063	−0.063	−0.050	−0.056	−0.063	−0.063	−0.054	−0.055
	企业类别	0.015	0.014	0.021	0.025	0.015	0.015	0.017	0.017
	企业性质	−0.022	−0.022	−0.023	−0.024	−0.026	−0.026	−0.021	−0.023
	职位	0.165***	0.164***	0.161***	0.155***	0.164***	0.164***	0.167***	0.164***
自变量	环境动态性	0.395***	0.395***	0.434***	0.437***	0.400***	0.400***	0.422***	0.425***
	严重性	0.048	0.046						
	可能性			−0.139***	−0.146***				
	未知性					0.015***	0.016		
	不可控性							−0.106***	−0.118***
交互变量	严重性 * 环境动态性		−0.018						
	可能性 * 环境动态性				0.113***				
	未知性 * 环境动态性						0.003		
	不可控性 * 环境动态性								0.079***
R		0.194	0.194	0.210	0.222	0.192	0.192	0.202	0.208
△ R		0.000		0.012		0.000		0.006	
F		23.067***	21.169***	25.449***	25.104***	22.773***	20.856***	24.327***	23.115***

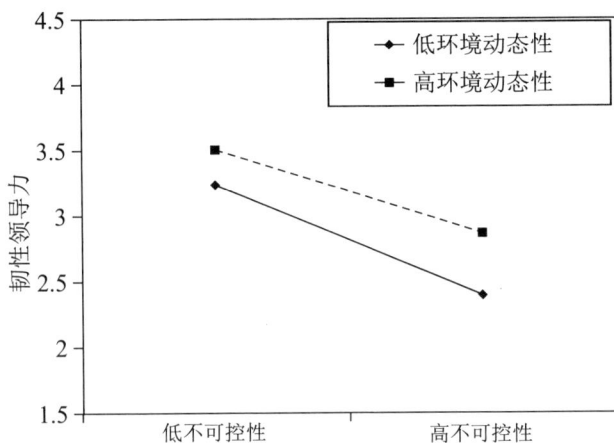

图 5.9　环境动态性在不可控性与韧性领导力间的调节效应

第七节　本章小结

一、章节结论

基于第四章建构的理论框架，本研究以自我决定理论和领导替代理论为基础，探索了旅游企业韧性领导力对员工韧性、团队韧性和组织韧性的影响关系，检验了危机风险感知的前置驱动效应以及员工责任感、信念感和使命感的中介作用。本研究还检验了环境动态性在韧性领导力前因驱动过程中的调节效应，验证了组织学习氛围和环境动态性在韧性领导力影响过程中的三项交互联合效应。本章节主要结论如下。

第一，危机风险感知对企业韧性具有正向驱动作用。实证结果表明，由严重性、可能性、未知性和不可控性四个维度构成的危机风险感知对员工韧性、团队韧性和组织韧性具有显著的正向影响，这与 Okumus 等的研究结论相一致，即危机会给旅游企业的韧性成长带来机会。从维度差异来看，未知性和严重性正向驱动作用较强，而不可控性和可能性的正向驱动作用相对较弱。这表明，当疫情危机事件造成的影响后果严重、影响过程不可知，员工、团队和组织就会采取高强度的抵抗性、适应性和韧性响应策略。而当疫情危机事件呈现高发性和不可控性时，员工、团队和组织的韧性响应结果相对较弱，可能原因在于疫情本身高传染性和持续不可控的信号值可能会超过了员工、团队和组织韧性响应的心理安全防线和心理承受阈限。这表明，旅游企业员工对危机事件的韧性响应存在"心理可控阈限"，危机事件不同风险特征会导致员工、团队和组织差异化的韧性响应结果。

第二，危机风险感知对韧性领导力的驱动作用具有维度差异，且韧性领导力在危机风险感知对企业韧性的影响关系间具有中介作用。实证结果表明，严重性和未知性对韧性领导力具有显著的正向影响，而可能性和不可控性对韧性领导力的影响关系不显著。现有研究已有将环境和情境变量识别为领导力的重要前因，如检验了环境不确定性对创业型领导力的影响关系，本研究结论是对前人研究的验证和拓展。同时，危机情境下旅游企业韧性领导力的响应也存在"心理可控阈限"，这个阈值受到危机事件本身可控性和持续爆发可能性的影响，这是现有研究尚未发现的重要结论。不仅如此，危机风险感知中的严重性和未知性维度通过韧性领导力的部分中介作用正向影响员工韧性、团队韧性和组织韧性。该研究结论呈现了危机情境下韧性领导者的积极作为和主动响应对于促进企业韧性成长具有重要作用，也证明了领导力在外部环境与企业结果响应间的中介效应，这与郑俊巍和谢洪涛的实证研究结论具有逻辑上的一致性。

第三，危机情境下韧性领导力具有积极的结果导向，并通过员工心理状态的中介作用影响旅游企业韧性。数据结果显示，韧性领导力对员工责任感、信念感和使命感具有显著的正向影响，且对员工责任感和信念感具有较强的驱动作用。这表明，危机情境下韧性领导力能够激活员工帮助企业渡过危机的责任感和义务感、塑造员工渡过危机难关的信念和信心，也能够强化员工对工作本身及其社会价值的心理认同，并投身于工作中以寻求自我意义的提升。此外，责任感、信念感和使命感反映了员工在危机情境下的心理能量和动机状态，韧性领导力通过面向员工的心理赋能促进企业韧性。数据结果显示，责任感和使命感完全中介了韧性领导力对员工韧性的影响关系，责任感、信念感和使命感部分中介了韧性领导力对团队韧性和组织韧性的影响关系，它们是支撑韧性领导力发挥积极影响的重要中介变量和心理变量。现有研究已经检验了员工责任感、信念感和使命感在领导力影响过程中的中介角色，而本研究在危机情境下展示了韧性领导力影响员工韧性、团队韧性和组织韧性的心理中介过程，是现有研究尚未发现的重要结论。

第四，环境动态性在韧性领导力的前因驱动过程存在显著的调节效应，它削弱了危机事件对韧性领导力造成的负向影响。在引入调节变量环境动态性后，可能性和不可控性对韧性领导力的影响由之前的不显著转变成负向影响。这表明，在复杂、充满不确定性和不可预测性的环境中，危机的可能性和不可控性特征会降低韧性领导力响应，这一步验证了韧性领导力响应存在"心理可控阈限"的猜想。但随着环境动态性的增强，它缓解了可能性和不可控性对韧性领导力的负向影响关系。结合社会认知理论的观点，危机情境下领导者的韧性响应决策受到危机风险感知和环境动态性的交互影响。从环境威胁视角来看，环境动态性促使旅游企业在危机情境中面临的更加不确定性和不可预测性的外部环境，鉴于旅游企业的风险敏感特质，在动态性环境背景下危机发生的可能性和后果不可控性会显著降低旅游企业的韧性领导力响应。随着环境动态性的增强，企业已经逐渐适应复杂多变的外部环境，此时动态环境也催生了大量发展机遇，因此旅游企业会表现较高水平的韧性领导力以获得成长和发展。因此，威胁性和机遇性共存的外部环境以及韧性领导力响应的"心理可控阈限"促使环境动态性在韧性领导力的前因驱动过程中呈现负向调节作用。

第五，组织学习氛围和环境动态性在韧性领导力的影响过程中具有三项交互的联合效应，在组织学习氛围和环境动态性的不同联合匹配情境下韧性领导力的效能和影响存在明显差异。从组织学习氛围的调节效应结果来看，当环境动态性处于低值水平时，组织学习氛围强化了韧性领导力对员工责任感和员工韧性的影响关系。这表明，在旅游企业外部环境呈现出稳定有序、容易预测的情境下，组织学习氛围在韧性领导力对员工责任感和员工韧性的影响中扮演了"强化剂"的角色。旅游企业在危机情境下为员工塑造的支持型、奖励型和容错型的内部学习环境会促使员工基于社会交换原则表现出更强的责任感和韧性行动去帮助组织克服危机挑战。而当环境动态性处于高值水平时，组织学习氛围削弱了韧性领导力对员工责任感、信念感、员工韧性和团队韧性的影响关系。这表明，在旅游企业外部环境呈现出快速变化、不稳定和不可预测的情境下，组织学习氛围在韧性领导力对员工责任感、信念感、员工韧性和团队韧性的影响关系中扮演了"中和剂"的角色。由此可见，组织学习氛围在常态、稳定和有序的环境中能够强化韧性领导力的效能，而在快速变革的威胁环境所发挥的影响力较为有限，甚至还会因为过多占用组织资源致使旅游企业在危机和逆境中保持动态适应性、获取韧性成长的资源条件不足，从而阻碍韧性领导力有效性的发挥。

无论环境动态性处于低值还是高值，组织学习氛围在韧性领导力对使命感影响关系间的调节效应均不显著。可能的原因在于，使命感源于员工发自内心对于工作价值的认同及其社会贡献的重视，因此组织内部学习氛围较难以改变员工对工作价值、工作意义及其对社会贡献的认知。无论环境动态性处于何种水平，组织学习氛围均负向削弱了韧性领导力对组织韧性的影响关系。可能原因在于，根据组织学习理论的观点，组织学习氛围达到一定程度后可能会逐渐转化为组织学习能力，能够形成快速应对危机冲击和逆境挑战的"组织记忆"，致使危机情境下韧性领导力对组织韧性的影响效应被削弱。此外，部分学者也将组织学习能力作为组织韧性的重要测量要素，甚至强调了学习型组织对于组织韧性的正向影响作用。因此，当组织学习氛围浓郁时，组织韧性的自然较高，韧性领导力对组织韧性的影响作用较为有限；当组织学习氛围薄弱时，组织韧性相对较弱，韧性领导力在促进组织韧性过程中发挥重要作用。综上，组织学习氛围会替代韧性领导力对组织韧性的影响作用，这与 Ling 等的实证研究结论具有相似性，即在积极的服务环境下，高层服务型领导力不能有效预测服务绩效；当服务氛围薄弱时，高层服务型领导力在服务绩效的提升过程中发挥重要作用，服务氛围替代了高层服务型领导力的影响作用。目前，组织氛围已经被证实是影响领导力发挥效能的重要替代变量，也是领导力影响员工态度和行为绩效的重要边界条件，本研究发现是对前人研究的验证和拓展。

从环境动态性的调节效应结果来看，当组织学习氛围处于低值时，环境动态性强化了韧性领导力对员工责任感、使命感、员工韧性、团队韧性和组织韧性的影响关系。这表明，旅游企业在危机情境下将资源配置于应对动态性外部环境而非塑造内部学习氛围时，环境动态性在韧性领导力的影响过程中扮演了"强化剂"的角色，不确定性、不可预测性、威胁与机遇并存的外部环境能够强化韧性领导力的效能，促使旅游企业克服危机冲击、适应逆境威胁并抓住机遇实现逆势成长。同样的，韧性领导者在动态复杂的环境中能够充分发挥其环境敏感性、坚韧抵抗性和动态适应性的优势，并通过规划、应变、指导、控制、关怀和调整等策略维持员工的责任感和使命感，促使员工、团队和组织的韧性响应。而当组织学习氛围处于高值时，环境动态性扮演了"中和剂"的角色、削弱了韧性领导力对员工韧性的影响关系，并致使环境动态性在韧性领导力与员工责任感、使命感、团队韧性和组织韧性的正向调节效应不显著。可能原因在于，随着环境动态性的增强，旅游企业需要调动更多的内部资源去应对高强度的行业变化、市场竞争和技术变革，如果旅游企业同时将资源配置于组织学习氛围的塑造，容易导致企业应对不确定环境、保持动态适应性和获取韧性成长的资源条件不足，从而降低了环境动态性的正向强化作用。此外，无论组织学习氛围处于低值还是高值水平，环境动态性在韧性领导力对信念感的影响关系间的调节效应均不显著。可能原因在于，信念感是威胁情境下员工对自身或组织克服逆境挑战、恢复常态化的心理预期，当环境动态性达到一定值后，高度不确定性和不可预测的风险环境可能会超过员工的心理承受阈限，致使环境动态性难以强化韧性领导力对员工信念感的影响效应。同时，旅游企业可能已经将在动态环境中发现环境机遇和成长机会、并据此化危为安，因此在企业逐步恢复常态化经营过程中，环境动态性在韧性领导力与信念感间的调节效应不显著。目前，环境动态性也一直被证实是影响领导力效能的重要调节变量和权变因素，本研究结论是对前人研究发现的验证和拓展。

从三项交互调节效应结果来看，组织学习氛围、环境动态性和韧性领导力的三项交互联合影响员工责任感、信念感、使命感、员工韧性、团队韧性和组织韧性，在不同联合情境下韧性领导力的影响作用存在明显的差别。具体来看，在低组织学习氛围和高环境动态性的联合情境下，韧性领导力的整体效能和有效性最为明显。而在高组织学习氛围和高环境动态性的联合情境下，韧性领导力对企业韧性的影响效应相对较低。该研究结论可从领导力——环境适配性和资源基础观两个层面予以分析和解释。从环境适配的视角来看，领导力效能应当与内外部情境因素相匹配、相适配才能发挥最大效能。其中，环境动态性强调了外部环境变化的速度和不可预测性，而组织学习氛围更关注于常态和平时期抑或危机处于解决期时企业的学习成长。鉴于韧性领导力的理论内容和实践内涵与威胁和动态性情境紧密关联，韧性领导力的效能在动态性环境中能够得到有效激发，与组织学习氛围所强调的情境内涵适配度较低。因此，环境动态性是实现韧性领导力高效能导向的必要性条件。从资源基础观的视角来看，危机情境下旅游企业将资源在响应动态性环境和塑造组织学习氛围间的差异化配置将导致相异的结果表现。鉴于资源存量的有限性以及资源调动的效率缺陷，将资源配置于响应动态性环境、投入与韧性领导力高度适配的管理行动中能够释放韧性领导力的效能并助推旅游企业获取韧性成长，反之则会致使旅游企业领导者在危机和逆境中保持动态适应性和坚韧抵抗性的资源条件不足，阻碍韧性领导力有效性的发挥。综上，环境动态性和组织学习氛围是两种竞争性的调节力量，适配度高的环境动态性能够强化韧性领导力效能，而适配度低的组织学习氛围会削弱环境动态性的强化作用甚至阻碍韧性领导力的有效性。

二、章节讨论

第一，本研究实证探索了韧性领导力的形成机制，识别了驱动韧性领导力的新前因变量和调节变量，为危机情境下旅游企业韧性领导力的促动和调控提供了理论依据。从前导驱动机制来看，尽管环境和情境因素，如文化背景、制度环境、媒体环境、创新要求和环境不确定性等，被识别出来对领导力具有重要影响，但关于领导力形成机制的实证研究还相对较少。结合韧性领导力的概念内涵和情境特征，本研究在危机情境下将危机风险感知识别为韧性领导力的前因变量，并发现韧性领导力对危机和风险的响应存在"心理可控阈限"。该研究发现在一定程度上丰富了领导力前导影响因素的实证研究，识别了韧性领导力的新前因变量，并拓展了前人对韧性领导力的实证研究。在此基础上，本研究还基于社会认知理论实证检验了环境动态性在危机风险感知影响韧性领导力过程中的调节效应，验证了威胁性和机遇性共存的动态性环境能够削弱危机和逆境对韧性领导力造成的负面影响，由此揭示了危机情境下旅游企业韧性领导力的形成机制。目前，韧性领导力的形成机制鲜有得到关注，了解和揭示这种影响机制对于旅游企业建构韧性领导力的提升策略和培育体系具有重要意义。综上，本研究识别了驱动旅游企业韧性领导力的危机影响前因和环境调节机制，对韧性领导力的形成机制研究作出了创新性拓展。

第二，本研究揭示了危机风险感知对企业韧性的影响机制，验证了危机事件对旅游企业发展所具有的积极效应，为危机情境下旅游企业建立韧性导向的危机管理体系提供了实证依据。危机事件对旅游企业具有综合影响，但前人研究大多评估和强调危机事件对旅游业造成的负面影响。尽管已有学者指出危机事件在短期和长期都会对旅游企业的生存发展产生积极影响，但鲜有研究对危机事件产生的积极影响效应展开实证检验，危机风险感知与旅游企业韧性间的影响关系尚未得到实证探讨。基于此，本研究实证检验了危机风险感知对员工韧性、团队韧性和组织韧性的正向影响关系，既丰富前人对危机影响的实证研究、识别出风险感知新的结果变量，也拓展了对企业韧性影响因素的认知。同时，本研究还结合 SOR 理论框架和组织有机体论，将旅游企业视为一个能够动态适应环境变化的有机体组织，并据此验证了韧性领导力在上述影响关系间的中介效应。这表明，旅游企业韧性是危机风险感知和韧性领导力共同驱动的结果，韧性领导力在企业韧性的生成过程中具有重要支撑作用。因此，本研究揭示了危机情境下旅游企业韧性的形成机制，为旅游企业塑造韧性领导力、促进企业韧性成长提供了理论依据和实证支持。

第三，本研究基于自我决定理论揭示了韧性领导力影响企业韧性的心理中介机制，识别了韧性领导力新的结果变量，为科学评估危机情境下韧性领导力的作用机制提供了理论依据和实证案例。目前，领导者韧性特质对员工韧性和组织韧性的积极影响已经得到部分学者的实证分析，但也有研究也强调了韧性领导力所具有的"阴暗面"。基于此，本研究实证检验了韧性领导力对员工韧性、团队韧性和组织韧性的正向影响，既验证了韧性领导力的有效性范围和结果变量，也为理解韧性领导力积极和消极的影响结果争议提供了实证案例。此外，韧性领导力发挥影响过程中的心理中介机制尚未得到学界充分的实证探讨，也尚未有学者在危机情境下将员工责任感、信念感和使命感作为韧性领导力的结果变量展开实证分析。因此，结合自我决定理论，本研究将责任感、信念感和使命感作为员工在危机情境下是否有义务（我该）、有能力（我能）和有使命（我愿）促进企业韧性的三种心理感受和动机状态，从而验证了它们是连接韧性领导力与企业韧性的重要动机变量，这拓展了韧性领导力作用机制的理论认知，为分析危机情境下员工采取韧性响应的心理中介过程提供了理论依据。综上，本研究揭示了韧性领导力的积极影响效应，增强了对韧性领导力有效性的理解，为科学认知韧性领导力影响企业韧性的心理中介过程提供了新的分析变量。

第四，本研究基于领导替代理论分析了组织学习氛围和环境动态性在韧性领导力影响过程中的调节效应和边界条件，验证了组织学习氛围和环境动态性在韧性领导力的影响过程中的三项交互联合效应，为分析危机情境下韧性领导力的作用机制提供了新的情境变量和理论视角。环境和情境因素在领导力有效性发挥过程中的边界效应一直都是学者关注的重点话题，组织氛围和环境动态性在领导力影响过程中的调节效应也得到学者丰富的实证检验。然而，鲜有研究对其在韧性领导力影响过程中的边界条件展开实证探索，也鲜有学者关注到组织氛围、环境动态性与领导力的三项交互作用。鉴于韧性领导力的实践内涵和危机事件的威胁与机遇共存特征，本研究基于领导替代理论率先引入组织学习氛围和环境动态性来探究它们在韧性领导力影响员工心理动机和企业韧性时的调节作用，并在此基础上区分不同联合情境分析二者在韧性领导力作用过程中的差异性、异质性和交互性调节效应。本研究发现，危机情境下促成旅游企业韧性成长需要实现韧性领导力与情境要素的有效适配，其中适配度高的环境动态性能够强化韧性领导力影响作用，而适配度较低的组织学习氛围会降低环境动态性的强化作用、阻碍韧性领导力的效能。这对于旅游企业如何在危机情境下有效配置资源去塑造内部学习氛围、识别动态环境中发展机会并促进企业韧性成长具有重要的现实意义。因此，组织学习氛围和环境动态性是影响韧性领导力有效性的重要替代变量，本研究据此丰富了领导替代理论的实证研究，为分析危机情境下韧性领导力的作用机制和边界条件提供了实证案例和理论依据。

第六章　危机情境下旅游企业韧性领导力驱动企业韧性成长的路径机制

在第四章理论建构和第五章影响机制检验的基础上，本章节的主要内容是探索旅游企业在危机情境下获取高韧性成长和高韧性表现的组态策略和构型方案。具体来说，本章节将以韧性领导力、危机风险感知、责任感、信念感、使命感、环境动态性和组织学习氛围作为重要影响因素，采用多变量相互作用的模糊集定性比较分析方法（fsQCA），探索危机情境下韧性领导力等影响因素如何单独影响或与其他因素的"交互作用"及"联合效应"，从而识别促使旅游企业员工、团队和组织等实现高韧性响应的多条件组合路径。本章节还将据此建构危机情境下促成旅游企业实现整体韧性成长和发展的联合路径和组合方案。

第一节　问题提出

在风险社会的背景下，旅游企业面临的生存环境和经营环境愈加充满不确定性。危机事件的常态化爆发对宏观层面的旅游产业结构和微观层面的旅游企业经营管理都造成了严重的冲击和影响，并要求所有旅游企业采取严格的安全操作标准以寻求恢复和发展。然而，同处于危机引致的威胁环境中，有些旅游企业往往能够重整旗鼓并获得逆势成长，而有些旅游企业却萎靡不振并陷入生存危机。追根溯源，韧性能够帮助旅游企业识别和应对不确定环境所带来的风险挑战，并引导旅游企业抓住潜在发展机遇以获得适应性成长和可持续发展。因此，危机情境下促成旅游企业的韧性响应和韧性成长应当成为旅游研究的重点议题。

总体上，相关研究还存在以下不足。第一，旅游企业韧性的影响因素和形成机制缺乏足够的实证检验。从个体视角来看，现有围绕旅游企业员工韧性的实证研究大多关注其作用后果，并重点探索了员工韧性对工作不安全感、工作绩效、创新能力、工作投入和离职意愿的影响作用。也有学者将韧性作为员工的积极心理特质，并实证检验了其在削弱消极情绪和促成工作活力中的调节作用。从组织视角来看，韧性领导力、管理者心理韧性、企业经营战略、环境变革挑战、员工韧性和生活满意度被识别为旅游企业组织韧性的前导影响因素，企业财务绩效、整体绩效和可持续发展是组织韧性的重要影响结果。由此可见，旅游企业包含员工、团队和组织三个层面韧性的形成机制研究仍相对有限。第二，危机情境下促成旅游企业韧性成长的多重复杂因果关系尚未得到学界关注。前人研究重点关注单个或多个因素对旅游企业韧性（如员工韧性、组织韧性）影响的净效应。然而，结合前文定性分析结果和定量实证检验，旅游企业员工韧性、团队韧性和组织韧性的影响因素包括了韧性领导力、危机风险感知、领导者赋能、组织和环境因素等多个层面，危机情境下促成旅游企业韧性成长的前因条件复杂、任何单一因素都不能独立或完全决定企业韧性。不仅如此，考虑到多个影响因素间的交互作用，并可能存在促成旅游企业韧性成长的等效路径和"殊途同归"效应，因此现有实证研究难以揭示危机情境下促成旅游企业韧性成长的多重因素并发的因果关系。因此，亟待突破传统定量分析的思路，从系统和全面的视角检验各影响因素在危机情境下促成旅游企业韧性成长的联合效应和组合路径。

因此，本章节将实证探索旅游企业在危机情境下获取韧性成长的组态策略和构型方案，主要围绕两个问题展开：第一，韧性领导力如何单独或与其他影响因素组合影响旅游企业韧性？第二，韧性领导力、责任感、信念感、使命感、严重性、可能性、不可控性、未知性、组织学习氛围和环境动态性等影响因素如何通过不同组合路径促成旅游企业的韧性成长？在第四章理论模型建构和第五章影响机制检验的基础上，本章节的主要研究目标是采用模糊集定性比较分析，探寻危机情境下旅游企业员工韧性、团队韧性和组织韧性前置因素的组合影响效应，并识别出最佳组合解决方案。危机情境下旅游企业韧性成长的组合路径框架如图 6.1 所示。

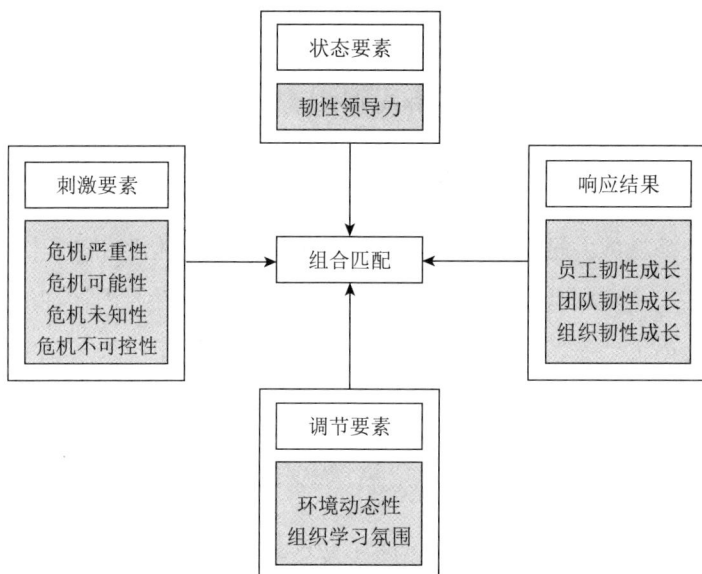

图 6.1　危机情境下旅游企业韧性成长的组合路径框架

第二节　研究方法

一、模糊集定性比较分析

模糊集定性比较分析（fsQCA）是一种基于集合思想和理论的研究方法，旨在从整体视角将每个案例样本视为条件变量的组态，并据此识别导致结果发生的多因素并发组态关系和组合路径。同时，该方法允许相同结果的发生存在多种条件组合，克服了定性和定量研究中内外部有效性有限的弊端。通常，采用 fsQCA 研究主要包括几个步骤：第一，提出研究问题，并基于文献分析和实践现象归纳出导致结果发生的前因条件；第二，搜集数据，并对数据的有效性进行检验；第三，对条件变量和结果变量进行校准，明确案例数据中各变量在集合当中的隶属程度，具体包括完全隶属、交叉点和完全不隶属三类；第四，对每个条件变量展开单独的必要性分析，明晰结果的发生是否存在必要条件；第五，设定一致性水平、PRI（Proportional Reduction in Inconsistency）指数和案例频数等关键指标的阈值，并据此构建真值表，对数据结果展开分析。

本研究采用 fsQCA 方法探索危机情境下旅游企业韧性领导力驱动企业韧性的路径机制和组态效应，主要原因如下：第一，文献分析表明，旅游企业韧性涉及员工韧性、团队韧性、组织韧性等多个层面，且驱动员工韧性、团队韧性和组织韧性的前因变量是多层面、多视角和多类别的。这表明，促动旅游企业韧性的影响路径是复杂的，不同条件变量的组合也可能导致相同结果变量的发生。而传统定量分析可能忽略了条件变量间的相互依赖及其联合效应，定性分析也很难呈现案例组合间存在的潜在相关性，而 fsQCA 能够克服上述局限性。第二，fsQCA 方法不仅适用于小案例样本的研究，在大范围和跨尺度的案例样本中也具有独特优势。具体来说，涉及大案例样本的 fsQCA 分析能够避免有限多样性的问题，6~12 个条件因素均可以纳入组态分析。本研究涉及的案例企业类别多元、地域跨度大且样本数量庞大，采用 fsQCA 分析能对危机情境下促成旅游企业韧性成长的过程要素和组态条件进行准确诠释。第三，危机情境下旅游企业员工韧性、团队韧性和组织韧性的形成机制是一个复杂议题，前人实证研究大都关注某个或几个变量对旅游企业韧性（如员工韧性、组织韧性）影响的净效应，难以揭示多重因素并发的因果关系。因此，在第五章数据搜集和变量信效度检验的基础上，本研究采用 fsQCA 3.0 软件对危机情境下促成旅游企业高韧性响应和韧性成长的复杂前因组态展开分析。

二、分析指标

模糊集定性比较分析一般输出复杂解、简约解和中间解三种结果类型。尽管这三种解在精细度和复杂性上存在差异，但结果输出均是基于经验信息的、在逻辑上也是等价均质的。其中，由于复杂解仅分析实际观察案例的组态、不考虑反事实的样本案例，因此输出形式最为复杂。中间解分析实际观察样本的组态，对"容易"的反事实逻辑余项予以合理适度的考虑。而简约解既包含实际观察样本案例的组态，又充分考虑"困难"和"简单"的反事实逻辑余项。

此外，输出结果中还可以区分核心条件和边缘条件。其中，核心条件同时存在于中间解和简约解中，并与结果的发生呈现强烈的因果关联。边缘条件仅存在于简约解中，对于结果的发生发挥辅助贡献作用。鉴于中间解的输出结果复杂程度适中、解释率高，并能够有效简化模型，而简约解输出形式简单，因此本研究根据前人研究的建议采用中间解的输出结果分析充分条件的组合，并结合简约解的输出结果识别组合路径中的核心与边缘条件。同时，组合路径的输出结果一般需要将一致性水平和覆盖率作为判断标准，前者是指前因条件影响结果变量的一致性程度，而后者则是指前因条件对促成结果变量发生的解释力。

三、变量校准

本研究在展开 fsQCA 分析前按照"完全隶属""交叉点""完全不隶属"三个锚点对研究数据进行校准，将韧性领导力、责任感、信念感、使命感、严重性、可能性、未知性、不可控性、组织学习氛围、环境动态性、员工韧性、团队韧性和组织韧性等变量转化为集合并分别赋予样本隶属度。基于 Ragin 推荐的变量校准方法，本研究选取 95%（完全隶属）、50%（交叉点）和 5%（完全不隶属）的标准对数据进行校准，将变量的原始值转换为 0 至 1 的模糊得分。具体的校准锚点和样本特征如表 6.1 所示。

表 6.1 变量的校准锚点

变量类别	变量名称	校准锚点			样本特征		
		完全不隶属	交叉点	完全隶属	均值	最大值	最小值
条件变量	韧性领导力	4.379	6.759	7.000	6.329	7.000	1.000
	责任感	4.600	6.600	7.000	6.310	7.000	1.000
	信念感	4.690	6.800	7.000	6.400	7.000	1.000
	使命感	4.200	6.200	7.000	6.058	7.000	1.000
	严重性	4.000	6.333	7.000	6.079	7.000	1.000
	可能性	2.500	5.250	7.000	5.232	7.000	1.000
	未知性	4.667	6.667	7.000	6.273	7.000	1.000
	不可控性	2.000	4.750	7.000	4.655	7.000	1.000
	组织学习氛围	4.000	6.000	7.000	5.851	7.000	1.000
	环境动态性	4.250	6.000	7.000	5.876	7.000	1.000
结果变量	员工韧性	4.500	6.000	7.000	4.596	7.000	1.000
	团队韧性	4.750	6.500	7.000	6.265	7.000	1.000
	组织韧性	4.000	6.333	7.000	6.047	7.000	1.000

第三节 旅游企业韧性的单变量必要性分析

在组态分析前需要检验单个条件变量是否为结果变量的必要条件，即当该结果发生时，该条件变量总是存在。在本研究中，具体表现为分析韧性领导力、责任感、信念感、使命感、严重性、可能性、不可控性、未知性、组织学习氛围和环境动态性 10 个前因条件变量及其非的状态是否从属于高旅游企业韧性响应的必要条件。因此，本研究面向员工韧性、团队韧性和组织韧性等结果变量对这些前因条件变量是否为必要条件进行单独检验，当变量一致性指标大于 0.9 的临界标准，则可以判定该条件变量为结果发生的必要条件。旅游企业员工韧性、团队韧性和组织韧性的必要条件分析结果如表 6.2 所示。

一、旅游企业员工韧性的必要条件分析

旅游企业员工韧性的必要条件分析结果显示，各个条件变量及其否定状态对于员工韧性的覆盖率水平介于 0.497997 至 0.77287，表明这些条件变量对于员工韧性的发生具有较强的解释力。然而，条件变量的一致性指标介于 0.381831 至 0.820666、均小于 0.9 的临界水平。这表明，这些条件变量均不能作为结果变量发生的绝对必要条件，危机情境下旅游企业员工韧性的发生是多重复杂并发因果，有必要基于不同条件变量展开组态分析来阐述其发生路径。

二、旅游企业团队韧性的必要条件分析

旅游企业团队韧性的必要条件分析结果显示，各个条件变量及其否定状态对于团队韧性的覆盖率水平介于 0.498720 至 0.808010，表明这些条件变量对于团队韧性的发生具有较强的解释力。然而，条件变量的一致性指标介于 0.359137 至 0.808817、均小于 0.9 的临界水平。这表明，这些条件变量均不能作为结果变量发生的绝对必要条件，危机情境下旅游企业团队韧性的发生是多重复杂并发因果，有必要基于不同条件变量展开组态分析来阐述其发生路径。

三、旅游企业组织韧性的必要条件分析

旅游企业组织韧性的必要条件分析结果显示，各个条件变量及其否定状态对于组织韧性的覆盖率水平介于 0.483116 至 0.802287，表明这些条件变量对于组织韧性的发生具有较强的解释力。然而，条件变量的一致性指标介于 0.363339 至 0.831837、均小于 0.9 的临界水平。这表明，这些条件变量均不能作为结果变量发生的绝对必要条件，危机情境下旅游企业组织韧性的发生是多重复杂并发因果，有必要基于不同条件变量展开组态分析来阐述其发生路径。

表 6.2 旅游企业韧性的必要条件分析

条件变量	员工韧性		团队韧性		组织韧性	
	一致性	覆盖率	一致性	覆盖率	一致性	覆盖率
韧性领导力	0.781240	0.736808	0.790358	0.787948	0.803717	0.767220
~韧性领导力	0.439630	0.551743	0.399072	0.529425	0.416863	0.529529
责任感	0.820666	0.752647	0.808817	0.784114	0.816022	0.757484
~责任感	0.381831	0.497997	0.362265	0.499444	0.380858	0.502767
信念感	0.786179	0.717387	0.807915	0.779295	0.831837	0.768277
~信念感	0.400439	0.526052	0.359137	0.498720	0.363339	0.483116
使命感	0.784858	0.749716	0.769743	0.777240	0.791165	0.764927
~使命感	0.436762	0.539056	0.409762	0.534594	0.425047	0.530974
严重性	0.759134	0.697360	0.739304	0.717903	0.748001	0.695486
~严重性	0.435950	0.567255	0.423632	0.582687	0.443740	0.584410
可能性	0.718984	0.705176	0.676355	0.701225	0.688040	0.683029
~可能性	0.505731	0.603837	0.506459	0.639218	0.527536	0.637529
未知性	0.745803	0.738000	0.725440	0.758819	0.727169	0.728308
~未知性	0.454753	0.537192	0.439300	0.548554	0.467191	0.558594
不可控性	0.653015	0.698571	0.608110	0.687659	0.638354	0.691188
~不可控性	0.582134	0.631162	0.577652	0.662046	0.585846	0.642908
组织学习氛围	0.766985	0.768950	0.762432	0.808010	0.790626	0.802287
~组织学习氛围	0.474148	0.551552	0.432842	0.532238	0.446420	0.525609
环境动态性	0.748014	0.772870	0.721031	0.787508	0.758456	0.793185
~环境动态性	0.489392	0.550331	0.471737	0.560752	0.473478	0.538908

注："~"表示逻辑运算的"非"。

第四节　旅游企业韧性影响因素的模糊集定性比较分析

一、员工韧性的模糊集定性比较分析

本研究采用 fsQCA 3.0 软件对导致高员工韧性、团队韧性和组织韧性产生的多因素组态路径展开分析。其中，组态分析首先需要构建真值表，并基于案例频数、PRI 指数和一致性水平等指标在逻辑上识别出不同条件变量间可能存在的因果组合。结合 Ragin 和 Afonso 等的建议，本研究将一致性阈值设定为 0.8，将 PRI 指数设定为 0.75，并根据样本规模将案例频数阈值设定为 6，以呈现较高解释力水平的路径方案。

鉴于中间解对于结果变量的发生具有较强的解释率和覆盖率，也是对简单解和复杂解的折中，本研究根据中间解数据结果来分析结果变量发生的多因素组合路径。如表 6.3 所示，对员工高韧性响应的影响因素分析共获得 5 种不同类型的组合路径，即路径 1、路径 2、路径 3、路径 4 和路径 5。具体来看，这 5 种组合路径的一致性水平分别为 0.922935、0.938605、0.930257、0.936066 和 0.935584，总体解的一致性水平为 0.909756，均大于 0.8 的临界水平。由此可见，这 5 条组合路径是实现员工高韧性表现的充分条件，危机情境下促成旅游企业员工韧性成长的影响因素是多重并发的，并能够产生"殊途同归"的组合效应。

从路径解释率来看，这 5 条组合路径的原始覆盖率介于 0.286092 至 0.357246，总体解释的覆盖率为 0.410681。这表明，上述组合路径能够解释的案例数占总体案例数的 28.61% 至 35.72%、具有较强的经验相关性，且任何一条路径均不可能成为员工高韧性发生的充分必要条件，即危机情境下多种条件组合共同驱动旅游企业员工的高水平韧性响应。从路径差异来看，组合路径 1（韧性领导力 * 责任感 * 信念感 * 使命感 * 未知性 * 严重性 * 组织学习氛围 * 环境动态性）对于结果变量发生的解释率水平最高，组合路径 2 和 3

的解释率水平次之，组合路径 4 和 5 的解释率水平较低。其中，韧性领导力在 5 条组合路径中均存在。相较于组合路径 1，在组合路径 2、3、4 和 5 中危机事件呈现出可能性和不可控性的特征，这表明组合路径中同时存在可能性和不可控性条件时，员工高韧性发生的解释率较低。比较组合路径 1、2、3 与组合路径 4、5 发现，员工责任感、信念感和使命感同时存在于高解释率组合路径当中。由此可见，在危机并未同时呈现高发性和不可控性的情境下（未超过心理承受阈限），韧性领导力以及员工三种心理动机的存在会导致员工的高韧性响应结果。

表 6.3　员工韧性的充分条件组态结果

路径	前因条件组态	原始覆盖率	净覆盖率	一致性
路径 1	韧性领导力 * 责任感 * 信念感 * 使命感 * 未知性 * 严重性 * 组织学习氛围 * 环境动态性	0.357246	0.0802187	0.922935
路径 2	韧性领导力 * 责任感 * 信念感 * 使命感 * 可能性 * 不可控性 * 未知性 * 严重性 * 组织学习氛围	0.297127	0.0200996	0.938605
路径 3	韧性领导力 * 责任感 * 信念感 * 使命感 * 可能性 * 不可控性 * 未知性 * 严重性 * 环境动态性	0.290086	0.0130588	0.930257
路径 4	韧性领导力 * 责任感 * 信念感 * 可能性 * 不可控性 * 未知性 * 严重性 * 组织学习氛围 * 环境动态性	0.287840	0.0108123	0.936066
路径 5	韧性领导力 * 信念感 * 使命感 * 可能性 * 不可控性 * 未知性 * 严重性 * 组织学习氛围 * 环境动态性	0.286092	0.00906467	0.935584

注：* 代表变量间的链接符号，代表"且"的交集关系。

二、团队韧性的模糊集定性比较分析

如表 6.4 所示，对团队高韧性响应的影响因素分析共获得 8 种不同类型的组合路径，即路径 1、路径 2、路径 3、路径 4、路径 5、路径 6、路径 7 和路径 8。具体来看，这 8 种组合路径的一致性水平分别为 0.92646、0.935771、0.944615、0.934431、0.956684、0.949091、0.947981 和 0.941641，总体解的一致性水平为 0.915363，均大于 0.8 的临界水平。由此可见，这 8 条组合路径是实现团队高韧性表现的充分条件，危机情境下促成旅游企业团队韧性成长的影响因素是多重并发的，并存在"殊途同归"的组合效应。从路径解释率来看，这 8 条组合路径的原始覆盖率介于 0.150682 至 0.345897，总体解的覆盖率为 0.499723。这表明，上述组合路径能够解释的案例数占总体案例数的 15.07% 至 34.59%、具有较强的经验相关性，且任何一条路径均不可能成为团队高韧性发生的充分必要条件，即危机情境下多种条件组合共同驱动旅游企业团队的高水平韧性响应。

从路径差异来看，组合路径 1、2 和 3 对于结果变量发生的解释率水平较高（30.19%~34.59%），组合路径 5 和 7 的解释率水平次之（23.32%~27.58%），组合路径 4、6 和 8 的解释率水平较低（15.07%~18.59%）。比较组合路径 1、2 和 3 发现，危机可能性和不可控性出现时，团队高韧性发生的解释率较低，而组织学习氛围存在时，团队高韧性发生的解释率较高。比较组合路径 1、2、3 和 4、5、8 发现，当危机风险特征以非的状态出现时，即危机事件引致的威胁水平较弱时，形成团队高韧性响应的组合路径呈现出较低的解释率。比较组合路径 3、6 和 7 发现，韧性领导力的塑造和员工责任感的激活能够加强团队韧性响应结果，同时能够克服危机风险要素带来的威胁感知。这表明，严重性、可能性、未知性和不可控性是促发团队高韧性响应的刺激性因子，但可能性和不可控性的同时出现容易超过员工的心理承受阈限，并难以产生较高水平的团队韧性响应。不仅如此，韧性领导力和员工责任感是危机情境下团队高韧性响应的保护性因子，员工责任感的缺席会导致较低解释率的团队韧性响应。

表 6.4　团队韧性的充分条件组态结果

路径	前因条件组态	原始覆盖率	净覆盖率	一致性
路径 1	韧性领导力 * 责任感 * 信念感 * 使命感 * 可能性 * 不可控性 * 未知性 * 严重性	0.301944	0.0201017	0.92646
路径 2	韧性领导力 * 责任感 * 信念感 * 使命感 * 可能性 * 未知性 * 严重性 * 环境动态性	0.326394	0.00756699	0.935771

续表

路径	前因条件组态	原始覆盖率	净覆盖率	一致性
路径3	韧性领导力 * 责任感 * 信念感 * 使命感 * 未知性 * 严重性 * 组织学习氛围 * 环境动态性	0.345897	0.0269908	0.944615
路径4	韧性领导力 * 责任感 * 信念感 * 使命感 *～可能性 *～不可控性 * 严重性 * 组织学习氛围 * 环境动态性	0.185858	0.0448847	0.934431
路径5	韧性领导力 * 责任感 * 信念感 * 使命感 * 可能性 *～不可控性 * 严重性 * 组织学习氛围 * 环境动态性	0.233244	0.00855398	0.956684
路径6	～责任感 * 信念感 * 使命感 * 可能性 * 不可控性 * 未知性 * 严重性 * 组织学习氛围 * 环境动态性	0.157633	0.0157081	0.949091
路径7	韧性领导力 * 责任感 * 信念感 * 可能性 * 不可控性 * 未知性 * 严重性 * 组织学习氛围 * 环境动态性	0.275765	0.0116892	0.947981
路径8	韧性领导力 * 责任感 * 信念感 * 使命感 *～可能性 *～不可控性 *～未知性 * 严重性 * 组织学习氛围 *～环境动态性	0.150682	0.0145484	0.941641

注：* 代表变量间的链接符号，代表"且"的交集关系；～代表"非"，表示"不存在"。

三、组织韧性的模糊集定性比较分析

如表6.5所示，对组织高韧性响应的驱动因素分析共获得8种不同类型的组合路径，即路径1、路径2、路径3、路径4、路径5、路径6、路径7和路径8。具体来看，这8条组合路径的一致性水平分别为0.935727、0.944387、0.956950、0.934198、0.949881、0.965455、0.976190和0.964448，总体解的一致性水平为0.912812，均大于0.8的临界水平。由此可见，这8条组合路径是实现组织高韧性表现的充分条件，危机情境下促成旅游企业组织韧性成长的影响因素是多重并发的，并存在"殊途同归"的组合效应。从路径解释率来看，这8条组合路径的原始覆盖率介于0.169329至0.365964，总体解的覆盖率为0.534019。这表明，上述组合路径能够解释的案例数占总体案例数的16.93%至36.60%、具有较强的经验相关性，且任何一条路径均不可能成为组织高韧性发生的充分必要条件，即危机情境下多种条件组合共同驱动旅游企业组织的高水平韧性响应。

表 6.5　组织韧性的充分条件组态结果

路径	前因条件组态	原始覆盖率	净覆盖率	一致性
路径 1	韧性领导力 * 责任感 * 信念感 * 使命感 * 可能性 * 不可控性 * 未知性 * 严重性	0.318497	0.0190029	0.935727
路径 2	韧性领导力 * 责任感 * 信念感 * 使命感 * 可能性 * 未知性 * 严重性 * 环境动态性	0.344017	0.00740463	0.944387
路径 3	韧性领导力 * 责任感 * 信念感 * 使命感 * 未知性 * 严重性 * 组织学习氛围 * 环境动态性	0.365964	0.0288089	0.956950
路径 4	韧性领导力 * 责任感 * 信念感 * 使命感 *~ 可能性 *~ 不可控性 *~ 未知性 * 组织学习氛围 *~ 环境动态性	0.192125	0.0246483	0.934198
路径 5	韧性领导力 * 责任感 * 信念感 * 使命感 *~ 可能性 *~ 不可控性 *~ 严重性 * 组织学习氛围 * 环境动态性	0.197315	0.0251274	0.949881
路径 6	韧性领导力 * 责任感 * 信念感 * 使命感 * 可能性 *~ 不可控性 * 严重性 * 组织学习氛围 * 环境动态性	0.245828	0.00853509	0.965455
路径 7	~ 责任感 * 信念感 * 使命感 * 可能性 * 不可控性 * 未知性 * 严重性 * 组织学习氛围 * 环境动态性	0.169329	0.0169516	0.976190
路径 8	韧性领导力 * 责任感 * 信念感 * 可能性 * 不可控性 * 未知性 * 严重性 * 组织学习氛围 * 环境动态性	0.293005	0.0115365	0.964448

注：* 代表变量间的链接符号，代表"且"的交集关系；~ 代表"非"，表示"不存在"。

从路径差异来看，组合路径 1、2 和 3 对于结果变量发生的解释率水平较高（31.85%~36.60%），组合路径 6 和 8 的解释率水平次之（24.58%~29.30%），组合路径 4、5 和 7 的解释率水平较低（16.93%~19.73%）。比较组合路径 1、2 和 3 发现，危机可能性和不可控性同时出现时，组织高韧性发生的解释率较低，而组织学习氛围存在时，组织高韧性发生的解释率较高。比较组合路径 1、2、3 和 4、5、6 发现，当危机风险特征以非的状态出现时，即危机事件引致的威胁水平较弱时，造成组织高韧性响应的组合路径呈现出较低的解释率。

比较组合路径 3、6 和 7 发现，韧性领导力的塑造和员工责任感的激活能够加强组织韧性响应结果，同时能够克服危机风险要素带来的威胁感知。由此可见，高水平组织韧性和团队韧性在组态生成路径上具有一致性和相似性。

第五节　旅游企业韧性成长的组态路径分析

一、员工韧性成长的组态方案

如前所述，在韧性领导力、赋能导向、危机风险感知、组织和环境因素等多个因素的复杂作用下，员工高韧性响应共产生 5 条组合路径。结合简约解结果识别组合路径中的核心条件与边缘条件发现，促成旅游企业员工高韧性响应和韧性成长的组合路径主要可以归纳为两种组态构型（如表 6.6 所示），即强调韧性领导力和领导者赋能的 M1 行动应对策略，以及强调危机风险特征、组织和环境因素的 M2 情境激活策略。在这两种组态构型中，行动应对策略 M1 构型表现为危机事件抑或组织和环境因素不同时出现，而韧性领导力和领导者赋能同时出现以促进员工韧性成长，而情境激活策略 M2 构型强调危机事件、组织和环境因素作为主要核心因果条件存在以促进员工韧性成长。其中，行动应对策略方案呈现出较高的覆盖率。

在这两种组态构型中，员工韧性成长还存在核心或辅助因果条件出现和不出现的复杂情境。在强调韧性领导力和领导者赋能的 M1 行动应对策略中，M1a 构型中危机可能性和不可控性不出现，而组织学习氛围作为核心因果条件出现、环境动态性作为辅助因果条件出现促进员工韧性成长，且该方案表现出较高的一致性水平和最高的覆盖率。这表明，在危机事件没有表现出高发性和不可控性特征时，高员工韧性的出现需要韧性领导力和员工动机能量的支撑，并在高动态性的环境中塑造组织学习氛围来保障员工的韧性成长。而 M1b 构型增加了可能性和不可控性作为边缘辅助条件、环境动态性转变为无关紧要条件，在 M1c 构型中组织学习氛围是无关必要条件、环境动态性是核心因果条件，但这两种方案的覆盖率均低于 M1a 构型。这说明，韧性领导力和领导者赋能是实现员工韧性成长的关键原因条件，且环境动态性和组织学习氛围的出现加强了韧性领导力和领导者赋能策略的有效性，促成了高水平、高解释率员工韧性的产生。此外，当危机事件呈现出高发性和不可控性风险特征时，可能会削弱韧性领导力的有效性并致使促成员工韧性成长的解释率降低。

表 6.6　员工韧性成长的因果组合配置

前因条件		组态构型				
		行动应对策略 M1			情境激活策略 M2	
		M1a	M1b	M1c	M2a	M2b
领导力	韧性领导力	●	●	●	●	●
赋能导向	责任感	•	•	•	•	—
	信念感	•	•	•	•	•
	使命感	•	•	•	—	•
危机风险感知	严重性	●	●	•	●	●
	可能性	—	•	●	●	•
	不可控性	—	●	●	●	●
	未知性	●	●	•	●	●
组织和环境因素	组织学习氛围	●	●	—	●	●
	环境动态性	•	—	●	●	●
指标结果	解的一致性	0.923	0.939	0.930	0.936	0.936
	原始覆盖率	0.357	0.297	0.290	0.288	0.286
	唯一覆盖率	0.080	0.020	0.013	0.011	0.009
	总体一致性	0.410				
	总体覆盖率	0.910				

注：●表示核心条件存在，□表示核心条件缺席，•表示边缘条件存在，□表示边缘条件缺席；"—"代表改条件既可以出现，也可以不出现的无关紧要条件。

在强调危机风险特征、组织和环境因素的 M2 情境激活策略中，M2a 中韧性领导力作为核心因果条件出现，而使命感不出现以促成员工韧性成长。而 M2b 构型在 M2a 的基础上责任感转变为无关必要条件，而使命感转变为辅助因果条件，且这两种构型在一致性水平和覆盖率基本一致。这表明，尽管员工某种心理动机不出现，韧性领导力在高动态性、风险性和学习氛围等多重情境要素的综合作用下，依旧能够保障员工的韧性成长。从前因条件差异来看，韧性领导力在五种组态构型中均作为核心因果条件存在，表明韧性领导者的行动策略对于员工韧性的塑造具有导引作用。领导者赋能在五种组态构型中作为辅助因果条件存在，但在 M2 情境激活策略中部分维度成为无关紧要条件，表明领导者赋予员工的动力和能量有助于其展开韧性响应。此外，危机风险感知各维度在五种组态构型中均以各种类别的因果条件形式存在，表明危机事件是员工韧性的发生情境，员工韧性衍生于对危机事件的动态响应。组织和环境因素在五种组态构型中主要作为核心因果条件产生影响，这表明高动态性和高组织学习氛围促成了员工对危机的韧性响应。

二、团队韧性成长的组态方案

如前所述，在韧性领导力、赋能导向、危机风险感知、组织和环境因素等多个因素的复杂作用下，团队高韧性响应共产生 8 条组合路径。结合简约解结果识别组合路径中的核心条件与边缘条件发现，在多个前因条件的综合作用下，促成旅游企业获取高团队韧性响应和韧性成长的组合路径主要可以归纳成三种组态构型（如表 6.7 所示），即高风险情境下强调韧性领导力和领导者赋能的 M3 行动应对策略，中低风险情境下强调韧性领导力和领导者赋能的 M4 行动支撑策略，以及强调危机风险特征、组织和环境因素的 M5 情境激活策略。在这三种组态构型中，行动应对策略 M3 构型表现为危机事件抑或组织和环境因素不同时出现，而韧性领导力和领导者赋能同时作为核心因果条件出现以促进团队韧性成长；行动支撑策略 M4 构型表现为危机事件关键维度抑或环境动态性缺失，而韧性领导力和领导者赋能同时出现支撑团队韧性成长；情境激活策略 M5 构型强调危机事件、组织和环境因素作为主要核心因果条件存在以实现团队韧性成长。其中，行动应对策略方案呈现出较高的覆盖率。

在这三种组态构型中，团队韧性成长还存在其他因果条件出现、不出现或缺失等复杂情境。在高风险情境下强调韧性领导力和领导者赋能的 M3 行动应对策略中，M3a 构型中组织和环境因素不同时出现，严重性和不可控性作为辅助因果条件、可能性和未知性作为核心因果条件出现时，高韧性领导力和领导者赋能能够促进团队韧性成长。这表明，在环境动态性和组织学习氛围不出现时，高风险情境下团队韧性成长源于企业高水平韧性领导策略和员工高强度心理能量。而在 M3b 构型中不可控性转变成无关紧要条件、环境动态性转变成核心因果条件，在 M3c 构型中可能性和不可控性是无关紧要条件、组织学习氛围和环境动态性是核心因果条件。此外，M3c 构型的一致性水平和覆盖率最高，M3b 和 M3a 构型较低。这表明，高风险情境下韧性领导力和领导者赋能是团队韧性成长的关键原因条件，环境动态性和组织学习氛围的单独或同时出现均促成了高水平、高解释率团队韧性的产生，但危机的可能性和不可控性风险特征的出现，会削弱韧性领导力的有效性从而降低团队韧性的解释率。该路径方案与员工韧性产生的行动应对方案基本一致。

针对中低风险情境下强调韧性领导力和领导者赋能的 M4 行动支撑策略，在 M4a 构型中不可控性核心因果条件缺失、严重性和可能性边缘条件缺失的低风险情境下，团队可在韧性领导力和领导者赋能的支撑下、在动态环境和组织学习氛围的促成下实现韧性成长。而这种路径方案在 M4b 中严重性和可能性转变成核心因果条件存在的中等风险情境下依然成立。但在环境动态性作为辅助因果条件缺席的构型 M4c 中，此时团队在可能性、未知性和不可控性缺席的低风险情境中实现韧性成长除了需要韧性领导力和领导者赋能的支撑，还需要具备较高的组织学习氛围。具体来说，在较稳定的环境中，团队韧性的激活需要韧性领导力和领导者赋能的支持，并通过塑造浓厚的组织学习氛围来保障团队对中低风险情境下的高水平响应。

在强调危机风险特征、组织和环境因素的 M5a 情境激活策略中，韧性领导力作为无关紧要条件，责任感作为辅助因果条件缺失实现团队韧性成长，而在 M5b 中韧性领导力作为核心因果条件存在，使命感转为无关紧要条件，且覆盖率较高。这两种组合方案都肯定了高动态性、风险性和学习氛围的内外部情境对团队韧性的激活作用，但 H5b 阐明了在某种领导者赋能不出现或缺席时，高韧性领导力有助于促进团队韧性的形成。从前因条件差异来看，韧性领导力、领导者赋能、危机风险感知、环境动态性和组织学习氛围，在员工韧性和团队韧性的实现路径中所发挥的角色作用基本一致。此外，除部分因素所发挥核心因果或辅助因果条件存在差异外，员工韧性成长的行动应对策略 M1 和情境激活策略 M2 与促成团队韧性成长的行动应对策略 M3 和情境激活策略 M5 在内容要素上基本一致。

表 6.7　团队韧性成长的因果组合配置

前因条件		组态构型							
		行动应对策略 M3			行动支撑策略 M4			情境激活策略 M5	
		M3a	M3b	M3c	M4a	M4b	M4c	M5a	M5b
领导力	韧性领导力	●	●	●	●	●	•	—	●
赋能导向	责任感	●	●	●	●	●	•	□	●
	信念感	●	●	●	●	●	●	●	●
	使命感	●	●	●	●	●	•	●	—
危机风险感知	严重性	•	•	●	□	●	●	●	●
	可能性	●	●	—	□	●	□	●	●
	不可控性	•	—	•	□	□	□	●	•
	未知性	●	●	●	—	—	□	●	●
组织和环境因素	组织学习氛围	—	—	●	•	●	●	●	●
	环境动态性	—	●	●	●	●	□	●	●

续表

前因条件		组态构型							
		行动应对策略 M3			行动支撑策略 M4			情境激活策略 M5	
		M3a	M3b	M3c	M4a	M4b	M4c	M5a	M5b
指标结果	解的一致性	0.926	0.936	0.945	0.934	0.957	0.949	0.948	0.942
	原始覆盖率	0.302	0.326	0.346	0.186	0.233	0.158	0.276	0.151
	唯一覆盖率	0.020	0.008	0.027	0.045	0.009	0.016	0.012	0.015
	总体一致性	0.915							
	总体覆盖率	0.500							

三、组织韧性成长的组态方案

如前所述，在韧性领导力、赋能导向、危机风险感知、组织和环境因素等多个因素的复杂作用下，组织高韧性响应共产生 8 条组合路径。结合简约解结果识别组合路径中的核心与边缘条件发现，除简约解结果存在差异外，组织韧性成长的组合路径与团队韧性成长的组合路径基本一致，并呈现出三种主要组态构型（如表 6.8 所示），即高风险情境下强调韧性领导力和领导者赋能的 M6 行动应对策略，中低风险情境下强调韧性领导力和领导者赋能的 M7 行动支撑策略，以及强调危机风险特征、组织和环境因素的 M8 情境激活策略。该研究结果表明，组织韧性成长是多种条件组合影响的结果，并与团队韧性成长在实现路径上具有逻辑上的一致性。

表 6.8　组织韧性成长的因果组合配置

前因条件		组态构型							
		行动应对策略 M6			行动支撑策略 M7			情境激活策略 M8	
		M6a	M6b	M6c	M7a	M7b	M7c	M8a	M8b
领导力	韧性领导力	●	●	●	•	●	•	—	●
赋能导向	责任感	●	●	●	•	●	•	□	●
	信念感	●	●	●	•	●	•	●	●
	使命感	•	•	●	●	●	●	●	—
危机风险感知	严重性	•	•	•	□	•	—	•	•
	可能性	●	●	—	□	●	□	●	●
	不可控性	•	—	•	□	□	□	•	•
	未知性	●	●	●	—	—	□	●	●
组织和环境因素	组织学习氛围	—	—	●	●	●	●	●	●
	环境动态性	—	•	•	•	•	□	•	•
指标结果	解的一致性	0.936	0.944	0.957	0.950	0.965	0.934	0.976	0.964
	原始覆盖率	0.318	0.344	0.366	0.197	0.246	0.192	0.169	0.293
	唯一覆盖率	0.019	0.007	0.029	0.025	0.009	0.025	0.017	0.012
	总体一致性	0.913							
	总体覆盖率	0.534							

第六节　本章小结

一、章节结论

在第四章理论模型建构和第五章影响机制验证的基础上，本研究采用 fsQCA 方法探索了韧性领导力、赋能导向、危机风险感知、组织和环境因素驱动旅游企业员工、团队和组织韧性的多重复杂因果关系，并据此识别了危机情境促成旅游企业韧性响应和韧性成长的组合路径和调控策略。本章节主要结论如下。

第一，危机情境下促成旅游企业员工韧性成长的组态路径共有 5 条，并主要可以归纳为行动应对策略和情境激活策略两种组态方案。其中，韧性领导力普遍存在于员工韧性成长的所有组态路径中，说明韧性领导力是危机情境下促成员工韧性成长的前提基础。在危机风险感知方面，危机可能性和不可控性要素的同时出现会超过员工的心理承受阈限，继而使得促成员工韧性响应和韧性成长的组合路径解释率较低。在领导者赋能方面，危机情境下员工责任感、信念感和使命感三种心理动机的激活是产生员工高韧性响应的主要原因。从两种组态方案来看，行动应对策略表现为危机事件抑或组织和环境因素不同时出现，而韧性领导力和领导者赋能同时出现以促进员工韧性成长，而情境激活策略强调危机事件、组织和环境因素作为主要核心因果条件存在以实现员工韧性成长，其中行动应对策略方案呈现出较高的覆盖率和解释率。

第二，危机情境下促成旅游企业团队和组织韧性高水平响应的组态路径具有相似性，共有 8 条组合路径并可以归纳为行动应对策略、行动支撑策略和情境激活策略三种组态方案。具体来说，严重性、可能性、未知性和不可控性等危机情境要素是促动团队 / 组织韧性成长的刺激性因子，但可能性和不可控性要素的同时出现容易超过员工的心理承受阈限，从而导致促成团队 /

组织韧性成长的组合路径解释率较低。同时，韧性领导力和员工责任感是促动团队/组织韧性响应和韧性成长的保护性因子。从三种组态方案来看，行动应对策略和情境激活策略与员工韧性产生两种主要方案相一致，而行动支撑策略表现为危机事件关键维度抑或环境动态性缺失，而韧性领导力和领导者赋能同时出现支撑团队/组织韧性成长，即中低风险情境下强调韧性领导力和员工内在动机的支撑作用。该研究结论表明，团队和组织韧性是员工个体韧性在群体层面的聚合，因此促动员工韧性的组态方案也能促动团队/组织韧性的产生，但团队/组织韧性的实现路径在不同危机情境下均具有较高的解释率。当前尚无研究探索危机情境下旅游企业获取韧性成长的多重复杂因果关系，因此该结论是尚未得到揭示的重要发现。

二、章节讨论

第一，本研究通过引入模糊集定性比较分析法建构旅游企业韧性成长的组态方案，从员工、团队和组织三个层面揭示旅游企业整体韧性形成的过程机制，揭示了危机情境下促动旅游企业韧性成长的路径复杂性和策略多元性。目前，学界主要从员工和组织的视角探索旅游企业韧性的影响因素，但鲜有研究从员工、团队和组织三者整体的视角，对危机情境下旅游企业获取高韧性水平的实现路径和形成机制展开系统性探索。鉴于旅游企业韧性类别多元、影响因素复杂且驱动过程尚不明晰，采用模糊集定性比较分析可以较为全面地分析前因条件驱动旅游企业韧性过程中的共同作用和联合效应。据此，本研究以第四章和第五章所识别出来的前因条件为基础（即韧性领导力、赋能导向、危机风险感知、组织和环境因素等），采用模糊集定性比较分析识别了危机情境下，促成旅游企业员工、团队和组织韧性的多重复杂因果关系，比较了不同层面韧性成长的差异性以及不同影响因素间的"殊途同归"效应。因此，本研究从员工、团队和组织三个层面丰富了旅游企业韧性的理论研究，并为分析危机情境下旅游企业韧性的形成路径提供了实证案例和理论依据。

第二，本研究为危机情境下促成旅游企业的韧性成长提供了路径依据和组态方案。具体来说，旅游企业在危机情境下可从行动路径和情境路径两种组合策略实现韧性响应和韧性成长。针对行动路径，旅游企业应当重点塑造韧性领导力，并发挥韧性领导策略在促成企业韧性成长中的导引作用和关键性角色。同时，在促成团队韧性和组织韧性成长的过程路径中，应当重点强化员工在危机情境下帮助旅游企业渡过危机难关的责任感和义务感。尤其是在中低风险情境下，仍然需要关注韧性领导力和员工心理动机在促成团队韧性和组织韧性的支撑性作用。针对情境激活路径，严重性、未知性、可能性和不可控性等危机特征要素是促成旅游企业韧性响应的刺激性要素，但可能性和不可控性要素的同时出现会降低旅游企业高韧性响应结果的发生水平，因此有必要削弱员工对危机事件不可控性和高发性的负面知觉。在此基础上，旅游企业还需要通过加强组织内部学习氛围的建构和外部动态环境中机遇要素的甄别来实现高韧性响应。

第七章　研究结论与展望

本章节旨在对全文的研究内容、研究发现和研究结论进行全面的梳理和总结，并结合旅游产业实践和前人相关研究发现对所得出的研究结论展开讨论和分析。在此基础上，归纳和提炼本研究对前人研究的知识贡献和理论创新，并提出指导旅游企业管理实践的对策建议。最后，本研究也指出论文在研究设计、研究内容和研究发现存在的局限性和不足之处，并据此提出未来有价值的研究方向。

第一节　总体研究结论与讨论

本研究综合采用了访谈法、案例分析法、问卷调查法、数理统计分析和模糊集定性比较分析等研究方法。具体来说，本研究基于访谈分析和多阶段问卷调查，建构了旅游企业韧性领导力的维度结构和测量模型，基于深度访谈和案例解析系统，评估了危机情境下旅游企业韧性领导力的动态演化机制，并据此通过面向全国多个省份的规模性问卷调查，验证了韧性领导力对企业韧性的影响机制和组态效应。本研究主要结论如下。

一、量表测度：旅游企业韧性领导力是一个七维度测量模型

第一，旅游企业韧性领导力是由变革规划、即兴应变、适应性指导、权变控制、应急关怀、调节恢复和共同成长构成的七个维度模型和复杂概念。

具体来说，本研究将韧性领导力概念化为在负面威胁情境下，领导者为帮助组织及其成员抵御风险、战胜逆境、恢复平衡、转危为机并实现繁荣发展而发起影响员工和下属工作行为的行动过程。与 Fang 等、朱瑜等关注于领导者在威胁情境下应当具备的韧性能力素质，抑或 Giustiniano 等、林光明等聚焦于领导者在多元逆境中的韧性行动策略相比，本研究立足于韧性和领导力概念中的过程要素和情境特征，重新建构和演绎了韧性领导力的概念体系和内容结构。本质上，韧性领导力可以理解为领导者对危机或负面威胁事件所造成的各种不利影响，展开韧性响应的处置过程和行动集合，其中变革规划、即兴应变、适应性指导、权变控制、应急关怀、调节恢复和共同成长七个维度分别反映了韧性领导者所采取的多元化策略结构。此外，变革规划、适应性指导、权变控制、应急关怀和共同成长等相关维度在既有领导力文献中得到讨论和探索，这体现了本研究对韧性领导力核心要素归纳和命名的合理性，而且本研究也结合韧性领导力触发的情境条件创新性归纳出了即兴应变和调节恢复等领导力维度，这是对前人研究的重要拓展和补充。

第二，由变革规划、即兴应变、适应性指导、权变控制、应急关怀、调节恢复和共同成长七个维度构成的韧性领导力量表具有较好信度和效度结构。本研究通过定性（如结构化访谈）和定量（如问卷调查）相结合的混合研究设计开发了旅游企业韧性领导力量表，且该量表具有良好的可靠性和有效性。同时，韧性领导力量表既适用于七个相关的一阶因子模型，也同样适用于具有二阶结构的七因子模型，并在危机情境下负向影响员工离职意愿。现有对韧性领导力的评估和实证分析大都测量领导者的韧性特质，如朱瑜等、王迪等从特质视角评估了领导者的韧性心理特征，或者文献归纳与自行设计量表，但这些都不足以全面测量和评估韧性领导力的内容结构。本研究所开发的韧性领导力量表能够系统评估旅游企业领导者在危机或负向威胁情境下的韧性响应集合和应对策略体系，为相关的定量研究和因果关系验证提供量表工具，有助于推进韧性领导力相关领域的实证研究。此外，韧性领导力在员工感知评价和对离职意愿的影响系数上均呈现出明显的维度差异，这表明了韧性领导力各维度间差异化的影响力水平。

二、动态演化：旅游企业韧性领导力的驱动、演化和效应结果

第一，危机情境下旅游企业韧性领导力具有典型的生命周期特征，更是由变革规划、即兴应变、适应性指导、权变控制、应急关怀、调节恢复和共同成长等维度构成的生命周期模型。旅游危机事件的发展、处置、响应、管理和传播是一个动态的链条过程。结合 Fink 的危机生命周期理论和 Faulkner 提出的旅游灾害管理框架，旅游危机管理可以归纳为事故前、征兆期、紧急期、中间期、延续期和解决期六个关键发展阶段。扎根分析结果显示，变革规划、即兴应变、适应性指导和权变控制、应急关怀、调节恢复、共同成长分别对应了上述危机管理六阶段中旅游企业领导者应当重点展现的韧性响应实践。因此，韧性领导力会随着危机事件的发展而呈现出内在演化、循环往复的生命周期特征。同时，现有研究也基于危机管理视角识别和演绎了危机领导力的阶段性特征。例如，Wooten 和 James 基于危机管理五阶段模型指出，在信号侦测、准备预防、损害控制、商业恢复和学习成长等不同危机管理阶段，危机领导者需要具备差异化的能力特征和阶段性的任务结构。这与本研究所建构的韧性领导力生命周期模型具有逻辑上的一致性，体现了本研究范畴提取和模型建构的合理性，并进一步验证和拓展了前人的研究发现。

第二，危机事件及其塑造的危机情境是促发韧性领导力的情境条件，并经由危机影响评估的前置状态驱动旅游企业展开韧性领导力响应。扎根分析结果表明，由危机类型和危机特征共同塑造的危机情境激活了韧性领导力。其中，根据情境危机传播理论，危机可以归纳为受害型、意外型和可预防型三类，在不同危机类别下韧性领导力的响应结构和激活程度存在差异。同时，危机特征涉及严重性、不可预见性、未知性和不可控性等要素，分别对应了危机情境下个体风险感知的内容结构。这些文献为本研究范畴归类和概念建构的合理性提供了理论支持。此外，作为韧性领导力响应的先期表现，领导者对危机影响的评估涉及微观、中观和宏观等层面，这为韧性领导者制定后续的应对策略、解决方案、恢复计划和发展战略等提供决策支持和现实依据。目前，危机对旅游业的影响也主要可以归纳为微观、中观和宏观三个层面，

这体现了本研究理论建构的合理性。综上，"危机情境产生—危机影响评估—韧性领导力演化"影响路径和分析框架的建构阐明了危机情境下韧性领导力的驱动过程，是现有研究尚未得到揭示和讨论的重要发现。

第三，危机情境下旅游企业韧性领导力经由责任感、信念感和使命感三种赋能路径促动企业韧性，组织和环境因素在韧性领导力驱动演化和影响作用过程中发挥调节和边界作用。定性分析结果显示，危机情境员工的工作动力和心理能量在韧性领导力的效应评估和有效性转化过程中发挥支撑作用，继而影响员工韧性、团队韧性和组织韧性。具体来看，责任感、信念感和使命感分别反映了危机情境下促使员工维持积极工作表现的受控型动机要素和自主型动机要素，这与自我决定理论的基本内涵相一致，也与 Li 等和 Zhang 等的实证研究结论具有逻辑上的一致性。同时，结合资源保存理论的观点，责任感、信念感和使命感保障了员工在危机情境仍具有较强的心理能量和内在资源，继而支撑韧性领导力影响企业韧性的过程路径。从边界条件来看，由环境风险和环境威胁共同构成的外部动态性环境，在韧性领导力的驱动演化和效应评估过程中发挥了正向强化或负向削弱的影响作用，而组织内部的学习氛围和学习环境通过强调成长导向的共同努力，强化了韧性领导力的效应结果。目前，环境动态性、环境不确定性、组织氛围等组织内外部环境因素，在领导力前导驱动和后果作用过程中的调节作用已经得到验证，这也表明了本研究理论模型建构的合理性。

三、作用机制：旅游企业韧性领导力对企业韧性的影响机制

第一，危机风险感知正向影响旅游企业韧性领导力和企业韧性，且韧性领导力中介了危机风险感知对企业韧性的影响路径。实证结果显示，危机风险感知具有积极的结果导向，正向影响韧性领导力，并能够正向促进员工韧性、团队韧性和组织韧性。这表明，危机事件及其引发的负面威胁情境可以通过有效的韧性领导力响应予以化解和应对，继而促进企业韧性成长，这与前人的研究发现相一致。同时，危机风险感知对韧性领导力和企业韧性的影响路径存在维度差异和路径差异，这表明了风险感知各维度间差异化的影响

力水平以及员工和领导者对危机事件的韧性响应过程存在"心理可控阈限"。不仅如此，本研究也将危机风险感知作为外部风险刺激要素、将韧性领导力作为组织有机体的内在状态、将企业韧性作为响应结果，并基于刺激—有机体—响应理论框架验证了韧性领导力在危机风险感知与企业韧性间的中介效应。郑俊巍和谢洪涛的实证研究也发现了外部环境创新期望是变革型领导力和交易型领导力的重要影响因素，并通过领导力的中介作用影响员工的行为绩效，这与本研究发现具有逻辑上的一致性。

第二，危机情境下韧性领导力对企业韧性具有正向促动作用，并通过员工责任感、信念感和使命感的中介作用发挥有效性。实证结果表明，韧性领导力能够正向预测旅游企业员工韧性、团队韧性和组织韧性，这表明危机情境下韧性领导力既能够引导员工积极应对和抵御不利情境，也能够促动团队的凝聚力和集体效能以实现对逆境的共同响应，甚至能够引导企业组织通过调节适应和建立反馈机制来培育和增强组织韧性。该实证结果与 Prayag 等、Nguyen 等和孙谋轩等的研究结论具有逻辑上的一致性。此外，员工责任感、信念感和使命感中介了韧性领导力对企业韧性的影响作用，它们是危机情境下支撑韧性领导力发挥有效性的重要中间变量和动机变量。现有研究已经关注到了上述变量在领导力影响员工行为绩效过程中的中介效应，如信念感在安全型领导力与安全行为、责任感在自我牺牲式领导力与前瞻行为、使命感在自我牺牲式领导力与工匠精神，本研究是对上述相关研究的验证。不仅如此，本研究还面向韧性领导力这一新型的领导风格对其心理中介作用机制展开系统探索和揭示，发现韧性领导力是防止员工心理能量免受危机侵害的保护性因子，并率先在危机情境下验证了韧性领导力在员工层面、团队层面和组织层面的影响结果。

第三，环境动态性在韧性领导力的前导驱动和后果作用过程中存在显著的调节作用，而组织学习氛围调节并干预了韧性领导力的效应结果，且环境动态性和组织学习氛围在韧性领导力的影响过程中存在三项交互的联合效应。实证结果表明，环境动态性显著缓解了危机可能性和不可控性对韧性领导力的负向影响关系，这是由于企业外部环境中同时存在风险要素和机遇要素，韧性领导者更善于抓住机遇要素以促进企业韧性成长，致使环境动态性在韧性领导力对于危机事件的负面响应过程中呈现出负向调节作用。在环境动态性处于高值和低值两种不同水平时，组织学习氛围在韧性领导力对员工心理动机和企业韧性的影响关系中，呈现出正向强化作用和负向削弱作用两种调节作用结果，甚至存在调节效应不显著等结果。而在组织学习氛围处于高值和低值两种不同水平时，环境动态性的调节作用同样出现了正向促进、负向削弱和不显著等情况。这与员工个体的心理调适策略、风险容忍阈限和组织资源的协调配置密切相关。结合领导替代模型的观点，组织学习氛围和环境动态性在韧性领导力发挥有效性的过程中既扮演"强化剂"的角色增强韧性领导力的有效性，也扮演"中和剂"的角色并削弱韧性领导力的有效性，这与前人的研究发现具有相似性。

此外，组织学习氛围、环境动态性和韧性领导力的三项交互联合影响员工工作动机和企业韧性，其中在低组织学习氛围和高环境动态性的联合情境下，韧性领导力的整体效能最为明显，但在高组织学习氛围和高环境动态性的联合情境下，韧性领导力对企业韧性的影响效应相对较低。这表明，在韧性领导力的影响过程中，环境动态性和组织学习氛围是两种竞争性的调节力量，其中与韧性领导力高度适配的环境动态性是支持性力量，与韧性领导力适配度较低的组织学习氛围是阻断性力量。目前，环境动态性和组织氛围也被证实是领导力和领导风格影响过程中的重要边界条件和权变因素，而本研究面向韧性领导力对其三项交互调节效应展开检验，这是对前人研究发现的验证，更丰富了相关领域的实证研究。

第四，韧性领导力驱动企业韧性存在多重复杂因素并发的组合策略，其中以行动应对策略、行动支撑策略和情境激活策略为核心的组态方案是危机情境下促成旅游企业韧性成长的重要策略路径。组态分析结果表明，危机情境下员工韧性、团队韧性和组织韧性的发生路径和组态方案表现出具有较高的一致性和相似性。其中，员工韧性成长可以归纳为行动应对策略和情境激活策略两种路径，二者分别强调了韧性领导力和领导者赋能作为主要因果条件抑或危机风险感知、组织和环境因素作为主要因果条件存在促使员工实现韧性成长。而团队韧性和组织韧性成长主要表现出行动应对策略、行动支撑策略和情境激活策略三种路径。与员工韧性成长策略相异，行动支撑策略强调了中低风险情境下韧性领导力和领导者赋能的支撑作用。现有研究对员工韧性、团队韧性和组织韧性形成机制的探讨主要关注于因果关系中"净效应"的检验。例如，Prayag 等实证检验了领导者心理韧性对员工韧性和组织韧性的影响机制；Nguyen 等实证检验了授权型领导力和权变奖励型领导力对员工韧性的影响机制。由此可见，现有研究缺乏探索员工、团队或组织韧性影响因素间的"联合效应"以及因素间的"互动关系"，也不能较好呈现影响因素作用过程中所发挥的组态效应。因此，本研究对危机情境下旅游企业获取韧性成长的组合策略展开实证分析，深化了危机情境下企业韧性形成机制复杂性的理解，是现有研究尚未发现的重要结论。

第二节　理论贡献

本研究从领导力视角揭示了旅游企业对危机事件的韧性响应体系，并据此识别了韧性领导力的维度结构和测量体系，弥补和丰富了前人对于危机情境下旅游企业领导力研究的不足。同时，本研究从危机生命周期理论的视角揭示了危机情境下旅游企业韧性领导力的动态演化特征，建构了韧性领导力驱动企业韧性的过程机制，有助于更好理解和把握韧性领导力的概念体系、特征机制和影响逻辑，丰富并拓展了旅游企业韧性和韧性领导力的研究内容。此外，本研究还实证检验了危机情境下韧性领导力驱动企业韧性的影响机制和组态效应，拓展了企业韧性成因机制的研究，验证了韧性领导力的影响结果及其与组织学习氛围和环境动态性的三项交互效应，为科学评估韧性领导力的作用机制提供了理论依据和实证案例。本研究的理论贡献总结如下。

一、探明了旅游企业韧性领导力的概念体系和测量模型

第一，本研究基于领导力视角揭示了危机情境下旅游企业的韧性响应体

系，为旅游企业韧性研究提供了新的理论视角和研究方向。旅游企业韧性已经得到学界的重点关注，相关研究在地震、新冠感染疫情、恐怖袭击等重大危机情境下以及在辱虐管理、顾客不当行为、工作压力等组织负面情境下探索了旅游企业员工和组织的韧性响应，这对于旅游企业在负面威胁情境下保持动态适应性具有重要作用。然而，个体、群体和组织等不同层面的韧性彼此依赖、共存于企业组织管理当中，基于员工和组织韧性响应的视角并不能完全揭示危机情境下旅游企业的韧性响应体系。此外，在重大危机或负面不利情境中带领和指导员工"与危机共舞"、应对风险环境挑战并促进企业获取竞争优势已经成为领导者的重要任务。尽管危机或逆境下旅游企业领导者应当具备的韧性能力特质和所需要开展韧性应对策略已经得到部分学者的讨论，但尚未有研究从领导力视角系统揭示旅游企业的韧性响应结构和响应体系。因此，本研究从领导力视角对旅游企业对危机事件的韧性响应体系展开理论归纳和实证分析，其理论贡献在于拓展了旅游企业韧性的研究视角，回应了前人研究中指出需要关注危机情境中旅游企业领导力响应的研究需求。

第二，本研究探索了旅游企业韧性领导力的概念内涵和结构维度，提出了韧性领导力的"七因素模型"，丰富了韧性领导力的研究体系和理论范畴。尽管韧性领导力的理论探索和实证分析已经得到了学者的关注，但基于特质视角、能力视角和行为视角的韧性领导力相关研究难以"捕捉"到韧性和领导力概念中的情境特征和过程要素，尚不能系统揭示韧性领导力的概念内涵和维度结构。因此，本研究从危机动态响应的视角指出，韧性领导力是领导者在危机或负面威胁情境中为帮助组织及其成员抵御风险、战胜逆境、适应冲击、恢复平衡、转危为机，并实现繁荣发展而发起影响员工和下属工作行为的行动过程，并建构了由变革规划、即兴应变、适应性指导、权变控制、应急关怀、调节恢复和共同成长构成的韧性领导力七维度模型。因此，本研究的理论贡献在于拓展了对韧性领导力内涵结构的认识，深化了韧性领导力研究的理论范畴，为旅游企业建立面向领导力响应的危机应对体系和韧性管理机制提供了理论依据和分析框架。

第三，本研究实证开发了旅游企业韧性领导力的测量量表，为相关领域的定量研究和实证探索提供了可靠有效的测量工具，促进了韧性领导力理论分析和实证研究的发展。目前，作为一种新型的领导力和领导风格，尚未有研究对韧性领导力的测量量表展开系统探索和开发，这在一定程度上阻碍了韧性领导力的实证研究。鉴于韧性衍生于对多元逆境的动态适应，韧性领导力强调指引和带领员工成功抵御危机、战胜逆境、恢复平衡和实现成长，因此也有必要在危机情境下对韧性领导力的测量模型展开实证分析，以实现概念测量的可靠性和有效性。据此，本研究在重大危机情境下通过多阶段的定性分析和定量检验开发了旅游企业韧性领导力量表，测量模型涵盖了变革规划、即兴应变、权变控制、适应性指导、应急关怀、调节恢复和共同成长七个维度，具有稳定的信效度结构并对于员工离职意愿具有良好的预测效度。因此，本研究的理论贡献在于为韧性领导力的度量提供了来自旅游情境的测量工具，为后期相关的定量研究和因果关系验证提供稳定可靠的测量量表，有助于推进韧性领导力实证研究的发展。

二、揭示了危机情境下旅游企业韧性领导力的动态演化机制

第一，基于危机生命周期理论，本研究建构了旅游企业韧性领导力的生命周期模型，深化了韧性领导力的理论内涵和概念体系，并为危机情境下旅游企业领导者的韧性响应提供了基于过程导向的理论分析框架。学界普遍认为，危机事件及其应对是一个动态、演进和有序的链式过程，因此领导者在不同危机管理阶段需要重点采取相对应的领导策略，以最大化危机应对成效、推动危机事件的快速平复。鉴于韧性领导力概念中的过程要素和情境特征，韧性领导者在不同危机管理阶段和生命周期阶段必然也会表现出不同的响应策略。而揭示这一演化特征对于明晰韧性领导力的概念内涵和本质特征具有重要理论价值。基于此，本研究指出变革规划（事故前）、即兴应变（征兆期）、适应性指导和权变控制（紧急期）、应急关怀（中间期）、调节恢复（延续期）、共同成长（解决期）分别对应了在不同危机管理阶段领导者的核心任务，它们随着危机事件及其管理的发展呈现出循环往复的生命周期特征，并据此建构了韧性领导力的生命周期模型。因此，本研究的理论贡献在于对危

机生命周期理论和领导力研究进行了整合，不仅揭示了危机情境下韧性领导力的内在演化机制和生命周期特征，为深入理解韧性领导力的内涵结构贡献了新知，还拓展了危机生命周期理论在组织管理领域的应用。

第二，基于拓展的 SOR 理论框架和组织有机体论，本研究揭示了危机情境下旅游企业韧性领导力的驱动前因、中间过程和效应结果，为分析韧性领导力的动态演化机制提供了实证支持和理论依据。韧性衍生于逆境，危机或负面威胁情境是触发韧性领导力的重要情境。韧性领导力常常被认为具有积极的结果导向，并能够促进企业在多元逆境中保持坚韧性和适应性。然而，韧性领导力的触发条件、演化发展、中间状态和效应结果尚未得到系统的探索和分析。基于拓展 SOR 理论框架和组织有机体论，本研究将包含危机类型和危机特征的危机事件概念化为韧性领导力的刺激要素，将韧性领导力视为旅游企业适应外部风险刺激的内在机能表现，而韧性领导力的影响结果最终表现为员工、团队和组织的韧性成长。不仅如此，在刺激—状态的关系链条中存在危机影响评估的中间状态，在状态—响应的关系链条中也存在领导者赋能的中间状态，且韧性领导力的驱动和作用过程中受到外部动态性环境和内部组织氛围的干预调节。因此，本研究的理论贡献在于建构了旅游企业韧性领导力的驱动、演化和作用机制模型，这既是对 SOR 理论框架的应用和拓展，也深化了对危机事件、韧性领导力和企业韧性三个影响关系的理解，更为科学认知危机情境下韧性领导力的动态演化机制提供了理论依据。

第三，本研究揭示了危机情境下旅游企业韧性的发生机制和形成机制，深化了旅游危机事件的正面效应和积极影响的研究，并为旅游企业在多元逆境中抵抗风险威胁、适应危机冲击、恢复平衡状态并实现繁荣发展提供了实证案例。鉴于旅游企业的风险敏感特质，在危机或多元逆境中寻求韧性成长是旅游企业难以回避的重要任务，但对此展开系统探索的实证研究仍相对有限。同时，韧性发生在企业中多个层级和主体，如领导者韧性、员工韧性、团队韧性和组织韧性，而领导力恰恰是促进"韧性"要素在企业内部扩散和发展的关键力量。然而，学界缺乏将企业不同层级和主体的韧性纳入同一分析框架，不同层面韧性的彼此作用关系尚不清晰，也未能系统揭示危机情境下旅游企业韧性的形成机制。而建构这一分析框架和影响模型对于风险社会背景下旅游企业维持竞争优势、获取可持续发展具有重要作用。基于此，本研究建构了危机情境下韧性领导力驱动企业韧性的影响机制模型，深入揭示了旅游企业韧性的形成机制，明确了韧性领导力、员工心理状态、危机情境和动态环境在其中所发挥的重要角色，丰富并拓展了旅游企业韧性的研究范畴和理论体系。

三、验证了危机情境下韧性领导力对企业韧性的影响机制

第一，本研究将危机风险感知作为韧性领导力作用机制的前因变量，识别了韧性领导力新的影响因素和边界条件，揭示了危机情境下韧性领导力的形成机制。尽管领导力的前导影响因素已经得到组织管理领域学者的分析和讨论，但作为一种新型的领导风格，韧性领导力的前导影响因素和形成机制尚未得到学界的实证检验。同时，旅游企业领导者在危机情境下如何采取韧性领导策略应对充满不确定性和不稳定性的外部环境，是旅游企业的重大战略需求和现有研究的不足。而风险感知是反映外部危机事件或负面威胁情境的重要感知变量，环境动态性是反映外部环境复杂性和不确定性的重要指标，本研究通过检验风险感知与韧性领导力的影响关系以及环境动态性的调节作用来回应上述理论研究的不足。因此，本研究的理论贡献在于揭示了危机情境下韧性领导力的形成机制，拓展了对韧性领导力影响因素及其边界条件的认识，为重大危机情境下旅游企业建构韧性领导力的提升策略和培育路径提供了理论依据和实证支持。

第二，本研究基于自我决定理论揭示了旅游企业韧性领导力的作用机制，阐述了危机情境下韧性领导力驱动企业韧性的心理中介过程，并为旅游企业建立领导者韧性响应视角和企业韧性成长导向的危机应对体系提供了实证依据。目前，尽管韧性领导力的影响作用得到部分学者的实证检验，但相关的实证研究在旅游和酒店领域还相对有限，危机情境下旅游企业韧性领导力的作用机制有待系统建构。同时，韧性领导力的阴暗面也得到学者的讨论，如导致员工对风险的过度容忍、患上"虚假希望综合征"等，因此亟待面向更

多的案例情境和理论视角对韧性领导力的作用机制展开实证检验。此外，员工心理状态和工作动机在领导力和领导有效性间的心理中介过程已经成为领导力实证研究的重要方向，揭示这种影响机制对于领导有效性的干预具有重要作用。因此，结合自我决定理论，本研究以责任感、信念感和使命感作为员工在危机情境下的内在动机水平，以员工韧性、团队韧性和组织韧性作为领导有效性结果，从而检验了韧性领导力影响企业韧性的动机中介机制。本研究的理论贡献在于拓展韧性领导力的结果变量、诠释了危机情境下驱动旅游企业韧性的心理中介过程，另外也拓展了自我决定理论在危机情境和旅游企业韧性领域的应用。

第三，本研究基于领导替代模型验证了环境动态性和组织学习氛围在韧性领导力影响过程中的调节作用和三项联合交互效应，为分析危机情境下韧性领导力驱动企业韧性的作用机制提供了新的调节变量和调节路径。领导替代模型强调了下属个体特征、任务特征、组织特征和情境因素都能够为员工提供指导和积极感受，从而影响、强化、削弱或替代领导力的有效性。目前，环境动态性和组织氛围在领导力有效性发挥过程中的调节效应已经得到学者的实证探索，它们是影响领导力有效性的重要替代变量。然而，它们在韧性领导力有效性发挥过程中的调节效应尚未得到实证检验，也鲜有学者对韧性领导力、组织学习氛围和环境动态性的三项联合交互作用展开分析。通常，危机事件塑造了威胁性和机遇性共存的外部动态环境，而韧性领导者也强调通过塑造支持型、奖励型和容错型内部学习氛围来引导员工适应多元逆境并从中实现成长和发展。因此，环境动态性和组织学习氛围可能强化或替代了韧性领导力的有效性。本研究发现了环境动态性和组织学习氛围在韧性领导力的作用过程中具有差异化调节效应和三项交互作用，它们是危机情境下影响韧性领导力有效性的重要内外部情境变量。综上，本研究的理论贡献在于将环境动态性和组织学习氛围识别为影响韧性领导力有效性的重要替代变量，揭示了这两种调节变量在不同联合情境下韧性领导力的效能结果，为分析危机情境下韧性领导力的作用机制和边界条件提供了理论依据，深化并拓展了领导替代模型的理论内涵。

四、探索了危机情境下韧性领导力驱动企业韧性成长的组态路径

本研究揭示了危机情境下促成旅游企业韧性成长的多重复杂因果关系和"殊途同归"效应，为旅游企业韧性的塑造和强化提供了路径依据和组态方案。具体来看，员工韧性和组织韧性的影响因素复杂多元，但鲜有研究从组态的视角系统探索这些前因条件在促成旅游企业韧性过程中的共同作用和联合效应。因此，现有研究很难阐述和揭示危机情境下促成旅游企业韧性成长的多重因素并发的因果关系。在第四章理论模型建构和第五章影响机制检验的基础上，本研究采用模糊集定性比较分析识别了危机情境下促成旅游企业员工韧性、团队韧性和组织韧性的多重复杂因果关系，比较了不同层面韧性成长的差异性和相似性以及不同影响因素间的"殊途同归"效应。同时，本研究发现危机情境下旅游企业韧性成长的组合路径，可以归纳成行动应对策略、行动支撑策略和情境激活策略三类。因此，本研究的理论贡献在于从员工、团队和组织三个层面识别了危机情境下促成旅游企业韧性成长的复杂因果关系和组合路径，为分析危机情境下旅游企业韧性的形成机制提供了实证案例和理论依据，并能够为旅游企业的韧性成长提供策略指导和路径方案。

第三节　管理启示

作为一种新型领导风格，韧性领导力能够较好地帮助企业适应当前易变性、不确定性、复杂性和模糊性的外部环境，并发展成为旅游企业在危机或逆境中实现韧性成长的重要战略工具。因此，本研究系统探索了旅游企业韧性领导力的内涵结构和测量量表，揭示了危机情境下旅游企业韧性领导力的动态演化机制，并验证了韧性领导力驱动企业韧性的影响机制和组态效应。在风险社会和百年未有之大变局的时代背景下，本研究结论可为旅游企业培育韧性领导力提供策略指导，为旅游企业危机管理策略和韧性领导体系的建构提供理论依据。本研究提出如下管理建议。

一、建构旅游企业韧性领导力的提升策略和培育路径

第一，旅游企业应当重视选拔和培养具有韧性素质和韧性能力特质的领导者和管理人员，并通过足够的危机管理经验和逆境应对实践培育韧性领导力和韧性领导风格。领导者的韧性素质和韧性特质在工作中主要表现为自信、希望、谨慎乐观、自我效能、灵活性、前瞻性、洞察力、承担责任和学习导向等，这些能力特质使得领导者在危机或逆境中仍能保持坚韧性和动态适应性，并带领下属和员工"与危机共舞"、应对环境威胁甚至实现逆势成长。因此，旅游企业在选拔、招聘和考核中高层领导者时应当重视将这些能力素质作为重要内容，并可专门设计和拓展相关的内部培训课程，倡导领导者在不利情境中保持反躬自省和展示韧性领导风格。在面对危机或逆境时，旅游企业更需要鼓励领导者将其作为学习和成长的机会，激励领导者更加坚韧和更富有激情去应对逆境挑战，支持他们通过运用管理技巧、发挥个人魅力和关怀指导下属等方式磨炼在不利情境中的领导能力和领导风格。总体上，旅游企业应当提供机会和平台引导领导者将自身的韧性素质和韧性特质在危机管理和逆境应对中转变成韧性领导力和韧性领导实践。

第二，旅游企业应当依据韧性领导力的维度结构设置提升策略，从规划力、应变力、指导力、控制力、关怀力、恢复力和成长力等层面建构韧性领导力的培育体系。针对规划力，识别风险、洞悉危机和分析隐患是对危机或逆境展开变革规划和应急准备的基本前提。旅游企业应当要求领导者熟悉经营管理中存在的风险隐患、保持危机意识，并重点将领导者风险辨识能力、风险预判能力和风险预警能力的提升作为规划力培育的重要内容。针对应变力，旅游企业在危机或逆境中应当为领导者的即兴应变提供足够的资源支持和制度支持，授予领导者紧急处置的自主权和裁量权，从而有效保障应变行动的有序开展。旅游企业更应当增强领导者捕捉和驾驭信息的能力，结合互联网技术手段保障领导者即时了解外部环境及其变化，要求领导者适时调整应对策略、适应新环境要求。针对指导力，旅游企业应当激发领导者的主人翁意识，发挥领导者在危机或逆境中的带头作用，鼓励领导者号召团队和下

属共同应对不利情境。针对控制力，旅游企业应当制定完善健全的监督考核体系、责任检查制度和行为奖励方案，并明确领导者在制度执行过程中的核心地位，以实现对危机或逆境中员工和团队行为的有效控制。针对关怀力，旅游企业应当鼓励并要求领导者为下属和团队设定"关怀计划"，在危机或逆境中还应当塑造开放性、包容性和支持性的内部环境，鼓励领导者与员工、顾客和社区等群体的情感沟通和关系维护。针对调节恢复和共同成长，旅游企业应当将危机或逆境期间企业的经营绩效恢复、管理制度优化、员工士气激发、企业转型升级、员工学习成长以及领导者自我提升等内容纳入领导者绩效考核当中，以此推进旅游企业的快速恢复和成长。

第三，旅游企业应当全面审视危机或逆境对韧性领导力的激活作用，并在不同风险情境和环境条件下实施恰当的控制、干预和调节策略。尽管危机和多元逆境是韧性领导力的触发情境，但其在不同风险情境下呈现出差异化的响应结果。其中，当危机事件的影响后果严重、存在认知局限时，韧性领导力得到正向激活。而当危机事件呈现不可控局势、持续爆发可能性较高时，韧性领导力难以被激发，甚至当外部环境充满不确定性时抑制了韧性领导力的生成，即韧性领导力响应存在"心理可控阈限"。因此，旅游企业在激活和培育韧性领导力时应当竭力控制、排除和分离危机或逆境中存在的不可控因素，遏制和化解致灾因子的持续累积，避免风险存量得到激活并导致系列危机事件的持续爆发。同时，旅游企业还应当致力于提高领导者和基层员工对危机或逆境心理承受能力，合理设定阈值区间，并定期为领导者和基层员工提供人文关怀、心理咨询和情绪疏导。此外，环境动态性的调节效应结果也表明，旅游企业应当加强对外部动态性环境信息和环境状态的监测识别，善于将威胁情境和机会情境进行分离，努力抓住环境机遇要素、规避环境威胁要素，从而实现动态环境下旅游企业韧性领导力的积极响应。

第四，旅游企业应当重视并帮助管理者和领导者科学认知危机事件所造成的影响力，使危机影响评估内化到领导者的工作职责当中，以为韧性领导力的有效促动提供响应基础。对危机影响认知的局限性、片面性和偏见性将阻碍韧性领导力的生成和发挥，而有效的危机影响评估将在危机爆发后为旅游企业的韧性领导力响应提供决策支持和响应基础。具体来说，旅游企业应当帮助领导者客观、科学、全面地认识危机或逆境的影响结构，即它虽会增加企业经营成本、降低企业绩效、侵蚀企业竞争力和破坏企业形象声誉，但在短期和长期内也会给企业生存发展带来积极影响，如发现经营管理缺陷、提高管理效能、拓展新市场、开发新产品和优化产业结构等，从而塑造领导者展开韧性响应的信念和信心。同时，旅游企业在危机爆发时可通过开展内部磋商会和讨论会等形式要求领导者评估危机影响，使其内化到领导者在危机期间的工作职责当中。甚至，旅游企业可委托行业管理咨询公司评估危机所造成的影响结构，并塑造开放性的信息交流环境和信息共享氛围，为领导者开展有效危机影响评估提供资源支持和制度保障。

二、建立基于韧性领导力响应视角的旅游企业危机管理策略

第一，旅游企业在危机管理中应当基于韧性领导力的内涵要素设置危机管理策略，从而有效应对外部危机事件或组织不力情境所造成的威胁。针对变革规划，旅游企业领导者在常态情境下应当结合企业可能遭遇的危机事件和灾难情境制定风险预防规划、应急管理规划和紧急工作计划，重视战略资源的储备以应对突发事件，并组织员工定期开展应急演练、紧急模拟和安全培训。针对即兴应变，旅游企业领导者在危机刚爆发时应当迅速展开应急处置和紧急处理，持续关注外部风险形势并根据局势变化调整危机应对策略，不断提出化解风险威胁的解决方案。针对适应性指导，旅游企业领导者在危机期间应当以身作则、与员工同甘共苦，牵头并推动危机管理工作的开展，并为员工提供安全指导、分享专业知识、树立模范榜样和促进各类信息要素在组织内部的共享。针对权变控制，旅游企业领导者应当建立危机管理制度和员工行为守则，更要定期检查和审核员工的行为表现、及时纠正和处罚员工的违规行为，以提高危机应对成效。针对应急关怀，旅游企业领导者应当关注员工在危机或威胁情境下的心理需求和工作难题，设身处地为员工着想，并积极承担社会责任、回馈社区和关爱顾客。针对调节恢复，旅游企业领导者应当努力维持企业在危机情境下的正常经营，并积极调整、探索和转变危

机期间企业的发展重心和发展方向以寻求转机。同时，领导者还应当制订危机后的市场恢复计划，鼓舞员工士气、恢复员工工作激情。针对共同成长，旅游企业领导者应当鼓励员工将危机和逆境作为学习和成长的机会，引导员工提出新的方法，并倾听员工的意见来完善危机管理体系。

第二，旅游企业韧性领导力量表可用于评估和测量领导者在危机管理或逆境应对时的韧性表现，可为旅游企业领导者调整和优化自身领导策略提供工具支持。旅游企业可采用本研究所开发的韧性领导力量表作为诊断工具衡量领导者在危机管理中的响应状态和表现结果，为危机情境下旅游企业的危机管理体系优化和韧性领导实践调整提供决策支持。具体来说，在危机事件发生后，旅游企业可用该量表持续性地了解和评估整体韧性领导力水平及其维度要素的变化。依据此结果，旅游企业可实施危机干预策略和应对措施，并从领导力响应的视角调整和修订危机管理制度和危机应对计划，从而保证旅游企业危机管理的有效性、促进企业快速从危机中复苏。同时，旅游企业在危机或逆境中还可针对不同韧性能力的中高层领导者展开相应的岗位职责调整和工作任务设计。具体来说，旅游企业可让表现出较强韧性领导力和韧性领导风格的领导者负责那些具有较高风险性、复杂性、模糊性和不确定性的工作任务，以此发挥韧性领导力在危机管理中的独特价值、降低企业所受到的损失和冲击。从组织和人力资源管理的视角来看，旅游企业在选拔、招聘、考核和培养中高层领导者时，也可以使用该量表去评估其韧性领导力水平，并据此作为领导者培养和晋升的重要评价指标。

第三，旅游企业应当依据员工对韧性领导力维度的差异化感知水平及其差异化影响效应优化危机管理策略，增强旅游企业对危机或逆境的应对成效。结合数据分析结果来看，旅游企业员工对韧性领导力中适应性指导、变革规划和即兴应变等维度的均值评价较高，但对应急关怀、权变控制、调节恢复和共同成长等维度的均值评价较低。这表明，危机情境下旅游企业领导者对员工和受影响群体的关怀还不够，缺乏行之有效的管理措施来规范员工的行为表现，也难以促进员工和企业从中实现恢复和成长。因此，旅游企业可重点围绕应急关怀、权变控制、调节恢复和共同成长等方面调整和优化危机管理策略。具体来说，旅游企业在危机期间应当关心员工的工作和家庭，通过设置激励制度和表彰方案来引导员工克服危机难关、鼓舞员工的工作士气，并在危中寻机、推进企业的升级转型。此外，韧性领导力对员工离职意愿的影响关系具有维度差异，其中应急关怀和适应性指导的影响力相对较高。由此可见，旅游企业在危机情境下可通过展示人文关怀、安抚员工情绪、维持人际关系和承担社会责任等方式降低员工流失率，也可通过以身作则、团结指挥、树立榜样和信息分享等途径维持员工队伍的稳定性。

三、塑造危机动态适应导向的旅游企业韧性领导体系和管理模式

第一，旅游企业应当制定与危机事件类型和危机风险特征相匹配的韧性领导策略和危机管理体系，从而推动危机事件的快速平复。根据组织承担危机责任的强弱，危机可以划分成受害型、意外型和可预防型三类，企业组织应当根据不同危机类型分别采取淡化、重塑、补偿和支持等策略以实现最优危机应对成效。其中，危机类型是旅游企业韧性领导力的重要触发因素，领导者应当在不同危机类型中采取针对性的韧性领导策略和管理模式。具体来说，在遭遇新冠感染疫情和自然灾害等受害型危机情境时，领导者应当重点与利益相关者进行情感交流和韧性互动，获得员工和顾客的理解和同情，并采取调节恢复和共同成长为导向的管理策略促进旅游企业从危机中获得恢复成长。在遭遇暴力犯罪和恐怖袭击等意外型危机情境时，领导者应当采取淡化策略，即强调危机事件是意外因素导致且非组织故意所为来淡化社会公众对危机的感知，并采取变革规划为导向的管理策略完善旅游企业的危机管理体系。在遭遇服务失败和食品安全等可预防型危机时，领导者应当主动承担更多甚至全部的危机责任，通过采取重建、道歉和补偿等策略来挽回企业形象，并重视即兴应对、适应性指导、权变控制和共同成长导向的管理策略来控制危机影响、避免类似事件的再次发生。

第二，旅游企业在危机事件发生后应当重视对其影响程度、扩散范围和受害对象展开评估，并据此制定韧性领导力策略。其中，旅游企业领导者对危机事件影响的评估涉及宏观、中观和微观三个层面。当危机事件的影响主

要表现为对整体社会环境、经济发展形势、旅游市场消费规模和旅游发展基础环境时，领导者应当持续关注外部风险形势和环境特征的变化，并据此制定旅游企业中长期的危机管理体系和收缩性的经营发展战略。当危机事件的影响主要表现为旅游行业损失、旅游产业发展停滞、旅游市场萎缩和产业形象受损时，领导者应当不断调整企业的经营发展方向，可通过开发新的服务项目、扩展新的客源市场和制订中长期市场恢复计划来促进旅游企业从危机中复苏。当危机事件的影响主要表现为对旅游企业绩效、员工工作任务、员工职业发展和身心健康时，领导者应当为员工提供工作指导和资源支持以帮助他们适应新的工作任务安排和工作增量变化，并通过技能培训、素质教育和职业生涯规划等方式塑造员工对旅游业的积极前景认知和产业承诺。不仅如此，旅游企业领导者应当充分保障雇员在危机期间的身体安全，例如在新冠感染疫情期间应当通过配备安全防护设备、制定防疫安全规范、定期清洁消毒等措施避免员工感染疫情。

第三，旅游企业应当依据危机事件的演化和发展明确领导者在不同危机管理阶段的关键任务和重点职责，并据此形成制度化和流程化的危机管理方案。结合 Faulkner 的旅游灾害管理框架，旅游企业韧性领导力在事故前、征兆期、紧急期、中间期、延续期和解决期 6 个阶段所对应的关键任务分别为变革规划、即兴应变、适应性指导和权变控制、应急关怀、调节恢复、共同成长。因此，旅游企业领导者应当针对不同危机阶段采取针对性的管理策略。具体来说，在事故前阶段，旅游企业领导者应当展开变革规划，即通过制订危机管理计划和风险预警体系减少或避免灾难事件的发生。在征兆阶段，风险因素和事故诱因的不断积累致使危机以短暂、剧烈的方式呈现，旅游企业领导者可通过展开紧急处置和即兴应变予以应对和处置。在紧急期，危机和灾难全面爆发，并对旅游企业的正常生存发展造成威胁，因此旅游企业领导者应当面向员工展开适应性指导和权变控制来降低危机影响。在中间期，开展危机传播和满足受影响群体的身心需求是领导者的重要任务，韧性领导力的主要行动实践应当是对员工、顾客、社区和社会展开应急关怀。在延续期，由于危机事件的影响持续存在，韧性领导力主要表现为恢复旅游企业的经营秩序并制订危机后的发展计划。在解决期，危机的积极影响开始呈现，共同成长导向的韧性领导策略将促进旅游企业的韧性成长。此外，负面扰动事件的发生，如被深度揭示的危机事件信息、中高层领导者不准确的卸责言论、旅游企业失败的危机处置行为等都有可能促使危机事件偏离预想的发展过程。因此，旅游企业应当准确识别危机事件发展所处的具体阶段，并据此形成制度化的危机管理手册和针对性的响应措施。

四、发展面向企业韧性成长的人力资源管理实践和危机管理策略

第一，旅游企业应当充分认识到危机事件所具有的积极效应，重视促进员工、团队和组织在危机应对中实现韧性成长。韧性直接关系到员工、团队和组织如何在危机或逆境中实现成长和发展。因此，旅游企业应当将危机事件所塑造的不利情境转变成富有挑战性的工作情境，从而促进旅游企业在员工、团队和组织三个层面的韧性成长。针对员工层面，旅游企业应当要帮助员工客观地认识外部风险因素和风险信息，增强员工的风险判断能力和风险识别能力，并鼓励员工将风险和危机作为学习和成长的机会。同时，旅游企业应当建立危机应对计划和工作恢复计划，并据此制定准确具体的岗位职责、富有挑战性的任务目标和薪酬激励方案，从而促进员工在危机期间的韧性成长。针对团队层面，旅游企业应当促进和增强团队成员之间的任务协作和情感联系，积极鼓励不同部门、不同岗位和不同团队员工在危机应对中的协作配合，并制订团队内部跨岗位和跨部门的危机应对计划。针对组织层面，旅游企业一方面应在常态情境中储备必要的战略资源，预先制定企业在危机和紧急状态下的管理机制和运营体制，以便对突发性危机事件展开紧急响应。另一方面，旅游企业在危机情境中应当快速配置组织资源、通过制度安排进行战略响应和适应性重构，并根据外部危机环境的变化调整企业发展方向，不断寻求化危为机和逆势成长的机会。

第二，旅游企业应当重视危机情境下员工责任感、信念感和使命感的建构，为员工和团队采取韧性响应提供心理动能。旅游企业应当重视员工在危机情境下的工作动机和心理状态，并采取相应的管理策略来赋予员工的心理

能量，提升员工的责任感、信念感和使命感。针对责任感，危机情境下旅游企业在下达工作任务和设计岗位职责时应当明晰任务要求、任务特征和任务复杂性等相关内容，明确员工的工作责任。同时，旅游企业在危机情境还应当关心员工的生活需求，为员工提供便利条件和资源支持，引导员工基于互惠原则产生回报企业的责任感和义务感。针对信念感，旅游企业在危机期间应当尽可能向员工提供积极正面的信息，为员工的安全担忧提供积极反馈，以提升员工对危机干预结果的正面预期。同时，旅游企业应当充分展示自身应对危机和渡过危机的能力，建立危机应对专项领导小组，加强对风险知识的宣传培训、提供系统的紧急技能教学，以提升员工对于渡过危机难关的信心和信念。针对使命感，旅游企业在危机情境中应当强化员工的归属感和认同感，肯定和赞扬员工在帮助旅游企业渡过危机难关时所做出的努力和贡献，并鼓励员工在危机应对中实现自我价值和自我发展。

第三，旅游企业应当根据员工韧性、团队韧性和组织韧性的内涵要素设置不同的管理策略，并重视员工韧性能力的塑造、培养和综合管理。其中，团队韧性和组织韧性是员工个体韧性的基础上发展而来的。因此，员工韧性是团队韧性和组织韧性产生的个体基础和重要前提，员工韧性能力的塑造是促进企业在危机或逆境中获得韧性成长的关键任务。旅游企业可从抵抗力、适应力、支持力、恢复力和成长力等方面进行管理，从而建立起员工韧性能力的培养体系。针对抵抗力，旅游企业应当加强员工的技能培训和知识教育，帮助员工识别和认知不利因素，增强员工对危机或逆境的判断能力和抵抗能力。针对适应力，旅游企业可采用流动培训和交叉轮岗的方式提高员工对于不同工作情境的适应能力，并赋予员工适当的工作自主性，减少过多的干涉，为员工积极适应多元逆境提供充足的资源支持。针对支持力，旅游企业应当鼓励不同部门和岗位的员工展开协作和配合，制定跨岗位和跨部门的联合协作制度和工作计划，并为员工开展协作行为提供必要的制度保障。针对恢复力，旅游企业应当帮助员工在逆境中调整工作状态，并关注员工的日常生活需求，以此促进员工从逆境中恢复。针对成长力，旅游企业应当围绕危机事件的应对处置展开针对性的经验总结和技能培训，重视危机反馈制度的建立与实施，以此促进员工的学习和成长。

第四，旅游企业应当合理配置组织资源，在外部环境呈现出稳定有序、容易预测的情境下塑造组织学习氛围，引导员工、团队和组织在危机或逆境应对中实现学习和成长，并建构学习型组织。当环境动态性处于低值和高值不同水平时，组织学习氛围在韧性领导力的作用过程中分别发挥了正向强化和负向削弱的调节作用。因此，当外部环境动态性较弱时，旅游企业可从支持型学习氛围、奖励型学习氛围和容错型学习氛围三个层面塑造组织学习氛围，以此提升韧性领导力的有效性、促进员工韧性成长。针对支持型学习氛围，旅游企业应当重点塑造一个有利于知识交流、信息交换和愉快学习的支持型工作环境，鼓励员工通过参与培训、技能学习、学历晋升等多方式实现自我提升，并为员工的学习成长提供足够的资源支持和制度支持。同时，旅游企业还可以建立内部信息交流平台和学习反馈平台来整合员工零星的知识经验，形成系统的知识库和在线学习平台。针对奖励型学习氛围，旅游企业可制定一套行之有效的学习激励体系，对不断学习知识、提升自身专业技能、向同事分享工作经验等有助于塑造组织学习氛围的行为表现给予奖励和表彰，并授予专业能力突出、成长速度明显的员工更多的认可和晋升机会。同时，旅游企业还应当鼓励知识在组织内部的无障碍交流，塑造员工知识共享和知识交流的理念。针对容错型学习氛围，旅游企业管理者应当展现出更多的包容性和开放性，对下属和员工的缺点和不足给予更多的理解和宽容，并通过塑造轻松愉快的交流环境来引导员工公开讨论工作中存在的失误，以便从中学习和成长。同时，旅游企业还应当建立容错纠错机制，对组织管理中存在的服务失败、制度缺陷和管理不当进行及时纠正，优化企业内部的操作制度、经营策略和管理机制。

第五，旅游企业在危机情境中应当重视对外部动态性环境的持续监测，应当具备从充满威胁的外部环境中识别并抓住机遇性发展要素的能力，以此促进企业化危为机、实现逆势成长。危机事件的发生往往会塑造不确定性和动态性的外部环境，既产生了挑战企业生存发展、侵蚀企业竞争优势和阻碍企业可持续发展的威胁性环境，同时也生成了大量潜在的机会窗口、塑造了企业获取核心竞争力的机遇性环境。旅游企业领导者在动态环境中克服威胁要素、抓住机遇要素对于推动危机步入解决期、化危为机并促进企业韧性成长具有重要作用。数据结果显示，当组织学习氛围处于低值和高值不同水平，环境动态性在韧性领导力的影响过程中先后发挥了正向调节和负向削弱的调节作用，且当处于低组织学习氛围和高环境动态性的联合情境下，韧性领导力的效能明显较高。因此，旅游企业领导者在危机情境下应当配置更多的资源用于响应外部的动态性环境，并针对两种不同威胁和机遇两种不同情境要素采取差异化的管理策略。针对环境威胁要素，领导者应当快速展开战略规划，时刻关注外部威胁环境的变化及时采取风险规避策略，并根据环境变化特征灵活调整管理策略，维持其在危机期间的正常发展。同时，领导者还应当保持足够的战略柔性和资源储备，向员工和下属传递信心，以随时对动态环境中出现的机会窗口展开响应。而针对环境机会要素，领导者应当善于捕捉先机，结合在危机中可能出现的发展机会和发展机遇调整危机管理策略并制订恢复发展计划，继而化危为安、实现恢复成长。

第四节　研究局限与未来研究展望

一、研究局限与不足

本研究采用科学实证主义的范式对旅游企业韧性领导力内涵结构、动态演化机制和影响作用机制展开实证分析，涉及了多个学科和领域的理论知识和方法论基础。然而，本研究在数据搜集、内容设计和研究结论等方面还存在一定的局限性和不足。

第一，研究设计和数据回收的局限性。从案例背景来看，尽管本研究围绕多种危机案例背景对旅游企业韧性领导力的内涵结构和动态演化机制展开理论建构，但对于韧性领导力量表的开发和作用机制的实证检验主要是以新冠感染疫情作为危机背景展开调查，这在一定程度上降低了研究结论的普适性。从变量测量来看，除了韧性领导力量表是本研究在中国本土情境下自行开发以外，其余变量的量表大都是在西方情境下开发出来的。尽管部分量表在中国情境下得到应用，如信念感、责任感和风险感知等，但用来研究旅游企业韧性领导力的作用机制可能会出现"水土不服"，从而对研究结论造成效度威胁。从问卷搜集来看，本研究所搜集的样本数据覆盖了中国东部、中部和西部等多个地区，并通过多个阶段的问卷调查对韧性领导力的测量模型及其作用机制展开验证。但是，本研究主要采用了便利抽样的方式搜集数据，且数据均来自静态时间点和同一受访者的自我报告，不同旅游企业类别的样本数量也存在较大差异，这可能会造成数据的共同方法偏差并降低研究结论的可靠性。从质性分析来看，尽管本研究对韧性领导力内涵结构和动态演化机制的理论建构经过了多名研究者的共同讨论，但不可避免受到研究者主观经验和知识水平的影响。

第二，研究内容和研究目标的局限性。从影响因素来看，本研究结合质性分析结果探索了危机情境下风险感知在韧性领导力影响过程中的前导驱动作用。然而，韧性衍生于对危机、挫折、失败、挑战等多元逆境的动态适应，且组织中积极事件对韧性也具有触发作用。因此，仅在危机情境下从风险感知的视角探索韧性领导力的前导影响因素是不全面的。从产业情境来看，旅游企业既包括旅行社、酒店、旅游餐饮、景区和游乐园等传统要素企业，也涉及文旅运营、在线旅游平台和旅游文创等新型企业，因此韧性领导力的内涵结构和演化机制在不同旅游企业情境下可能存在差异。从作用机制来看，本研究仅以企业韧性作为结果变量探索韧性领导力的作用机制。然而，韧性领导力的影响作用涉及个体、团队和组织等不同层级，也包含行为、态度和绩效等不同类别的结果。因此，仅以员工韧性、团队韧性和组织韧性作为结果变量并不能全面揭示韧性领导力的作用机制。从动态演化过程来看，质性分析结果显示危机情境下韧性领导力具有生命周期特征，是由变革规划、即兴应变、适应性指导、权变控制、应急关怀、调节恢复和共同成长七个维度构成的生命周期模型。但是，本研究对韧性领导力量表开发和作用机制检验并未对这七个维度的内在演化关系展开实证分析。同时，本研究仅聚焦于六个核心范畴的逻辑联结，据此建构韧性领导力的动态演化机制，并未细化和分析所有次范畴与影响因素之间的相互作用关系。从调节作用来看，本研究仅从组织内外部情境的视角探讨了组织学习氛围和环境动态性在韧性领导力影响过程中的边界条件，而领导者人格特质、下属特征、组织文化和工作任务特征等因素都有可能对韧性领导力的有效性产生影响。

第三，研究发现和数据结论的局限性。从不显著的影响路径来看，可能性和不可控性对韧性领导力的直接影响路径不显著，以至于韧性领导力在可能性和不可控性对企业韧性的影响关系间不存在显著的中介效应。同时，员工信念感的部分中介路径不显著，组织学习氛围和环境动态性在韧性领导力对员工动机和企业韧性的部分影响路径的调节效应不显著。从路径差异来看，韧性领导力对员工责任感、信念感和使命感的影响关系存在差异，对员工韧性、团队韧性和组织韧性的驱动作用存在差异。同时，组织学习氛围和环境动态性在不同影响路径中所发挥的调节作用也存在类别差异和路径差异，如组织学习氛围在低环境动态性情境下强化了韧性领导力对员工责任感和员工韧性的影响关系，但削弱了韧性领导力对组织韧性的影响关系。在组织学习氛围和环境动态性的不同联合情境下，韧性领导力对员工工作动机和企业韧性的影响路径也存在差异。尽管本研究结合前人研究发现对造成这些不显著影响路径和差异化影响效应的原因展开讨论，但主要是个人的理论推测并未得到实证数据的支持，这在一定程度上阻碍了对韧性领导力作用机制的系统揭示。

二、未来研究展望

尽管本研究存在诸多局限，但不可否认韧性领导力应当成为旅游研究的重点话题，未来研究有待于基于不同理论视角、研究设计和案例背景对本研究结论进行验证和拓展。未来研究也有必要结合企业面临的内外部环境和新涌现的韧性领导实践不断丰富韧性领导力的概念体系，并对其影响因素和作用机制展开持续性的实证检验。

第一，基于多元研究设计和数据类别验证和拓展本研究结论。从研究设计来看，未来研究可展开纵向研究设计，通过搜集不同时间段的韧性领导力和企业韧性数据来验证韧性领导力的作用机制。此外，为避免共同方法偏差和数据同源误差，未来还可以面向组织不同管理层级展开跨层研究设计和跨层分析，并通过搜集领导者、员工、团队和组织的配对样本数据来验证本研究结论。从数据类别来看，未来研究可将基于员工自我报告的问卷数据和企业财务、股票等客观数据相结合来探索韧性领导力与企业韧性间的影响机制，甚至可采用在线旅游企业的顾客点评、网络关注度等大数据对影响机制展开进一步的验证和分析。

第二，根据旅游企业的不同发展阶段、面临的不同情境和在不同文化背景下丰富韧性领导力的内涵外延，并验证该测量量表的有效性。在旅游企业发展的不同阶段，领导者的能力素质、任务职责、协作水平和领导者—下属契合程度存在差异，韧性领导力自然会演化出不同的属性内容。因此，有必要根据旅游企业的发展和领导者的成长不断完善韧性领导力的内涵外延。从触发情境来看，以新冠感染疫情、自然灾害、服务失败、恐怖主义等为代表的危机情境以及以日常挑战、蠕变压力、市场竞争和环境变化等为代表的日常不利情境均是促动韧性领导力的重要情境变量。在不同情境类别下，旅游企业领导者的韧性响应策略以及韧性领导力动态演化特征可能存在差异，因此也需要进一步的探究以拓宽韧性领导力研究结论的普适性。从文化背景来看，领导者价值观对于领导行为具有重要影响，如不同权力距离的领导者在危机或多元逆境下的响应方式和管理策略可能存在差异。因此，韧性领导力的测量结构及其作用机制亟待于在跨文化情境下的分析和检验。

第三，进一步明确韧性领导力概念的独特性，并持续不断地对韧性领导力的前导影响因素和作用机制展开实证检验，从而丰富韧性领导力的理论体系和实证研究框架。从概念独特性来看，韧性领导力与危机领导力、安全型领导力和变革型领导力在概念内涵和影响作用上存在一定的相似性，有必要通过与这些相似领导力和领导风格展开比较分析，以进一步明确韧性领导力概念的独特性。从前导影响因素来看，领导者自身因素、员工下属因素、组织因素和情境因素都是领导力的重要前因，未来研究可结合韧性领导力的触发情境不断明确其前导影响因素，以系统揭示韧性领导力的形成机制。从作用机制来看，未来研究需要探索韧性领导力对领导者、员工、团队和组织等不同主体的影响作用，并重点关注韧性领导力可能产生的负面效应和消极影响。同时，未来研究可探索韧性领导力影响过程中的认知中介机制、情感中介机制和动机中介机制，领导者因素、下属因素、工作特征因素、团队因素、组织因素和环境因素等，在韧性领导力有效性发挥过程中的边界条件和调节作用也有待于识别和检验，以此丰富韧性领导力作用机制的认识。

参考文献

［1］张公一，张畅，刘晚晴．化危为安：组织韧性研究述评与展望［J］．经济管理，2020，42（10）：192-208.

［2］Xie C，Zhang J，Chen Y，et al. Measuring hotel employee perceived job risk：Dimensions and scale development［J］. International Journal of Contemporary Hospitality Management，2020，32（2）：730-748.

［3］Chen K，Chang C，Wang C. Frontline employees' passion and emotional exhaustion：The mediating role of emotional labor strategies［J］. International Journal of Hospitality Management，2019，76：163-172.

［4］诸彦含，赵玉兰，周意勇，等．组织中的韧性：基于心理路径和系统路径的保护性资源建构［J］．心理科学进展，2019，27（2）：357-369.

［5］Lombardi S，Cunha P，Giustiniano L. Improvising resilience：The unfolding of resilient leadership in COVID-19 times［J］. International Journal of Hospitality Management，2021，95：1-13.

［6］Saad S K，Elshaer I A. Justice and trust's role in employees' resilience and business' continuity：Evidence from Egypt［J］. Tourism Management Perspectives，2020，35：1-12.

［7］Northouse P G. Leadership：Theory and practice［M］. 2nd Edition. London：Sage，2001.

［8］李燚，魏峰．领导理论的演化和前沿进展［J］．管理学报，2010，7（4）：517-524.

［9］Rice R W，Kastenbaum D R. The contingency model of leadership：Some current issues［J］. Basic & Applied Social Psychology，1983，4（4）：373-392.

［10］Bass B M. Leadership beyond expectations［M］. New York：Free Press，1985.

［11］陈璐，柏帅皎，王月梅．CEO变革型领导与高管团队创造力：一个被调节的中介模型［J］．南开管理评论，2016，19（2）：63-74.

［12］Bass B M. From transactional to transformational leadership：Learning to share the vision［J］. Organizational Dynamics，1990，18（3）：19-31.

［13］House R J. A. 1976 Theory of charismatic leadership［C］//Hunt J G，Larson L L. Leadership：

The cutting edge. Carbondale：Southern Illinois University Press，1977. 189–207.

［14］郑伯埙，周丽芳，樊景立. 家长式领导：三元模式的建构与测量［J］. 本土心理学研究，2000，14：3–64.

［15］Nembhard I M，Edmondson A C. Making it safe：The effects of leader inclusiveness and professional status on psychological safety and improvement efforts in health care teams［J］. Journal of Organizational Behavior，2006，27（7）：941–966.

［16］郝旭光，张嘉祺，雷卓群，等. 平台型领导：多维度结构、测量与创新行为影响验证［J］. 管理世界，2021，37（1）：186–199，216，12.

［17］王辉，张文慧，忻榕，等. 战略型领导行为与组织经营效果：组织文化的中介作用［J］. 管理世界，2011（9）：93–99，102–104，187.

［18］Ahearne M，Mathieu J，Rapp A. To empower or not to empower your sales force? An empirical examination of the influence of leadership empowerment behavior on customer satisfaction and performance［J］. Journal of Applied Psychology，2005，90（5）：945–955.

［19］Liden R C，Wayne S J，Zhao H，et al. Servant leadership：Development of a multidimensional measure and multi–level assessment［J］. The Leadership Quarterly，2008，19（2）：161–177.

［20］Ritchie B W. Tourism disaster planning and management：From response and recovery to reduction and readiness［J］. Current Issues in Tourism，2008，11（4）：315–348.

［21］Jiang Y，Ritchie B W，Verreynne M L. Developing disaster resilience：A processual and reflective approach［J］. Tourism Management，2021，87：1–15.

［22］Duan J，Xie C，Morrison A M. Tourism crises and impacts on destinations：A systematic review of the tourism and hospitality literature［J］. Journal of Hospitality & Tourism Research，2021，6：1–29.

［23］Sano K，Sano H. The effect of different crisis communication channels［J］. Annals of Tourism Research，2019，79（11）：1–12.

［24］Okumus F，Karamustafa K. Impact of an economic crisis evidence from turkey［J］. Annals of Tourism Research，2005，32（4）：942–961.

［25］Okumus F，Altinayc M，Araslic H. The impact of Turkey's economic crisis of February 2001 on the tourism industry in Northern Cyprus［J］. Tourism Management，2005，26（1）：95–104.

［26］Kapuści ń ski G，Richards B. News framing effects on destination risk perception［J］. Tourism Management，2016，57：234–244.

［27］Dai Y，Zhuang W，Huan T. Engage or quit? The moderating role of abusive supervision between resilience，intention to leave and work engagement［J］. Tourism Management，2019，70：69–77.

［28］Sobaih A，Hasanein A M，Elshaer I，et al. Responses to COVID–19：The role of performance in the relationship between small hospitality enterprises' resilience and sustainable tourism development［J］. International Journal of Hospitality Management，2021，94（1）：1–11.

［29］Xie C，Zhang J，Chen Y，& Morrison A M. The effect of hotel employee resilience during COVID-19：The moderation role of perceived risk and challenge stressors［J］. Tourism Management Perspectives，2023，46：101087.

［30］Zhang J，Xie C，Morrison A M，& Lin Z. Hotel employee resilience during a crisis：conceptual and scale development［J］. Current Issues in Tourism，2024，27（8）：1281–1298.

［31］Berbekova A，Uysal M，Assaf A G. A thematic analysis of crisis management in tourism：A theoretical perspective［J］. Tourism Management，2021，86：1–13.

［32］Prayag G，Muskat B，& Dassanayake C. Leading for resilience：Fostering employee and organizational resilience in tourism firms［J］. Journal of Travel Research，2024，63（3）：659–680.

［33］Giustiniano L，Cunha M P，Simpson A V，et al. Resilient leadership as paradox work：Notes from COVID-19［J］. Management and Organization Review，2020，16（5）：971–975.

［34］林光明. 坚韧领导力 Resilience Leadership［J］.清华管理评论，2019（4）：32–41.

［35］Patterson J L，Goens G A，Reed D E. Resilient leadership for turbulent times：A guide to thriving in the face of adversity［M］. R & L Education，2009.

［36］Haver A，Akerjordet K，Furunes T. Wise emotion regulation and the power of resilience in experienced hospitality leaders［J］. Scandinavian Journal of Hospitality and Tourism，2014，14（2）：152–169.

［37］Wang J，Cooke F L，Huang W. How resilient is the（future）workforce in China? A study of the banking sector and implications for human resource development［J］. Asia Pacific Journal of Human Resources，2013，52（2）：132–154.

［38］Näswall K，Kuntz J，Hodliffe M，et al. Employee resilience scale（EmpRes）measurement properties［J］. Resilient Organisations Research Report，2015，4：1–7.

［39］Ma Z，Xiao L，Yin J. Toward a dynamic model of organizational resilience［J］. Nankai Business Review International，2018，9（3）：246–263.

［40］Morgan P B C，Fletcher D，Sarkar M. Defining and characterizing team resilience in elite sport［J］. Psychology of Sport and Exercise，2013，14（4）：549–559.

［41］Morgan P B C，Fletcher D，Sarkar M. Understanding team resilience in the world's best athletes：A case study of a rugby union World Cup winning team［J］. Psychology of Sport and Exercise，2015，16：91–100.

［42］Lengnick-Hall C A，Beck T E，Lengnick-Hall M L. Developing a capacity for organizational resilience through strategic human resource management［J］. Human Resource Management Review，2011，21（3）：243–255.

［43］Prayag G，Spector S，Orchiston C，et al. Psychological resilience，organizational resilience and life satisfaction in tourism firms：Insights from the Canterbury earthquakes［J］. Current Issues in Tourism，2020，23（10）：1216-1233.

［44］Prayag G. Symbiotic relationship or not? Understanding resilience and crisis management in tourism［J］. Tourism Management Perspectives，2018，25：133-135.

［45］Arici H E，Arici N C，Köseoglu M A，et al. Leadership research in the root of hospitality scholarship：1960-2020［J］. International Journal of Hospitality Management，2021，99：1-21.

［46］Ragin C. Redesigning social inquiry：Fuzzy sets and beyond［M］. Bibliovault OAI Repository，the University of Chicago Press，2008.

［47］Tho N D，Trang N T M. Can knowledge be transferred from business schools to business organizations through in-service training students? SEM and fsQCA findings［J］. Journal of Business Research，2015，68（6）：1332-1340.

［48］文茂伟.西方新领导理论：兴起，发展与趋向［J］.社会科学，2007（7）：98-111.

［49］李育辉，梁骁，陈美伶.40年来中国领导理论研究的回顾与展望［J］.中国领导科学，2019，52（1）：48-57.

［50］杨朦晰，陈万思，周卿钰，等.中国情境下领导力研究知识图谱与演进：1949-2018年题名文献计量［J］.南开管理评论，2019，22（4）：80-94.

［51］赵国祥.领导理论研究的现状与展望［J］.河南大学学报（社会科学版），2009，49（3）：133-138.

［52］Barnard C. Organization and management［M］. Cambridge：Harvard University Press，2014.

［53］Robbins S P.组织行为学［M］.孙建民，李原，译.北京：中国人民大学出版社，2005.

［54］Stogdill R M. Personal factors associated with leadership：A survey of the literature［J］. Journal of Psychology，1948，25（1）：35-71.

［55］Hemphill J K，Coons A E. Development of the leader behavior description questionnaire［C］. IN Stogdill，R. M. & Coons，A. E.（Eds.）Leader behavior：Its description and measurement. Columbus，Bureau of Business Research，Ohio State University，1957.

［56］Blake R R，Mouton J S. Management by grid® principles or situationalism：Which［J］. Group & Organization Management，1981，6（4）：439-455.

［57］Fiedler F E. A theory of leadership effectiveness［M］. New York：McGraw-Hill，1967.

［58］Hersey P，Blanchard K H. Life cycle theory of leadership［J］. Training and Development Journal，1969，23：26-34.

［59］House R J. a path goal theory of leader effectiveness［J］. Administrative Science Quarterly，1971，16（3）：321-339.

［60］Van Seters D A，Field R H G. The evolution of leadership theory［J］. Journal of

Organizational Change Management，1990，3（3）：29–45.

［61］Kerr S，Jermier J M. Substitutes for leadership：Their meaning and measurement［J］. Organizational Behavior & Human Performance，1978，22（3）：375–403.

［62］Campbell R N，Fiedler F E. A theory of leadership effectiveness［J］. Administrative Science Quarterly，1968，13（2）：344–348.

［63］Bass B M. Biography and the assessment of transformational leadership at the world–class level ［J］. Journal of Management，1987，13（1）：7–19.

［64］Robbins S P. Organizational behavior：Concepts，controversies，applications［M］.北京：清华大学出版社，1997.

［65］Avolio B J. Full range leadership development［M］. Landon. Sage Publications，2010.

［66］Burns J M. Leadership［M］. New York：Harper & Row，1978.

［67］Daft R L. The Leadership Experience［M］. South–west. Cengage Learning，2005.

［68］Tannenbaum R，Schmidt W H. How to choose a leadership pattern［J］. Harvard Business Review，1961，36（2）：213–217.

［69］French J R，Raven B，Cartwright D. The bases of social power［J］. Classics of Organization Theory，1959，7：311–320.

［70］Yukl G. Leadership in organization（3rd ed.）［M］. Englewood Cliffs，NJ：Prentice Hall，1994.

［71］Butler J K Jr，Cantrell R S，Flick R J. Transformational leadership behaviors，upward trust，and satisfaction in self–managed work teams［J］. Organization Development Journal，1999，17（1）：13–28.

［72］景保峰.家长式领导对员工建言行为影响的实证研究［D］.广州：华南理工大学，2012.

［73］Einarsen S，Aasland M S，Skogstad A. Destructive leadership behaviour：A definition and conceptual model［J］. Leadership Quarterly，2007，18（3）：207–216.

［74］王震，龙昱帆，彭坚.积极领导的消极效应：研究主题、分析视角和理论机制［J］.心理科学进展，2019，27（6）：1123–1140.

［75］古银华，卿涛，杨付，等.包容型领导对下属创造力的双刃剑效应［J］.管理科学，2017，30（1）：119–130.

［76］刘小禹，周爱钦，刘军.魅力领导的两面性——公权与私权领导对下属创造力的影响［J］.管理世界，2018，34（2）：112–122+188.

［77］蒿坡，龙立荣.共享型领导的概念、测量与作用机制［J］.管理评论，2017，29（5）：87–101.

［78］Avolio B J，Walumbwa F O，Weber T J. Leadership：Current theories，research，and future directions［J］. Annual Review of Psychology，2008，60（1）：421–449.

［79］刘小禹，刘军.公平与领导理论视角的团队创新绩效研究［J］.科研管理，2013，34（12）：100-109.

［80］Tepper B J. Consequences of abusive supervision［J］. Academy of Management Journal，2000，43（2）：178-190.

［81］Meisel S I，Fearon D S. The new leadership construct：What happens when a flat organization builds a tall tower［J］. Journal of Management Education，1999，23（2）：180-189.

［82］Uslu T，Bülbül I A，Duygu C. An investigation of the effects of open leadership to organizational innovativeness and corporate entrepreneurship［J］. Procedia-Social and Behavioral Sciences，2015，195：1166-1175.

［83］Huang X，Iun J，Liu A，et al. Does participative leadership enhance work performance by inducing empowerment or trust? The differential effects on managerial and non-managerial subordinates［J］. Journal of Organizational Behavior，2010，31（1）：122-143.

［84］邓志华，陈维政.企业文化视角下不同领导风格效能差异研究［J］.华东经济管理，2014（12）：117-120.

［85］Pearce C L，Conger J A. All those years ago：The historical underpinnings of shared leadership［C］. In C. L. Pearce，& J. A. Conger（Eds.），Shared leadership：Reframing the hows and whys of leadership. Thousand Oaks，CA：Sage，2003：1-18.

［86］Zhang J，Xie C，Wang J，et al. Responding to a major global crisis：The effects of hotel safety leadership on employee safety behavior during COVID-19［J］. International Journal of Contemporary Hospitality Management，2020，32（11）：3365-3389.

［87］姜定宇，张菀真.华人差序式领导与部属效能［J］.本土心理学研究（中国台湾），2010，33（6）：109-177.

［88］Brown M E，Treviño L K，Harrison D A. Ethical leadership：A social learning perspective for construct development and testing［J］. Organizational Behavior and Human Decision Processes，2005，97：117-134.

［89］Owens B P，Hekman D R. Modeling how to grow：An inductive examination of humble leader behaviors，contingencies，and outcomes［J］. Academy of Management Journal，2012，55（4）：787-818.

［90］Cremer D D，Knippenberg D V. Leader self-sacrifice and leadership effectiveness：The moderating role of leader self-confidence［J］. Organizational Behavior & Human Decision Processes，2004，95（2）：140-155.

［91］周浩，龙立荣.恩威并施，以德服人：家长式领导研究述评［J］.心理科学进展，2005，13（2）：227-238.

［92］Makri M，Scandura T A. Exploring the effects of creative CEO leadership on innovation in high-technology firms［J］. The Leadership Quarterly, 2010, 21（1）: 75-88.

［93］陶厚永, 章娟, 李玲. 差序式领导对员工利社会行为的影响［J］. 中国工业经济, 2016, 336（3）: 116-131.

［94］Walumbwa F O, Avolio B J, Gardner W L, et al. Authentic leadership: Development and validation of a theory-based measure［J］. Journal of Management, 2008, 34（1）: 89-126.

［95］魏华飞, 古继宝, 张淑林. 授权型领导影响知识型员工创新的信任机制［J］. 科研管理, 2020, 41（4）: 103-111.

［96］Einarsen S, Hoel H, Notelaers G. Measuring exposure to bullying and harassment at work: Validity, factor structure and psychometric properties of the negative acts questionnaire-revised［J］. Work & Stress, 2009, 23（1）: 24-44.

［97］Romm D. The allure of toxic leaders: Why we follow destructive bosses and corrupt politicians and how we can survive them［J］. International Sociology, 2007, 22（2）: 263-287.

［98］苏屹, 崔明明, 孙莹. 共享变革型领导对员工创新行为的影响: 基于权力距离的调节作用［J］. 科技管理研究, 2017, 37（2）: 125-132.

［99］Ensley M D, Hmieleski K M, Pearce C L. The importance of vertical and shared leadership within new venture top management teams: Implications for the performance of startups［J］. Leadership Quarterly, 2006, 17（3）: 217-231.

［100］Spitzmuller M, Ilies R. Do they［all］see my true self? Leader's relational authenticity and followers' assessments of transformational leadership［J］. European Journal of Work & Organizational Psychology, 2010, 19（3）: 304-332.

［101］Cerne M, Dimovski V, Maric M, et al. Congruence of leader self-perceptions and follower perceptions of authentic leadership: Understanding what authentic leadership is and how it enhances employees' job satisfaction［J］. Australian Journal of Management, 2014, 39（3）: 453-471.

［102］Deci E, Ryan R M. Intrinsic motivation and self-determination in human behavior［M］. New York. Plenum Press, 1985.

［103］叶龙, 王蕊. 谦卑与领导有效性: 变革型领导的中介作用［J］. 经济与管理研究, 2016, 37（9）: 96-104.

［104］刘朝, 范静, 张欢. 领导情绪劳动对员工组织认同的影响研究——变革型领导的中介作用［J］. 财经理论与实践, 2014, 35（5）: 121-126.

［105］周如意, 龙立荣. 人格特质、文化价值观与自我牺牲型领导的关系: 角色知觉和环境不确定性的作用［J］. 预测, 2018, 37（6）: 33-39.

［106］Hiller N J, Day D V, Vance R J. Collective enactment of leadership roles and team effectiveness: A field study［J］. The Leadership Quarterly, 2006, 17（4）: 387-397.

［107］Hoch J E. Shared leadership and innovation: The role of vertical leadership and employee integrity［J］. Journal of Business & Psychology，2013，28（2）：159-174.

［108］张海丽，Michael Song. 初创战略、领导风格与新创企业绩效的中美比较研究［J］.科学学与科学技术管理，2019，40（10）：14-37.

［109］Shirey M R. Authentic leadership, organizational culture, and healthy work environments［J］. Critical Care Nursing Quarterly，2009，32（3）：189-198.

［110］时阳，李天则，陈晓. 责任型领导：概念、测量、前因与后果［J］. 中国人力资源开发，2017（1）：6-15.

［111］刘伯龙. 创业型领导形成与作用机制研究［D］.长春：吉林大学，2019.

［112］段锦云，黄彩云. 变革型领导对员工建言的影响机制再探：自我决定的视角［J］.南开管理评论，2014，17（4）：98-109.

［113］陈晨，时勘，陆佳芳. 变革型领导与创新行为：一个被调节的中介作用模型［J］.管理科学，2015，28（4）：11-22.

［114］田晓明，李锐. 自我牺牲型领导能促进员工的前瞻行为吗？——责任感知的中介效应及其边界条件［J］.心理学报，2015，47（12）：1472-1485.

［115］邓志华，肖小虹. 自我牺牲型领导对员工工匠精神的影响研究［J］.经济管理，2020，42（11）：109-124.

［116］Wang X H F，Howell J M. Exploring the dual-level effects of transformational leadership on followers［J］. Journal of Applied Psychology，2010，95（6）：1134-1144.

［117］Ling Q，Lin M，Wu X. The trickle-down effect of servant leadership on frontline employee service behaviors and performance：A multilevel study of Chinese hotels［J］. Tourism Management，2016，52（2）：341-368.

［118］Kim, W. G., McGinley, S., Choi, H. M., & Agmapisarn, C.（2020）. Hotels' environmental leadership and employees' organizational citizenship behavior. International Journal of Hospitality Management, 87, 102375.

［119］Nguyen Q，Kuntz J，Naswall K，et al. Employee resilience and leadership styles：The moderating role of proactive personality and optimism［J］. New Zealand Journal of Psychology，2016，45（2）：13-21.

［120］蔡亚华，贾良定，万国光. 变革型领导与员工创造力：压力的中介作用［J］.科研管理，2015，36（8）：112-119.

［121］马跃如，余航海，夏冰. 破坏性领导对员工离职意愿的影响研究［J］.贵州财经大学学报，2018（2）：46-53.

［122］林英晖，程垦. 差序式领导与员工亲组织非伦理行为：圈内人和圈外人视角［J］.管理科学，2017，30（3）：35-50.

［123］郭萌. 何以激发越轨创新——双元领导与责任知觉的作用［J］.科技进步与对策，2020，

37（9）：49-54.

［124］Lawler E J，Thye S R. Bringing emotions into social exchange theory［J］. Annual Review of Sociology，1999，25（1）：217-244.

［125］Douglas C，Ammeter A P. An examination of leader political skill and its effect on ratings of leader effectiveness［J］. Leadership Quarterly，2004，15（4）：537-550.

［126］Yang J，Mossholder K W，Peng T K. Supervisory procedural justice effects：The mediating roles of cognitive and affective trust［J］. Leadership Quarterly，2009，20（2）：143-154.

［127］Toor S U R，Ofori G. Authenticity and its influence on psychological well - being and contingent self - esteem of leaders in Singapore construction sector［J］. Construction Management and Economics，2009，27：299-313.

［128］涂乙冬，陆欣欣，郭玮，等. 道德型领导者得到了什么？道德型领导、团队平均领导 - 部属交换及领导者收益［J］. 心理学报，2014，46（9）：1378-1391.

［129］段锦云，肖君宜，夏晓彤. 变革型领导、团队建言氛围和团队绩效：创新氛围的调节作用［J］. 科研管理，2017，38（4）：76-83.

［130］Hmieleski K M，Cole M S，Baron R A. Shared authentic leadership and new venture performance［J］. Journal of Management，2011，38（5）：1476-1499.

［131］唐贵瑶，李鹏程，陈扬. 授权型领导对企业创新的影响及作用机制研究［J］. 管理工程学报，2016，30（1）：52-60.

［132］罗瑾琏，门成昊，钟竞. 动态环境下领导行为对团队创造力的影响研究［J］. 科学学与科学技术管理，2014，35（5）：172-180.

［133］罗瑾琏，管建世，钟竞，等. 基于团队双元行为中介作用的双元领导与团队创新绩效关系研究［J］. 管理学报，2017，14（6）：814-822.

［134］郭海燕，张连营，洪帅，等. 知识领导力视角下亲社会化意义建构机制对知识隐藏意愿的影响［J］. 管理学报，2020，17（1）：111-120.

［135］王震，宋萌，孙健敏. 真实型领导：概念、测量、形成与作用［J］. 心理科学进展，2014，22（3）：458-473.

［136］赵思嘉，易凌峰，连燕玲. 创业型领导、组织韧性与新创企业绩效［J］. 外国经济与管理，2021，43（3）：42-56.

［137］胡泓，顾琴轩，陈继祥. 变革型领导对组织创造力和创新影响研究述评［J］. 南开管理评论，2012，15（5）：26-35.

［138］高昂，曲庆，杨百寅，等. 家长式领导对团队工作绩效的影响研究——领导才能的潜在调节作用［J］. 科学学与科学技术管理，2014，35（1）：100-108.

［139］Li W，Bhutto T A，Wang X，et al. Unlocking employees' green creativity：The effects of green transformational leadership，green intrinsic，and extrinsic motivation［J］. Journal of Cleaner

Production，2020，255：1-10.

［140］Hoch J E，Pearce C L，Welzel L. Is the most effective team leadership shared? The impact of shared leadership，age diversity，and coordination on team performance［J］. Journal of Personnel Psychology，2010，9（3）：105-116.

［141］诸彦含，吴江，宋丹丹."需要"抑或"应该"：公共组织谦逊型领导对员工韧性的作用机制研究［J］.公共行政评论，2019，12（6）：20-37，197-198.

［142］Hoch J E，Kozlowski S W J. Leading virtual teams：Hierarchical leadership，structural supports，and shared team leadership［J］. Journal of Applied Psychology，2014，99（3）：390-403.

［143］Waldman D A，Ramirez G G，House R J，et al. Does leadership matter? CEO leadership attributes and profitability under conditions of perceived environmental uncertainty［J］. Academy of Management Journal，2001，44（1）：134-143.

［144］Hu T，Zhang D，Wang J. A meta-analysis of the trait resilience and mental health［J］. Personality & Individual Differences，2015，76：18-27.

［145］郑林科，王建利，张海莉.人性中的韧性：抵御应激和战胜危机的幸福资本［J］.甘肃社会科学，2012（4）：51-54.

［146］Reghezza M，Rufat S. Resilience imperative，uncertainty，risks and disasters［M］. Amsterdam：Elsevier，2015.

［147］Holling C S. Resilience and stability of ecological systems［J］. Annual Review of Ecology & Systematics，1973，4（1）：1-23.

［148］Meyer A D. Adapting to environmental jolts［J］. Administrative Science Quarterly，1982，27（4）：515-537.

［149］Seligman M E P，Csikszentmihalyi M. Positive psychology：An introduction［J］. American Psychologist，2000，55（1）：5-14.

［150］Connor K M，Davidson J R T. Development of a new resilience scale：The Connor-Davidson resilience scale（CD-RISC）［J］. Depression and Anxiety，2003，18（2）：76-82.

［151］李硕.团队心理资本与变革支持行为的关系：组织支持感与变革开放性的作用研究［D］.广州：华南理工大学，2016.

［152］Wagnild G M，Young H M. Development and psychometric evaluation of the resilience scale［J］. Journal of Nursing Measurement，1993，1：165-178.

［153］王勇，蔡娟.企业组织韧性量表发展及其信效度验证［J］.统计与决策，2019，35（5）：178-181.

［154］Carvalho A，Areal N. Great places to work：Resilience in times of crisis［J］. Human Resource Management，2016，55（3）：479-498.

［155］Mccarthy I P，Collard M，Johnson M. Adaptive organizational resilience：An evolutionary perspective [J] . Current Opinion in Environmental Sustainability, 2017, 28 (10): 33-40.

[156] Gillespie B M, Chaboyer W, Wallis M. Development of a theoretically derived model of resilience through concept analysis [J] . Contemporary Nurse, 2007, 25 (1-2): 124-135.

[157] Fergus S, Zimmerman M A. Adolescent resilience: A framework for understanding healthy development in the face of risk [J] . Annual Review of Public Health, 2005, 26 (1): 399-419.

[158] Sincorá L A, Oliveira M, Zanquetto-Filho H, et al. Business analytics leveraging resilience in organizational processes [J] . RAUSP Management Journal, 2018, 53 (3): 385-403.

[159] Yang F, Lu M, Huang X. Customer mistreatment and employee well-being: A daily diary study of recovery mechanisms for frontline restaurant employees in a hotel [J] . International Journal of Hospitality Management, 2020, 91 (10): 1-9.

[160] Youssef C M, Luthans F. Positive organizational behavior in the workplace: The impact of hope, optimism, and resilience [J] . Journal of Management, 2007, 33 (5): 774-800.

[161] Walker L O, Avant K C. Strategies for theory construction in nursing (5th Ed.) [M] . Norwalk, CT: Appleton, Lange, 2011.

[162] Dyer J G, McGuinness T. Resilience: Analysis of the concept [J] . Archives of Psychiatric Nursing, 1996, 10 (5): 276-282.

[163] Pangallo A, Zibarras L, Lewis R, et al. Resilience through the lens of interactionism: A systematic review [J] . Psychological Assessment, 2015, 27 (1): 1-20.

[164] Tusaie K, Dyer J. Resilience: A historical review of the construct [J] . Holistic Nursing Practice, 2004, 18 (1): 3-8.

[165] Block J, Kremen A M. IQ and ego-resiliency: Conceptual and empirical connections and separateness [J] . Journal of Personality & Social Psychology, 1996, 70 (2): 349-361.

[166] Yu X, Zhang J, Yu X N, et al. Factor analysis and psychometric evaluation of the connor-davidson resilience scale (CD-RISC) with Chinese people [J] . Social Behavior & Personality: An International Journal, 2007, 35 (1): 19-30.

[167] Luthans F, Youssef C M. Human, social, and now positive psychological capital management [J] . Organizational Dynamics, 2004, 33: 143-160.

[168] Luthans F, Avolio B J, Avey J B, et al. Positive psychological capital: Measurement and relationship with performance and satisfaction [J] . Personnel Pstchology, 2007, 60 (3): 541-572.

[169] Luthar S S, Cicchetti D, Becker B. The construct of resilience: A critical evaluation and guidelines for future work [J] . Child Development, 2000, 71: 543-562.

[170] London M, Noe R A. London's career motivation theory: An update on measurement and research [J] . Journal of Career Assessment, 1997, 5 (1): 61-80.

[171] Chen X, Wang Y, Yan Y. The essential resilience scale: Instrument development and

prediction of perceived health and behaviour [J]. Stress and Health, 2015, 32: 1–10.

[172] Safavi H P, Bouzari M. How can leaders enhance employees' psychological capital? Mediation effect of person–group and person–supervisor fit [J]. Tourism Management Perspectives, 2020, 33: 1–9.

[173] Bardoel E A, Pettit T M, Cieri H D, et al. Employee resilience: An emerging challenge for HRM [J]. Asia Pacific Journal of Human Resources, 2014, 52 (3): 279–297.

[174] 叶欣鸽. 领导对员工韧性影响研究述评 [J]. 现代交际, 2020 (11): 251–252.

[175] Kuntz J R C, Näswall K, Malinen S. Resilient employees in resilient organizations: Flourishing beyond adversity [J]. Industrial and Organizational Psychology, 2016, 9 (2): 456–462.

[176] Kuntz J R C, Malinen S, Näswall K. Employee resilience: Directions for resilience development [J]. Consulting Psychology Journal: Practice and Research, 2017, 69 (3): 223–242.

[177] 汤伟娜, 姜海云, 刘迫. 新生代员工社会支持感、职业韧性与工作绩效的关系研究 [J]. 领导科学, 2017 (23): 49–51.

[178] 吴庆松, 游达明. 员工心理资本、组织创新氛围和技术创新绩效的跨层次分析 [J]. 系统工程, 2011, 29 (1): 69–77.

[179] Morgan P B C, Fletcher D, Sarkar M. Recent developments in team resilience research in elite sport [J]. Current Opinion in Psychology, 2017, 16: 159–164.

[180] Britt T W, Shen W, Sinclair R R, et al. How much do we really know about employee resilience [J]. Industrial and Organizational Psychology, 2016, 9 (2): 378–404.

[181] West B J, Patera J L, Carsten M K. Team level positivity: Investigating positive psychological capacities and team level outcomes [J]. Journal of Organizational Behavior, 2009, 30 (2): 249–267.

[182] Mallak L A. Measuring resilience in health care provider organizations [J]. Health Manpower Management, 1998, 24 (4): 148–152.

[183] 毛晋平, 唐晨. 教师团队心理资本与成员组织公民行为的关系: 工作满意度的中介作用 [J]. 中国临床心理学杂志, 2015, 23 (4): 736–740.

[184] 姚莹莹, 葛玉辉. 高管团队积极情绪、团队韧性对创新绩效的影响作用研究 [J]. 改革与开放, 2020 (13): 67–75.

[185] 张宏如, 周翔, 彭伟, 等. 团队心理资本研究: 综述与展望 [J]. 常州大学学报 (社会科学版), 2019, 20 (3): 47–54.

[186] 李力, 廖晓明. 积极心理资本: 测量及其与工作投入的关系——基于高校积极组织管理的视角 [J]. 江西社会科学, 2011 (12): 204–207.

[187] 李林英, 徐礼平. 团队创新气氛、诚信领导对团队创新绩效的影响——团队心理资本的中介作用 [J]. 创新与创业管理, 2017 (1): 127–141.

［188］Sargent L D，Sue-Chan C. Does diversity affect group efficacy? The intervening role of cohesion and task interdependence［J］. Small Group Research，2001，32（4）：426-450.

［189］孙谋轩，朱方伟，国佳宁，等. 变革型领导对团队韧性的影响：意义建构视角［J］. 管理科学，2021，34（3）：27-41.

［190］项高悦，沈甦，沈永健. 团队心理资本的形成机制及相关开发研究［J］. 领导科学，2016，8：45-48.

［191］Meneghel I，Salanova M，Martínez I M. Feeling good makes us stronger：How team resilience mediates the effect of positive emotions on team performance［J］. Journal of Happiness Studies，2016，17（1）：239-255.

［192］Carver C S，Scheier M F，Segerstrom S C. Optimism［J］. Clinical Psychology Review，2010，30（7）：879-889.

［193］Zhao Z，Hou J. The study on psychological capital development of intrapreneurial team［J］. International Journal of Psychological Studies，2009，1（2）：35-39.

［194］Ortiz-De-Mandojana N，Bansal P. The long-term benefits of organizational resilience through sustainable business practices［J］. Strategic Management Journal，2016，37（8）：1615-1631.

［195］Desjardine M，Bansal P，Yang Y. Bouncing back：Building resilience through social and environmental practices in the context of the 2008 global financial crisis［J］. Journal of Management，2019，45（4）：1434-1460.

［196］Lv W，Weik Y，Li X，et al. What dimension of CSR matters to organizational resilience? Evidence from China［J］. Sustainability，2019，11（6）：1-23.

［197］Weick K E. The collapse of sense making in organizations：The Mann Gulch disaster［J］. Administrative Science Quarterly，1993，38（4）：628-652.

［198］Conner D R. Managing at the speed of change-how resilient managers succeed and prosper where others fail［M］. New York：Villard，1992.

［199］Kantur D，Iseri-Say A. Measuring organizational resilience：A scale development［J］. Journal of Business，Economic，& Finance，2015，4（3）：456-472.

［200］Patriarca R，Di Gravio G，Costantino F，et al. An analytic framework to assess organizational resilience［J］. Safety and Health at Work，2018，9（3）：265-276.

［201］Stolker R，Karydas D，Rouvroye J. A comprehensive approach to assess operational resilience［J］. Medical Problems of Performing Artists，2008，14（3）：122-126.

［202］Melián-Alzola L，Fernández-Monroy M，Hidalgo-Peate M. Hotels in contexts of uncertainty：Measuring organisational resilience［J］. Tourism Management Perspectives，2020，36：1-14.

［203］Gittell J H，Cameron K，Lim S，et al. Relationships，layoffs，and organizational resilience：Airline industry responses to September 11［J］. EERI Research Paper Series，2005，42（3）：300-329.

［204］Linnenluecke M K. Resilience in business and management research：A review of influential publications and a research agenda［J］. International Journal of Management Reviews，2017，19（1）：4-30.

［205］Joseph P J. Toward understanding the role of affect in social thinking and behavior［J］. Psychology Inquiry，2002，13（1）：90-102.

［206］王勇.组织韧性的构念、测量及其影响因素［J］.首都经济贸易大学学报，2016，18（4）：120-128.

［207］Kahn W A，Barton M A，Fisher C M，et al. The geography of strain：Organizational resilience as a function of intergroup relations［J］. The Academy of Management Review，2018，43（3）：509-529.

［208］罗肖依，孙黎.生生不息：破解绩效导向的悖论［J］.外国经济与管理，2019，41（5）：128-140.

［209］王勇.组织韧性、战略能力与新创企业成长关系研究［J］.中国社会科学院研究生院学报，2019（1）：68-77.

［210］李平.韧性领导力的内涵及其提升路径［J］.决策与信息，2019（11）：97-104.

［211］Dartey-Baah，K. Resilient leadership：A transformational-transactional leadership mix［J］. Journal of Global Responsibility，2015，6（1）：99-112.

［212］Qiao P，Fung A，Fung H G，Ma X，& Woodside A G. Resilient leadership and outward foreign direct investment：A conceptual and empirical analysis［J］. Journal of Business Research，2022，144：729-739.

［213］Fang S E，Prayag G，Ozanne L K，et al. Psychological capital，coping mechanisms and organizational resilience：Insights from the 2016 Kaikoura earthquake，New Zealand［J］. Tourism Management Perspectives，2020，34：1-13.

［214］Kim M，Windsor C. Resilience and work-life balance in first-line nurse manager［J］. Asian Nursing Research，2015，9（1）：21-27.

［215］Singh R，Sihag P，& Dhoopar A. Role of resilient leadership and psychological capital in employee engagement with special reference to COVID-19［J］. International Journal of Organizational Analysis，2023，31（1）：232-252.

［216］Förster C，Duchek S. What makes leaders resilient? An exploratory interview study［J］. German Journal of Human Resource Management，2017，31（4）：281-306.

［217］Podsakoff P M，Mackenzie S B，Ahearne M，et al. Searching for a needle in a haystack：Trying to identify the illusive moderators of leadership behaviors［J］. Journal of Management，1995，21（3）：422-470.

［218］Katz D，Kahn R L. The social psychology of organizations［M］. Administrative Science

Quarterly edition，Wiley，1970.

［219］Tajfel H，Turner J C. An integrative theory of intergroup conflict［J］. The Social Psychology of Intergroup Relations，1979，33：94-109.

［220］Derue D S，Ashford S I. Who will lead and who will follow? A social process of leadership identity construction in organizations［J］. Academy of Management Review，2010，35（4）：627-647.

［221］Bandura A. Social learning theory［M］. Englewood Cliffs，NJ：Prentice Hall，1977.

［222］Mayer D M，Kuenzi M，Greenbaum R，et al. How low does ethical leadership flow? Test of a trickle-down model［J］. Organizational Behavior and Human Decision Processes，2009，108（1）：1-13.

［223］Wood R，Bandura A. Social cognitive theory of organizational management［J］. Academy of Management Review，1989，14（3）：361-384.

［224］Everly Jr G S，Everly A N，& Smith K J（2020）. Resilient leadership：A partial replication and construct validation［J］. Crisis，Stress，and Human Resilience：An International Journal，2020，2（1）：4-9.

［225］付春香，赵娅. VUCA 环境下领导干部韧性领导力的多维结构与提升路径［J］. 领导科学，2022（9）：60-63.

［226］Suryaningtyas D，Sudiro A，Eka T A，& Dodi I W. Organizational resilience and organizational performance：examining the mediating roles of resilient leadership and organizational culture［J］. Academy of Strategic Management Journal，2019，18（2）：1-7.

［227］Everly G S，Smith K J，& Lobo R. Resilient leadership and the organizational culture of resilience：construct validation［J］. International Journal of Emergency Mental Health and Human Resilience，2013，15（2）：123-128.

［228］Azmi Z. The effect of resilient leadership，organizational justice and organizational culture on organizational commitments at employees of PT-PN VI Kayu aro. 2020，In The Fifth Padang International Conference On Economics Education，Economics，Business and Management，Accounting and Entrepreneurship（PICEEBA-5 2020）（pp. 941-952）. Atlantis Press.

［229］王迪，王迎军，秦剑，等. 高层领导者心理资本和社会资本对企业绩效的影响研究［J］. 管理学报，2015，12（5）：687-694.

［230］Wang Z，Li C，& Li X. Resilience，leadership and work engagement：The mediating role of positive affect［J］. Social Indicators Research，2017，132：699-708.

［231］占小军，王涛，郭一蓉，等. 韧性领导力：结构维度、量表开发和检验［J］. 管理科学，2023，36（1）：46-61.

［232］朱瑜，王凌娟，李倩倩. 领导者心理资本、领导—成员交换与员工创新行为：理论模型与实证研究［J］. 外国经济与管理，2015，37（5）：36-51.

［233］Avey J B，Avolio B J，Luthans F. Experimentally analyzing the impact of leader positivity on follower positivity and performance [J]. The Leadership Quarterly, 2011, 22 (2): 282-294.

[234] 郑晓明, 郭一蓉, 刘争光. 危机领导力的理论模型构建: 基于中国机长刘传健案例的质性研究 [J]. 管理学报, 2021, 18 (1): 12-21.

[235] Wooten L P, James E H. Linking crisis management and leadership competencies: The role of human resource development [J]. Advances in Developing Human Resources, 2008, 10 (3): 352-379.

[236] 崔晓明. 危机领导力对危机管理绩效的影响机制研究 [D]. 上海: 复旦大学, 2014.

[237] Kim H, Im J, Shin Y H. The impact of transformational leadership and commitment to change on restaurant employees' quality of work life during a crisis [J]. Journal of Hospitality and Tourism Management, 2021, 48: 322-330.

[238] Fink S. Crisis management: Planning for the inevitable [M]. New York: American Management Association, 1986.

[239] Fearn-Banks K. Crisis communication: A casebook approach [M]. Mahwah, NJ: Lawrence Erlbaum Associates Publishers, 1996.

[240] Lerbinger O. The crisis manager: Facing risk and responsibility [M]. New Jersey: Lawrence Erlbaum Associates, 1997.

[241] Zenker S, Kock F. The coronavirus pandemic: A critical discussion of a tourism research agenda [J]. Tourism Management, 2020, 81: 1-4.

[242] Hall C M. Crisis events in tourism: Subjects of crisis in tourism [J]. Current Issues in Tourism, 2010, 13 (5): 401-417.

[243] Coombs W T. Protecting organization reputations during a crisis: The development and application of situational crisis communication theory [J]. Corporate Reputation Review, 2007, 10 (3): 163-176.

[244] Chen M H. The response of hotel performance to international tourism development and crisis events [J]. International Journal of Hospitality Management, 2011, 30 (1): 200-212.

[245] Chien G C, Law R. The impact of the Severe Acute Respiratory Syndrome on hotels: A case study of Hong Kong [J]. International Journal of Hospitality Management, 2003, 22 (3): 327-332.

[246] Jones P, Groenenboom K. Crime in London hotels [J]. Tourism and Hospitality Research, 2002, 4 (1): 21-35.

[247] Pizam A. Hotels as tempting targets for terrorism attacks [J]. International Journal of Hospitality Management, 2010, 29 (1): 1.

[248] Su L, Stepchenkova S, Kirilenko A P. Online public response to a service failure incident: Implications for crisis communications [J]. Tourism Management, 2019, 73 (8): 1-12.

[249] Liu B, Pennington-Gray L. Bed bugs bite the hospitality industry? A framing analysis of bed bug news coverage [J]. Tourism Management, 2015, 48: 33-42.

［250］Lundin T，Jansson L. Traumatic impact of a fire disaster on survivors：A 25-year follow-up of the 1978 hotel fire in Borås，Sweden ［J］. Nordic Journal of Psychiatry，2007，61（6）：479-485.

［251］Baser F，Ture H，Abubakirova A，et al. Structural modeling of the relationship among food safety knowledge，attitude and behavior of hotel staff in Turkey ［J］. Food Control，2017，73：438-444.

［252］Shah D V，Cho J，Eveland W P，et al. Information and expression in a digital age modeling Internet effects on civic participation ［J］. Communication Research，2005，32（5）：531-565.

［253］Castells M. Communication，power and counter-power in the network society ［J］. International Journal of Communication，2007，35（1）：238-266.

［254］Faulkner B. Towards a framework for tourism disaster management ［J］. Tourism Management，2001，22（2）：135-147.

［255］Möller C，Wang J，Nguyen H T. #Strongerthanwinston：Tourism and crisis communication through Facebook following tropical cyclones in Fiji ［J］. Tourism Management，2018，69：272-284.

［256］Biggs D，Hall C M，Stoeckl N. The resilience of formal and informal tourism enterprises to disasters：Reef tourism in Phuket，Thailand ［J］. Journal of Sustainable Tourism，2012，20（5）：645-665.

［257］Alonso-Almeida M D M，Bremser K. Strategic responses of the Spanish hospitality sector to the financial crisis ［J］. International Journal of Hospitality Management，2013，32（1）：141-148.

［258］Goodrich J N. September 11，2001 attack on America：A record of the immediate impacts and reactions in the USA travel and tourism industry ［J］. Tourism Management，2002，23（6）：573-580.

［259］Ivanov S，Stavrinoudis T A. Impacts of the refugee crisis on the hotel industry：Evidence from four Greek islands ［J］. Tourism Management，2018，67（8）：214-223.

［260］Pizam A，Mansfeld Y. Tourism，crime and international security issues ［M］. John Wiley & Sons Ltd（Import），1996.

［261］Jin X C，Qu M，Bao J，et al. Impact of crisis events on Chinese outbound tourist flow：A framework for post-events growth ［J］. Tourism Management，2019，74：334-344.

［262］Chin J，Wu M，Hsieh L，et al. Strategic planning of optimal resource allocation in response to global financial crisis：A study of international tourist hotels ［J］. Applied Economics，2013，45（23）：3316-3328.

［263］黄锐，谢朝武. 压力、状态与响应——疫情危机下酒店员工职业前景认知的组态影响研究 ［J］. 旅游学刊，2021，36（9）：103-119.

［264］Zhang J，Xie C，Morrison A M. The effect of corporate social responsibility on hotel employee safety behavior during COVID-19：The moderation of belief restoration and negative emotions ［J］. Journal of Hospitality and Tourism Management，2021，46：233-243.

［265］Aguiar-Quintana T，Nguyen H，Araujo-Cabrera Y，et al. Do job insecurity，anxiety and depression caused by the COVID–19 pandemic influence hotel employees' self-rated task performance? The moderating role of employee resilience [J]. International Journal of Hospitality Management, 2021, 94: 1–10.

[266] Rasheed M I, Okumus F, Weng Q, et al. Career adaptability and employee turnover intentions: The role of perceived career opportunities and orientation to happiness in the hospitality industry [J]. Journal of Hospitality and Tourism Management, 2020, 44: 98–107.

[267] Nilakant V, Walker B, Baird R, et al. Research note: Conceptualising adaptive resilience using grounded theory [J]. New Zealand Journal of Employment Relations, 2014, 39 (1): 79–86.

[268] Savickas M L. Career adaptability: An integrative construct for life - span, life - space theory [J]. Career Development Quarterly, 2011, 45 (3): 247–259.

[269] Safavi H P, Bouzari M. The association of psychological capital, career adaptability and career competency among hotel frontline employees [J]. Tourism Management Perspectives, 2019, 30: 65–74.

[270] Brown N A, Caroline O, Rovins J E, et al. An integrative framework for investigating disaster resilience within the hotel sector [J]. Journal of Hospitality & Tourism Management, 2018, 36: 67–75.

[271] Chen H, Eyoun K. Do mindfulness and perceived organizational support work? Fear of COVID–19 on restaurant frontline employees' job insecurity and emotional exhaustion [J]. International Journal of Hospitality Management, 2021, 94: 1–10.

[272] Wen J, Huang S, Hou P. Emotional intelligence, emotional labor, perceived organizational support, and job satisfaction: A moderated mediation model [J]. International Journal of Hospitality Management, 2019, 81: 120–130.

[273] Baker M A, Kim K. Dealing with customer incivility: The effects of managerial support on employee psychological well-being and quality-of-life [J]. International Journal of Hospitality Management, 2020, 87: 1–11.

[274] Guchait P, Paşamehmetoğlu A, Dawson M. Perceived supervisor and co-worker support for error management: Impact on perceived psychological safety and service recovery performance [J]. International Journal of Hospitality Management, 2014, 41: 28–37.

[275] Shum C, Ghosh A, Gatling A. Prosocial rule-breaking to help coworker: Nature, causes, and effect on service performance [J]. International Journal of Hospitality Management, 2019, 79: 100–109.

[276] Yen C H, Teng H Y, Tzeng J C. Innovativeness and customer value co-creation behaviors: Mediating role of customer engagement [J]. International Journal of Hospitality Management, 2020, 88: 1–11.

［277］Agarwal P. Shattered but smiling：Human resource management and the well-being of hotel employees during COVID-19［J］. International Journal of Hospitality Management，2020，93：1-10.

［278］Hewagama G，Boxall P，Cheung G，et al. Service recovery through empowerment? HRM，employee performance and job satisfaction in hotels［J］. International Journal of Hospitality Management，2019，81：73-82.

［279］Wang X，Wen X，Paşamehmetoğlu A，et al. Hospitality employee's mindfulness and its impact on creativity and customer satisfaction：The moderating role of organizational error tolerance［J］. International Journal of Hospitality Management，2021，94：1-11.

［280］Kawakubo A，Oguchi T. Recovery experiences during vacations promote life satisfaction through creative behavior［J］. Tourism Management Perspectives，2019，30：240-250.

［281］Tyrrell T J，Johnston R J. Tourism sustainability，resiliency and dynamics：Towards a more comprehensive perspective［J］. Tourism & Hospitality Research，2008，8（1）：14-24.

［282］Becken S. Developing a framework for assessing resilience of tourism sub-systems to climatic factors［J］. Annals of Tourism Research，2013，43：506-528.

［283］Paraskevas A，Altinay L，Mclean J，et al. Crisis knowledge in tourism：Types，flows and governance［J］. Annals of Tourism Research，2013，41：130-152.

［284］薛澜，张强，钟开斌. 危机管理：转型期中国面临的挑战［J］. 中国软科学，2003（4）：7-13.

［285］Orchiston C，Prayag G，Brown C. Organizational resilience in the tourism sector［J］. Annals of Tourism Research，2016，56：145-148.

［286］孙睦优. 我国旅游企业集团化发展战略选择［J］. 旅游学刊，2002（6）：23-25.

［287］Boukis A，Christos K，Daunt K，et al. Effects of customer incivility on frontline employees and the moderating role of supervisor leadership style［J］. Tourism Management，2020，77：1-14.

［288］魏小安. 我国旅游业发展中的突出问题及调整方向［J］. 旅游导刊，2017，1（2）：106-109.

［289］Scott N，Laws E. Tourism crises and disasters：Enhancing understanding of system effects［J］. Journal of Travel & Tourism Marketing，2006，19（2-3）：149-158.

［290］Xie C，Zhang J，Huang Q，et al. An analysis of user-generated crisis frames：Online public responses to a tourism crisis［J］. Tourism Management Perspective，2021，41：1-16.

［291］Dahles H，Susilowati T P. Business resilience in times of growth and crisis［J］. Annals of Tourism Research，2015，51：34-50.

［292］Kantur D，İşeri-Say，Arzu. Organizational resilience：A conceptual integrative framework［J］. Journal of Management & Organization，2012，18（6）：762-773.

［293］Sutcliffe K M，Vogus T. Organizing for resilience［C］. In K. S. Cameron，J. E. Dutton，& R.

E. Quinn（Eds.）. Positive organizational scholarship. San Francisco：Berrett-Koehler，2003. 94-110.

［294］Khliefat A，Chen H，Ayoun B，et al. The impact of the challenge and hindrance stress on hotel employees interpersonal citizenship behaviors：Psychological capital as a moderator［J］. International Journal of Hospitality Management，2021，94：1-11.

［295］Mjelde F V，Smith K，Lunde P，et al. Military teams：A demand for resilience［J］. Work，2016，54（2）：283-294.

［296］Cohen O，Goldberg A，Lahad M，et al. Building resilience：The relationship between information provided by municipal authorities during emergency situations and community resilience［J］. Technological Forecasting and Social Change，2017，121：119-125.

［297］刘可复. 企业有机体——从香港成农业发展历程剖析内地与香港贸易路向［J］. 中国工业经济，1988（2）：61-65.

［298］Seabra C，Dolnicar S，Abrantes J L，et al. Heterogeneity in risk and safety perceptions of international tourists［J］. Tourism Management，2013，36：502-510.

［299］Drath，K.（2016）. Resilient leadership：Beyond myths and misunderstandings. Routledge.

［300］Weick K.（1988）. Enacted sense-making in crisis situations. Journal of Management Studies，25（4）：306-317.

［301］Churchill G A. A paradigm for developing better measures of marketing constructs［J］. Journal of Marketing Research，1979，16（1）：64-73.

［302］Kwortnik R J. Clarifying "fuzzy" hospitality-management problems with depth interviews and qualitative analysis［J］. Cornell Hotel & Restaurant Administration Quarterly，2003，44（2）：117-129.

［303］Ghosh A，Shum C. Why do employees break rules? Understanding organizational rule-breaking behaviors in hospitality［J］. International Journal of Hospitality Management，2019，81：1-10.

［304］Miles M B，Huberman A M，Huberman M A，et al. Qualitative data analysis：An expanded sourcebook［M］. NewYork，NY：Sage，1994.

［305］朱晓妹，陈俊荣，周欢情. 复杂适应性领导会激发员工创新行为吗？——基于自我决定理论的视角［J］. 兰州学刊，2020（11）：128-138.

［306］李超平，时勘. 变革型领导的结构与测量［J］. 心理学报，2005，37（6）：803-811.

［307］Wang H，Law K S，Hackett R D，et al. Leader-member exchange as a mediator of the relationship between transformational leadership and followers' performance and organizational citizenship behavior［J］. Academy of Management Journal，2005，48（3）：420-432.

［308］Cheng B S，Chou L F，Wu T Y，et al. Paternalistic leadership and subordinate responses：Establishing a leadership model in Chinese organizations［J］. Asian Journal of Social Psychology，2004，7：89-117.

［309］Bass B M，Avolio B J. Full range leadership development：Manual for the multifactor leadership questionnaire［M］. Mind Garden，1997.

［310］Kline R B. Principles and practice of structural equation modeling（3rd Ed.）［M］. New York：The Guilford Press，2011.

［311］Straub D W. Validating instruments in MIS research［J］. MIS Quarterly，1989，13（2）：147-169.

［312］Hair J F，Anderson R E，Tatham R L，et al. Multivariate data analysis：A global perspective［M］. London，Upper Saddle River，NJ：Pearson Education，2010.

［313］Hooper D，Coughlan J，Mullen M R. Structural equation modelling：Guidelines for setermining model fit［J］. Electronic Journal of Business Research Methods，2008，6（1）：141-146.

［314］James B D. The impact of natural disasters on employee turnover：The shocks and aftershocks of hurricane Katrina on it professionals［J］. Journal of Sociolinguistics，2008，16（4）：570-572.

［315］Park J，Min H K. Turnover intention in the hospitality industry：A meta-analysis［J］. International Journal of Hospitality Management，2020，90：1-11.

［316］Tourangeau A E，Cranley L A. Nurse intention to remain employed：Understanding and strengthening determinants［J］. Journal of Advanced Nursing，2010，55（4）：497-509.

［317］Boin A，Kuipers S，Overdijk W. Leadership in times of crisis：A framework for assessment［J］. International Review of Public Administration，2013，18（1）：79-91.

［318］Mursell J L. The Stimulus-Response relation［J］. Psychological Review，1922，29（2）：146-162.

［319］Mehrabian A，Russell J A. An approach to environmental psychology［M］. Cambridge，MA：The MIT Press，1974.

［320］Laroche M. New developments in modeling Internet consumer behavior：Introduction to the special issue［J］. Journal of Business Research，2010，63（9-10）：915-918.

［321］Valter A V. Stimuli-Organism-Response framework：A meta-analytic review in the store environment［J］. Journal of Business Research，2013，66（9）：1420-1426.

［322］Chang H H，Su W C. The impact of online store environment cues on purchase intention：Trust and perceived risk as a mediator［J］. Online Information Review，2008，32（6）：818-841.

［323］叶登楠. 地震灾后游客目的地决策和恢复策略建模仿真研究［D］. 成都：西南交通大学，2019.

［324］Choi H，Kandampully J. The effect of atmosphere on customer engagement in upscale hotels：An application of SOR paradigm［J］. International Journal of Hospitality Management，2019，77：40-50.

［325］粟路军，唐彬礼. 旅游地居民生活质量：研究回顾与未来展望［J］. 旅游学刊，2020，35（6）：78-95.

［326］韩永学."后结构主义"思维框架下的企业生命有机体理论研究［J］.北方论丛,2005（3）:145-149.

［327］Coombs W T. Ongoing crisis communication: Planning, managing, and responding（3rd Ed）［M］. New York: Sage, 2014.

［328］Roberts V. Flood management: Bradford paper［J］. Disaster Prevention and Management, 1994, 3（2）: 44-60.

［329］Walsh J. Managerial and organizational cognition: Notes from a trip down memory lane［J］. Organization Science, 1995, 6（3）: 280-321.

［330］Weick K. Enacted sense-making in crisis situations［J］. Journal of Management Studies, 1988, 25（4）: 306-317.

［331］Steen R, & Morsut C. Resilience in Crisis Management at the Municipal Level: The Synne Storm in Norway［J］. Risk, Hazards & Crisis in Public Policy, 2020, 11（1）: 35-60.

［332］朱瑞博.危机生命周期与危机领导力提升［J］.领导科学,2009（17）:27-29.

［333］Corbin J M, Strauss A L. Basics of qualitative research: Techniques and procedures for developing grounded theory（4th Ed）［M］. Thousand Oaks, CA: Sage. 2014.

［334］Martin H. The dilemma of qualitative method. Herbert Blumer and the Chicago Tradition［M］. London: Routledge, 1989.

［335］Creswell J W, Miller D. Determining validity in qualitative research［J］. Theory into Practice, 2000, 39（3）: 124-130.

［336］彭伟,符正平.基于扎根理论的海归创业行为过程研究——来自国家"千人计划"创业人才的考察［J］.科学学研究,2015, 33（12）: 1851-1860.

［337］Deery M, Jago L, Fredline L. Rethinking social impacts of tourism research: A new research agenda［J］. Tourism Management, 2012, 33（1）: 64-73.

［338］温芳芳,马书瀚,叶含雪,等."涟漪效应"与"心理台风眼效应":不同程度COVID-19疫情地区民众风险认知与焦虑的双视角检验［J］.心理学报,2020（9）:1087-1104.

［339］谢晓非,郑蕊,谢冬梅,等.SARS中的心理恐慌现象分析［J］.北京大学学报（自然科学版）,2005, 41（4）: 628-638.

［340］Hobfoll S E. Conservation of resources. A new attempt at conceptualizing stress［J］. American Psychologist, 1989, 44（3）: 513-524.

［341］冯长利,张明月,刘洪涛,等.供应链知识共享与企业绩效关系研究——供应链敏捷性的中介作用和环境动态性的调节作用［J］.管理评论,2015, 27（11）: 181-191.

［342］胡海青,王兆群,张颖颖,等.创业网络、效果推理与新创企业融资绩效关系的实证研究——基于环境动态性调节分析［J］.管理评论,2017, 29（6）: 61-72.

［343］Liang J, Farh C I C, Farh J L. Psychological antecedents of promotive and prohibitive voice:

A two-wave examination [J]. Academy of Management Journal, 2012, 55 (1): 71-92.

[344] Adler A B. Resilience in a military occupational health context: Directions for future research [C]. In: Sinclair, R.R., Britt, T.W. (Eds.): Building psychological resilience in military personnel: Theory and practice. Washington DC: American Psychological Association, 2013.

[345] Bolino M C, Hsiung H H, Harvey J, et al. "Well, I'm tired of trying!" Organizational citizenship behavior and citizenship fatigue [J]. Journal of Applied Psychology, 2015, 100 (1): 56-74.

[346] Giustiniano L, Clegg S R, Cunha M P, et al. Elgar introduction to theories of organizational resilience [M]. Massachusetts, USA: Edward Elgar Publishing, 2018.

[347] Polivy J, Herman C P. The false-hope syndrome: Unfulfilled expectations of self-change [J]. Current Directions in Psychological Science, 2000, 9 (4): 128-131.

[348] 谢宝国, 辛迅, 周文霞. 工作使命感：一个正在复苏的研究课题 [J]. 心理科学进展, 2016, 24 (5): 783-793.

[349] 梁阜, 李树文, 罗瑾琏. 差异化变革型领导对员工创新行为的影响：资源转化视角 [J]. 管理科学, 2018, 31 (3): 62-74.

[350] Gagné M, Deci E L. Self - determination theory and work motivation [J]. Journal of Organizational behavior, 2005, 26 (4): 331-362.

[351] Deci E L, Ryan R M. Self-determination theory: A macrotheory of human development, and health [J]. Canadian Psychology, 2008, 49 (3): 182-185.

[352] Philip M, Podsakoff, Scott B, MacKenzie. Kerr and Jermier's substitutes for leadership model: Background, empirical assessment, and suggestions for future research [J]. Leadership Quarterly, 1997, 8 (2): 117-132.

[353] Kennedy D M, Landon L B, Maynard M T. Extending the conversation: Employee resilience at the team level [J]. Industrial and Organizational Psychology, 2016, 9 (2): 466-475.

[354] Rimal R N, Real K. Perceived risk and efficacy beliefs as motivators of change: Use of the risk perception attitude (RPA) framework to understand health behaviors [J]. Human Communication Research, 2003, 29 (3): 370-399.

[355] Bauer R A. Consumer behaviour and risk taking [C]. In R. S. Hancock (Ed.). Dynamic marketing for a changing World. Chicago: American Marketing Association, 1960.

[356] Peter J P, Tarpey L X. A comparative analysis of three consumer decision strategies [J]. Journal of Consumer Research, 1975, 2: 29-37.

[357] Hackman J R, Oldham G R. Motivation through the design of work: Test of a theory [J]. Organizational Behavior and Human Performance, 1976, 16 (2): 250-279.

[358] 刘一涛, 余福海. 变革型领导、建设性变革义务感与员工建言行为关系的实证研究 [J]. 预测, 2019, 38 (5): 29-35.

［359］Eisenberger R, Armeli S, Rexwinkel B, et al. Reciprocation of perceived organizational support［J］. Journal of Applied Psychology, 2001, 86（1）: 42–51.

［360］Turner M M, Rimal R N, Morrison D, et al. The role of anxiety in seeking and retaining risk information: Testing the risk perception attitude framework in two studies［J］. Human Communication Research, 2006, 32（2）: 130–156.

［361］Duffy R D, Dik B J. Research on calling: What have we learned and where are we going［J］. Journal of Vocational Behavior, 2013, 83（3）: 428–436.

［362］Dik B J, Duffy R D. Calling and vocation at work: Definitions and prospects for research and practice［J］. The Counseling Psychologist, 2009, 37（3）: 424–450.

［363］Costa P T, McCrae R R. Revised NEO Personality Inventory（NEO–PI–R）and NEO Five–Factor（NEO–FFI）professional manual［M］. Odessa, FL: Psychological Assessment Resources, 1992.

［364］Judge T A, Higgins C A, Thoresen C J, et al. The Big Five personality traits and career success across the life Span［J］. Personnel Psychology, 1999, 52（3）: 621–652.

［365］Organ D W. Organizational citizenship behavior: The good soldier syndrome［M］. Lexington Books/DC Heath and Com, 1988.

［366］Peabody D, Raad B D. The substantive nature of psycholexical personality factors: A comparison across languages［J］. Journal of Personality and Social Psychology, 2002, 83（4）: 983–997.

［367］Culbert S A. The organization trap and how to get out of it［M］. New York: Basic Books, 1974.

［368］Fuller J B, Marler L E, Hester K. Promoting felt responsibility for constructive change and proactive behavior: Exploring aspects of an elaborated model of work design［J］. Journal of Organizational Behavior, 2006, 27（8）: 1089–1120.

［369］林亚清, 张宇卿. 领导成员交换关系会影响公务员变革型组织公民行为吗?——变革义务感的中介作用与公共服务动机的调节作用［J］. 公共行政评论, 2019, 12（1）: 132–150.

［370］熊英. 薪酬公平感、组织支持感与员工责任感关系研究［D］. 成都: 西南交通大学, 2010.

［371］Ajzen I. The theory of planned behavior［J］. Organizational Behavior & Human Decision Processes, 1991, 50（2）: 179–211.

［372］Fishbein M, Ajzen I. Belief, attitude, intention, and behavior: An introduction to theory and research［M］. Reading, MA: Addison–Wesley, 1975.

［373］Liu–Lastres B, Schroeder A, Pennington–Gray L. Cruise line customers' responses to risk and crisis communication messages: An application of the risk perception attitude framework［J］. Journal of Travel Research, 2019, 58（5）: 849–865.

［374］Johnston D M, Johnson N R. Role extension in disaster: Employee behavior at the Beverly Hills Supper Club fire［J］. Sociological Focus, 1989, 22（1）: 39-51.

［375］Ponton R, Brown T, McDonnell B, et al. Vocational perception: A mixed-method investigation of calling［J］. The Psychologist-Manager Journal, 2014, 17（3）: 182-204.

［376］Bunderson J S, Thompson J A. The call of the wild: Zookeepers, callings, and the double-edged sword of deeply meaningful work［J］. Administrative Science Quarterly, 2009, 54（1）: 32-57.

［377］Park J, Sohn Y W, Ha Y J. South Korean salespersons' calling, job performance, and organizational citizenship behavior: The mediating role of occupational self-efficacy［J］. Journal of Career Assessment, 2016, 24（3）: 415-428.

［378］Markow F, Klenke K. The effects of personal meaning and calling on organizational commitment: An empirical investigation of spiritual leadership［J］. International Journal of Organizational Analysis, 2005, 13（1）: 8-27.

［379］沈雪萍, 胡湜. 大学生主动性人格与求职清晰度的关系: 职业使命感的中介与调节作用［J］. 中国临床心理学杂志, 2015, 23（1）: 166-170.

［380］Duffy R D, Allan B A, Bott E M. Calling and life satisfaction among undergraduate students: Investigating mediators and moderators［J］. Journal of Happiness Studies, 2012, 13（3）: 469-479.

［381］James L R, Jones A P. Organizational climate: A review of theory and research［J］. Psychological Bulletin, 1974, 81（12）: 1096-1112.

［382］Bell S J, Mengüç B, Widing R E. Salesperson learning, organizational learning, and retail store performance［J］. Journal of the Academy of Marketing Science, 2010, 38（2）: 187-201.

［383］Bartram D, Foster J, Lindley P A, et al. Learning climate questionnaire（LCQ）: Background and technical information［M］. Oxford, UK: Employment Service and Newland Park Associates Limited, 1993.

［384］Nikolova I, Ruysseveldt V J, De Witte H, et al. Learning climate scale: Construction, reliability and initial validity evidence［J］. Journal of Vocational Behavior, 2014, 85（3）: 258-265.

［385］谢礼珊, 关新华. 个体与组织情景因素对旅游服务员工创新行为的影响［J］. 旅游学刊, 2015, 30（2）: 79-89.

［386］Egan T M, Yang B, Bartlett K R. The effects of organizational learning culture and job satisfaction on motivation to transfer learning and turnover intention［J］. Human Resource Development Quarterly, 2004, 15（3）: 279-301.

［387］Mikkelsen A, Grønhaug K. Measuring organizational learning climate: A cross-national replication and instrument validation study among public sector employees［J］. Review of Public Personnel Administration, 1999, 19（4）: 31-44.

［388］王文卓, 孙遇春, 徐振亭. 学习目标导向, 留职动机与工作投入的关系——组织学习氛

围的跨层次调节作用［J］. 工业工程与管理，2017，22（4）：176-184.

［389］田宇. 资源拼凑对企业双元创新的影响研究［D］. 长春：吉林大学，2017.

［390］Dess G G，Beard D W. Dimensions of organizational task environments［J］. Administrative Science Quarterly，1984，29（1）：52-73.

［391］Wong C Y，Boon-Itt S，Wong C W Y. The contingency effects of environmental uncertainty on the relationship between supply chain integration and operational performance［J］. Journal of Operations Management，2011，29（6）：604-615.

［392］Jaworski B J，Kohli A K. Market orientation：Antecedents and consequences［J］. Journal of Marketing，1993，57（3）：53-70.

［393］Jansen J J P，Van B F A J，Volberda H W. Exploratory innovation，exploitative innovation，and performance：Effects of organizational antecedents and environmental moderators［J］. Management Science，2006，52（11）：1661-1674.

［394］Rogers R W. A protection motivation theory of fear appeals and attitude change［J］. Journal of Psychology Interdisciplinary & Applied，1975，91（1）：93-114.

［395］Folke C. Resilience：The emergence of a perspective for social-ecological systems analyses［J］. Global Environmental Change，2006，16（3）：253-267.

［396］郑俊巍，谢洪涛. 建设工程中创新要求与个体创新行为间关系的跨层次实证研究——考虑双元领导的中介作用［J］. 技术经济，2017，36（5）：57-65.

［397］Lee R T，Ashforth B E. A meta-analytic examination of the correlates of the three dimensions of job burnout［J］. Journal of Applied Psychology，1996，81（2）：123-133.

［398］Bandura A. Social foundations of thought and action：A social cognitive theory［M］. Englewood Cliffs，NJ：Prentice Hall，1987.

［399］Kasperson R E，Renn O，Slovic P，et al. The social amplification of risk：A conceptual framework［J］. Risk Analysis，1988，8（2）：177-187.

［400］王欣，徐明. 企业创新组织软环境、知识管理、创新绩效——动态环境下有调节的中介作用模型［J］. 华东经济管理，2018，32（2）：35-42.

［401］王年欢. 企业家创业精神对员工创新行为的影响研究［D］. 南京：南京师范大学，2021.

［402］Kamboj S，Goyal P，Rahman Z. A resource-based view on marketing capability，operations capability and financial performance：An empirical examination of mediating role［J］. Procedia – Social and Behavioral Sciences，2015，189：406-415.

［403］Barney J. Firm resources and sustained competitive advantage［J］. Journal of Management，1991，17（1）：99-120.

［404］Feng H，Morgan N A，Rego L L. Firm capabilities and growth：The moderating role of market conditions［J］. Journal of the Academy of Marketing Science，2016，45（1）：76-92.

［405］Morrison E W，Phelps C C. Taking charge at work：Extrarole efforts to initiate workplace change［J］. Academy of Management Journal，1999，42（4）：403-419.

［406］Mallak L. Putting organizational resilience to work［J］. Industrial Management，1998，40（6）：8-13.

［407］张雨. 团队认同、关怀型伦理氛围对工作角色绩效的影响［D］. 哈尔滨：哈尔滨师范大学，2021.

［408］Podsakoff P M，Mackenzie S B，Lee J Y，et al. Common method biases in behavioral research：A critical review of the literature and recommended remedies［J］. Journal of Applied Psychology，2003，88（5）：879-903.

［409］Fong L H N，Law R，Ye B H. Outlook of tourism recovery amid an epidemic：Importance of outbreak control by the government［J］. Annals of Tourism Research，2020，5：1-4.

［410］杜运周，贾良定. 组态视角与定性比较分析（QCA）：管理学研究的一条新道路［J］. 管理世界，2017（6）：155-167.

［411］Schneider C Q，Wagemann C. Standards of good practice in Qualitative Comparative Analysis（QCA）and Fuzzy-Sets［J］. Comparative Sociology，2010，9（3）：397-418.

［412］Afonso C，Silva G M，Goncalves H M，et al. The role of motivations and involvement in wine tourists' intention to return：SEM and fsQCA findings［J］. Journal of Business Research，2018，89（8）：313-321.

责任编辑：郭海燕
责任印制：冯冬青
封面设计：中文天地

图书在版编目（CIP）数据

旅游企业韧性领导力：测度、演化与作用机制研究 / 张
江驰，谢朝武著 . -- 北京 : 中国旅游出版社，2025. 6.
ISBN 978-7-5032-7564-7

Ⅰ . F590.65

中国国家版本馆 CIP 数据核字第 2025MX3658 号

书　　名：旅游企业韧性领导力：测度、演化与作用机制研究

作　　者：张江驰，谢朝武　著
出版发行：中国旅游出版社
　　　　　（北京静安东里 6 号　邮编：100028 ）
　　　　　https://www.cttp.net.cn　E-mail:cttp@mct.gov.cn
　　　　　营销中心电话：010-57377103，010-57377106
　　　　　读者服务部电话：010-57377107
排　　版：北京旅教文化传播有限公司
经　　销：全国各地新华书店
印　　刷：北京明恒达印务有限公司
版　　次：2025 年 6 月第 1 版　2025 年 6 月第 1 版印刷
开　　本：720 毫米 ×970 毫米　1/16
印　　张：20
字　　数：300 千
定　　价：58.00 元
Ｉ Ｓ Ｂ Ｎ　　978-7-5032-7564-7